U0601339

民國新昌縣志 2

紹興大典 史部

中華書局

新昌縣志卷五

禮制

學宮

大成殿五間向在縣東與縣廨連垣宋紹興十四年知縣林安宅遷縣東南一里面書案山宋知縣錢宏祖明知縣曹天憲蕭敏道田琯清知縣李之果徐志定邑人貢生呂基緒職員呂保同治間東鄉紳士修

宋知縣林安宅原記

新昌縣舊學坐縣之東與縣廳連墻基址湫隘宣和辛丑經寇亂不復修建春秋釋奠寓祭於縣廳後十有五年得縣西武尉營屋權葺一堂以備祭祀而殿與生徒肄業之齋尚未遑也又八年余到官詢訪民情利病咸以縣未有學而風水不聚爲辭乃即縣之東南别占吉地誅茅薙莽鳩工度材得實相九峯二剎獻其山木四百株慧雲廣福之竹籠共八百束所用竹木不縻一錢而採槳之工二千津

運之工四千九百有奇以至諸匠雜役瓦石釘灰種種之費縣悉任之分毫無取於民前門後堂齋列東西殿處其中粤五月興工十月落成余於是揖諸生而進之曰爲治有速效之術倘不求其要而徼精神於簿書期會則法出奸生令下詐起未見其能化民成俗也惟教人以學則師儒之訓導經史之閱習由縣而推之鄉由鄉而推之里由里而徧之比屋父詔其子兄詔其弟朋友相爲切磋絃誦之聲洋洋盈耳談仁義而傳聖法先器識而後文藝人知君臣父子之綱違邪歸正之路廉恥日興獄訟日息然後邑令得鳴絃而樂所謂速效之術蓋本於是矣余視事之初恩信未及於民而首以興學爲急者正此謂也諸生其勉之哉

宋邑人黃庠重建記

新昌分剡民俗朴厚習知學校之禮吏以釋奠著令不可廢紹興甲子猶祀夫子於縣之東堂三山林公來宰是邦慨念教民之本未立乃卜基於縣郊之南五越月而學宮成邦人凜凜乎嚮學矣由是登仕籍者相繼於朝而敏勉於學者才能節義可考也越六十七年玉溪詹公爲令尹以殿宇頽圮謀易而新之鳩工度材方殷而卒又三年吳越錢公宏祖易地來兹奠謁之初環視湫然曰此推崇教化之本盍亟圖之會縣單虛莫知供億四月八日大殿半摧迅若雷轟合境驚視乃曰道德之至通於天人如此學者相率請於父兄各願輸金穀公喜其有濟日夜圖度材從市易而無須於民工以時酬而不勞其力上體國家之盛意下繼林公之遺跡以六月九日舉梁規模鼎新雄偉改觀士民快覩爭持牛酒以犒嗚呼人心知所趨向而風俗美矣君子謂公之爲政知所務也

元元貞元年教諭吳天雷重建大成殿記

大元一統崇尚文治世祖皇帝誕布玉音文宣聖廟國家歲時致祭諸儒月朔釋
奠恒令洒掃修潔今上皇帝嗣登大寶繼志述事一札渙頒有曰孔子之道垂憲
萬世有國家者所當崇奉廟宇損壞隨即修完猗歟盛哉大聲渢渢震動六合廟
宇所在一新未有如我夫子者新昌夫子廟始縣治東宋宣和辛丑燬於寇二丁
寓祭縣廳後十五年葺縣西武尉營緜蕝行禮又八年紹興甲子邑令林公安宅
以舊址狹隘改築縣東南草莽間燦然一區至嘉定壬申六十有九年錢公宏祖
重建迨今八十有三年至我大元壬辰六月大都完顏公從忠來尹是邦深明吾
道廣育善類上體皇朝尊聖美意以興學爲第一義朔望殿謁目擊漏穿度材規
制於胸臆間者有日矣癸巳春丁會邑士於明倫堂設醴以勸之曰大成殿將壓
鼎建之可乎邑士對曰修足矣公曰予俯仰細視所不朽者石耳與其修之孰若
建之於是首捐已俸爲表倡士民莫不樂助暨甲午冬公詣學爰命梓人曰農隙
興工維時涓臘月望日庚寅立木梓人謂歲迫以新正展請公怫然不許未幾一
雨三日溪流暴漲厥木得津運之便不日畢至噫此非吾夫子在天之靈令尹格
天之驗與由是羣工役焉斧彼鋸彼晨夜展力天雷偕同僚朱成子職有教於茲盡
瘁經營不敢荒怠士友分司百廢具興公視事暇必躬敦匠櫛風沐雨有所不憚
不彌月落成重礎培基形勢昂聳黝堊丹漆應因合禮邑簿蘇公忙古歹篤志崇
儒協力相濟顧不美哉元貞改元乙未閏四月下澣達魯花赤忻都公始至官同
寅協恭凡工役未備者相與督辦不謂南明學校又遇一魯侯抑何幸與完顏公
於二月朔且謁廟曰余去矣聖廟未完余志未遂再捐已資畢工改塑先聖及四
賢十哲圖像惟肖以儀以瞻楹牖腐折級磚故缺公悉新之無德色士友私相告

語曰文廟得完顏公增舊制於八十三年之後眞曠世希遇公之功其可泯乎盍繪像構堂而祠焉以寓去後思闔辭請於公者數而公力辭不允且曰興學乃令分内事求知於人余所不喜吁捐俸興學人皆能之功成而不求知於人人所難能也雖然公之功固不求人知而人自不能忘公之功奚必辭然公之所以興學者深有望來游之士進德勵業景承先哲踐履前修庶無負聖天子教養之盛心諸君其勗之哉

元泰定元年教諭王應及新昌縣儒學大成樂記

孔子祀用樂何所始乎自周公始也樂曰大成又何所始乎自孟子始也吁樂作於四代之初遠矣始周公孟子何昔者以禮樂祀周公爲先聖後黜其祀孔子位正南面乃顯其饗非自周公始乎或爲唐開元二十七年樂用宮縣非也孟子曰孔子集大成金聲而玉振之孔子聖智具全猶金玉之音爲樂之大成非自孟子始乎或爲宋大觀六年樂頒大晟亦非也蓋孔子繼往聖上淑周公牖羣賢下迄孟子信有緜矣國朝尊崇孔道加號大成郡縣通祀盍用樂新昌剡故壤梁開平間始縣縣有學再徙易今此廟制廛立禮器初備釋奠獨未有樂至治二年秋九月尹戴侯乃馬台實來既詣學顧瞻咨嗟肅士於庭出曰古者春入學合舞秋頒學合聲樂何可廢歟明年勸相我士子更捐錢布唯恐後分命弟子員走於杭惟樂是圖迺作搏鼓二設縣二堵口牙植筍列虡上琴十口瑟二髹漆仍几升歌者八人二管二篴間凡六人塤鳴箎應者四人推合柷敔以櫟梧各一在阼階下又樽虡稍之贏塑從祀像合百有五位列兩廡上歲十有一月告成於是聖教所濡彬彬嚮風諸生謀伐石紀侯績王應及諗於衆曰天下事不爲則不於成憚乎始者

沮其成勸於終者潰厥成孟子論大成曰有巧焉有力焉始條理者巧也終條理者力也使不憚不勸心營神運成於始者無餘巧聲用氣應成於終者無餘力矣應及備員學校非事巧者也大懼力不克成侯志今喜侯之志有成而樂與諸生道也侯河南人仕所至有聲此其最著者故錄而書之是爲記

明嘉靖乙巳知縣曹天憲重建儒學先師孔子廟記

皇帝御極以來以敦崇學校詔天下祠祀啓聖公正先師位號頒御製敬一箴竪亭勒碑昭示師儒天下耳目一新道學丕振三十餘年於茲矣遐壤絕海罔不沾濡矧新昌邑屬名藩王化首稽之地耶天憲不敏承命以壬寅秋來署新昌事始行釋菜禮見啓聖公祠處廟庭右敬一亭處廟庭左阨陋偏隘無以稱上意旨即欲改正恐民或未信也越二年應朝奉勅復之任上下頗孚方圖成厥初志與師生議闢尊經閣後閒地爲建祠竪亭計適先師廟如期傾圮自宋紹興甲子林公安宅鼎造嘉定壬子錢公宏祖重建去今迄數百年傾蝕寖久勢難修葺視祠與亭其急殆有甚焉遂量材用計徒傭遍請於當道誅木鳩工卜日度材擇耆民勤慎者專委而責成之經始於十月之朔盈縮以度督省以時踰月祠竣工又踰月廟就緒又踰月亭亦襄事環石爲楹壘坊爲壁櫛梲楝宇黝堊丹漆視昔頗加壯麗由祠而南爲亭亭南爲尊經閣爲明倫堂堂南爲先師廟規模軒豁制度森嚴炳如也夫先師孔子道德教化流行天下萬世昭天地燦日星當不以廟之興廢爲顯晦廟之云何耶覩河洛者思禹功入清廟者懷文德晚學之士生長於千百載之下不得聖人爲之依歸苟有覩於是亦足以啓厥仰止之思則廟也者實帝王隆重學校興起斯文之首務豈崇德報功云乎禮反其所自始是故啓聖祠

建爲道衍而後彰是故敬一亭立爲一王之制於茲爲備有司奉宣德意苟不能致謹於此徒瑣瑣簿書期會焉抑未矣此憲所以悉力殫意汲汲皇皇於茲役云維時柄事辰告期於必成者侍御嬴山高公懋也主張斯文飭嚴繼續者宗主文谷孔公天亂也獎借助給俾無異議者郡守蘇公木也晨夕贊勷方畧則教諭周坤訓導吳紳徐憲亦與有勞焉至於典史趙祿課督惟勤耆民王彩俞邦龍出納咸允民勤於力工勤於技雖賤隸徒胥亦躍然榮於趨事無人敢後焉豈道德教化流入人心之驗與憲非有道者竊於茲役重有感焉於祠可觀孝焉於亭可觀極焉於廟庭可觀禮樂焉因孝以教忠則民從乂因極以敷治則吏胥化因禮樂以示方則化成俗聖天子垂重學校之深意在茲矣國家豐芑之行斯文詩書之澤胥見之矣諸生遊衍出入於其地皆有志於用世者苟知其說之於天下也其如示諸斯乎然則茲役也豈惟一邑爲是賴於其成也從而爲之記

明萬歷二十五年夏邑令王明嶅重建大成殿記

萬歷丁酉春正月余從仙居遷四明未及閱月奉上檄視篆新昌時督學使者按郡提調諸生試事未至邑治而邑民以事至郡訴者紛紛及到縣謁廟適值大祭仰瞻殿宇傾圮學舍頹壞喟然嘆曰爲治有機莫先教化立教有要急在建學學宮之圮頹若此何以化民成俗使人人知有君臣父子夫婦昆弟朋友之倫以底於雍熙淳龐之化哉訟獄之煩興職是故也迺聚邑博士羣弟子商之僉曰學宮圮有年矣已具呈上請照田均派爲建學資第有待而興爾余迺度工程材委其事於丞尉令至各都擇其木之無害於廬舍陵塚者依值受直民皆樂輸瓦以其新石仍其舊工役之餘毫無所費於民不三月而輪奐翬飛彪然炳然多士瞻拜

廟下莫不幡然興起而黎庶蒸蒸亦若有改觀然風漸以醇倫漸以敦而訟少有至者教民興行移風易俗之機意在斯乎意在斯乎是役也以三月朔日經始以六月既望落成董其事者縣丞簡叔清典史喻萬安襄其事者教諭張昊訓導彭宣而紀工度材則耆民張學文呂繼嗣何獻斐俞丕照等與有勞焉余特享其成而已廟成諸生呂瑞桂呂曾見陳子朝俞伯文潘復源黃振德俞學憲張時忱何一韓張立朝蔡明德何一桂等請記於余余曰建學設教爲國家儲英賢有司責也篤學力行爲斯民樹標的諸士責也不磨者聖教不朽者綱常不泯者人心何事於記茲特記其年月使後人知所廢興焉爾至山水之佳麗風俗之樸茂人材之輩出前志已悉之亦不敢贅啓聖祠明倫堂學舍鄉賢等祠皆以次修舉云

清乾隆壬寅督學王杰修學碑記

余嘗讀東漢金石文字見韓明府叔節爲孔廟修造禮器其率私錢以佽助而列於碑陰者凡六十二人題名碑之兩側者至於三十有二人至司徒吳雄司空趙戒及王瑛史晨輩或出家穀或舉山石凡補垣墻治瀆井載奏請之章敘饗禮之盛大書特書以立石於閭里者至今猶未剝泐也唐貞觀四年令州縣皆立孔子廟堂自後遂委學校於有司有司以簿書期會之繁不能兼顧廣文之職以祿薄而力有未能於是釋菜釋奠之地聽其上雨旁風幾爲茂草之鞠者所在多有新昌之有學宮也始於縣東與廳連墻宋紹興知縣三山林安宅改建於書案山之陰掛榜岩之側後雖遞加修治然閱歲漸圮也乾隆三十九年余督學台州道經其地學官以謀重修來告維時知縣蘇君燿敦尚風教余亦拜謁其廟下進董事諸生而謀之咸踴躍樂輸特工作未備其二年余又至浙未克落成其三年余三至

浙經其地重進諸董事而勉之有呂生者其父太學生慶新曾與董事未終事而卒衆以生充其選而生亦能繼其父志慨然以爲已任逾年而工竣凡楄桷宲廇陶旗釘鋑一是咸新呂生實自輸其錢爲之藉浮濫杜剋扣而工自鞏固精良朔望二丁之會籩柸莘莘如也駿奔秩秩如也習禮而來者嘆爲非呂氏之力不至此於是祈余文以垂後觀余稽諸牒繼林安宅而葺治者洪武間有周文祥宣德間有鍾虞成化間有毛曦嘉靖間有姜地曹天憲蕭敏道田琯本朝則永新劉作櫟然諸君修舉廢墜其有將伯之呼與否遠而莫之考今工幾中輟而呂生能獨任以底於成其有功亦甚大矣吾聞呂爲新昌著姓能囿於詩書禮樂之教又樂於爲善繕宗祠駕橋梁若忘其力之不贍者昔魯相謁孔廟碑文有口口幾以獲福之語而呂生父子之爲是舉幾罄其囊橐而不少悔乃勇於爲義若此哉又按永康初元濟陰大守口口之時有仲氏作殿前石礫階陛之欄楯碑文具載其宗子任蓋當時出錢者惟仲氏爲多故所序特詳今紀呂生之好義亦濟陰廟碑之統列也生名基緒縣貢生

清嘉慶五年按察使秦瀛重修大成殿碑記

三代以上聖王之治無一不出於學其德則仁義禮智其行則孝弟忠信其術則詩書禮樂其時自上達下無不立學之地其子弟無不入學之人瞽宗之典大昕之徵胥是道也三代以降教尼不行學或興或廢要皆失聖王所以立學之意而學乃不在上而在下緜是而異端之學詞章之學科舉之學雜然並興紫陽朱子奮然於千載之下以斯道爲已任所至浙東各郡縣流風餘韻迄元明弗衰而新昌則亦朱子讀書地也新昌故有學建自紹興十四年在城之東南自宋以迄於

今興廢屢矣乾隆中邑人呂基緒承其父慶新志重修大成殿及兩廡距今二十餘稔寖復傾圮基緒弟周緒慨然欲修之未及而卒其子保出籯金篚日趣工獨葺殿宇以成父志其東西廡則基緒妻張氏修之於是煥然復新經始以嘉慶四年十一月十一日告成以五年十月之望計縻白金千兩有奇呂故新昌著姓是舉不丐官緡不謀他任弟繼其兄子承其父妻踵其夫無嗇於財而勇於義殆其聖人之教浹於人心如此其至耶功既成會權新昌令莫君景瑞得替來杭州偕學博陸君以誠項君其琳請記於予新昌浙東小邑風俗誠朴且其地多名山沃洲天姥諸勝磅礴扶輿宜其鬱爲人文有朱子之遺澤涵濡泳沫數百年於茲後之人當必有聞風興起者而教育蒸陶以共成一邑之治則又賢有司與師儒責也夫堯舜之道得孔孟而著孔孟之道得朱子而復明入斯道者不徒習夫簠簋籩豆金革弦匏之器升降作止盤辟綴垗之容而已余故舉聖王立學之意以告新昌之士毋惑歧途毋狃俗學居敬窮理以立其體知類通達而可以爲天下國家之用其施之天下則人材陶淑而有化民成俗之美此朱子所以爲教而即聖王立學之意也歟是爲記

清光緒三十年知縣戴枚重修大成殿碑記

學校興而文教盛師道立而善人多君子觀於學竊嘆國家化民成俗之意如是其深且遠也太學曰辟雍州縣之學則損其制曰頖宮供祀至聖粟主合顏曾以下諸賢與後之敦崇行誼闡明經義者先後從祀經師人師悉食馨香之報俾博士弟子知所觀法而僻壤窮鄉莫不聞聖人之道焉在昔成周學兼四代虞庠祀舜夏學祀禹殷學祀湯東膠祀文王而以周公配之此皆以其道著爲政令以教

天下故其時善氣薰蒸而風俗稱厚閱五百年篤生至聖則尤集舜禹湯文周公之大成者也生不得位而以道施於行事垂之說論宏德教於六經振儒風於萬世乃知以政教者不若以身教言教爲尤廣且遠矣木鐸周宣石經不朽而天子諸侯之禮隆北面者則又獨尊壇坫矣故漢興以來立學者悉宗之我朝考定祀典每歲春秋二仲上丁釋奠牲用太牢樂用六佾陳俎豆習羽籥彬彬乎稱極盛焉咸豐辛酉粤匪踞境廟庭兩廡大成門昌黎祠悉被拆毁同治甲子邑東鄉文學張正輝明經梁宗孟倡捐修葺計費一千七百緡緣匪擾後工作未堅將就傾圮嗣有孝廉梁國元貢生石以翰章鑄生員趙振甲陳光黼俞壽銘周紹豐張九臯籌捐重葺經始於癸酉夏告竣於甲戌秋計費一千四百緡殿宇高峻規模宏壯翕然稱合度焉夫史遷不云乎讀其書未嘗不想見其爲人過其地輒興高山仰止之思竊願瞻謁門墻者蓄道德能文章望古而嚮往之慨然有志於虞夏商周之盛將人材日茂文教風行俾比閭族黨之間芻蕘共識詩書婦孺咸知忠孝家絃戶誦相與共偕於斯道也不尤予所拭目竢之者哉

左右兩廡各六間淸知縣劉作樑重建亦呂基緒等及東鄉紳士修外爲大成門五間明知縣曹天憲建劉作樑呂基緒等及東鄉紳士修門外爲泮池上有石橋橋外爲櫺星門三座元縣尹王光

祖移建櫺星門外中有復井

元教諭李華改創泮水記

天下郡縣皆有泮水設於南門之內而新昌之學獨設於外縣尹王光祖初來訝其未然參同官訪耆耄稽衆證例咸曰易之當或者乃不能無疑殊不思古人立學於郊所以均四方之來觀者必節以水又思觀者不可褻玩焉故辟廱之制水潤乎學學臨乎水水濟以橋橋表以門固自有次第也夫泮水視辟廱之半知辟廱則知泮水在門之內無疑矣遂易之於內地縣學舊無井泮水既易而古井出焉以其蔽於昔而顯於今名曰復井吁是有勸相之兆也并書以記

池旁舊有校房四十間明知縣姜地訓導許淵建田瑄重修後廢又有去思亭神厨房宰牲房觀德亭後俱廢殿右爲名宦祠鄉賢祠各三間宋知縣王世傑建呂保重修咸豐辛酉燬於粵匪

清乾隆五十四年教諭陸以諴重修名宦鄉賢祠碑記

學宮內建立名宦鄉賢祠即古者瞽宗之祀所以崇德象賢風教攸關也其自他鄉來仕本邑興利除弊德政昭然者祀之其生於本邑而仕於他鄉有德行政績可傳者即不仕而節義文章可爲後人師表者皆祀之非徒曰崇報也俾千載下

瞻仰典型猶能使頑廉懦立焉新昌縣自梁開平二年由宋迄今祀名宦者二十七人祀鄉賢者四十六人知縣事者若三山林公之建學築堤浚井開𥖄其功固不朽晉陵丁公之救荒金華王公之興教成都張公之守正亦大彰明較著矣元有畏吾火魯思密公淦陽李公明則淮安周公泰安賈公山陽佟公浮梁曹公武進萬公莆田林公晉江李公進賢朱公宣尉元則有河南陳公主簿明則有廬陵曹公訓道明則有本邑呂公吾朝崇祀名宦知縣事者則有劉公張公外有督撫臬司共七人亦同祀云或捍患救災或崇學尚廉皆遺愛在民沒世不忘者也至若鄉之賢者理學如黃宣獻石克齋石誠齋俞默翁呂信卿德業如石國佐王慶翔石道佐王仲潛石天民梁叔亭楊公惠呂好隆丁大容何五山俞振恭呂丕文俞汝成潘水濂呂夢軒忠節如董伯強吳叔大陳思齋董貫道俞節懋政績如甄克修俞仲英呂珍吾孝友如石德遠胡惟輔呂小齋張子用呂北山陳鶴皋隱逸如呂宗學俞仲廉介如求尚圭劉世用俞仲才教澤如潘益遜文學如徐大華徐光遠呂中遂義行如石季平陳惠卿陳震亨俞用直皆間氣所鍾卓然千古者也丙午七月誠至任瞻拜祠下上雨旁風傾圮已年矣牌面亦長短不齊朱地金字者多克齋先生諱且作謚其不敬亦甚矣因徧告鄉賢祠下裔孫皆踴躍樂輸鳩工庀材不日而成由是主之高厚廣長悉尊定制赤地墨書則神靈可以安而誠敬亦足以昭矣舊時鄉賢名宦共一祠雍正四年知縣李諱之果者捐俸創建各三間今共六間周以垣墉經始於丁未十月落成於戊申七月董其事者呂生振緒等十二人朝夕經營不辭勞悴呂生周緒萬選二人也

忠孝祠三間清雍正三年知縣李之果奉特旨建呂保重修辛酉燬於粤匪光緒各賢後裔捐建殿後爲明倫堂三間宋朱文公書額王世傑修後圮明邑人呂奇策清知縣曹鑾嚴正身籌捐重建職員呂鼎元修辛酉燬於粤匪同治間石玉麒及南鄉紳士重建

宋知縣王世傑重建講堂記

新昌前未有學紹興十三年三山林君始創於南門側一百三十年幾修幾壞寶祐巳丑世傑來視學中殿謁日氣象寥闃上漏旁穿與破傳舍等喟然嘆曰文不在茲乎遂悉心經營跪臲者植之朽蠹者新之甲寅乙卯創先賢祠行鄉飲禮開大小學有朋自遠方來相與讀聖人書獨講堂屋尚未暇每學諸生坐其下則凛乎憂其將壓越丙辰僉欲不可居乃樽節浮費度材鳩工而邑之詩禮家翕然來助無靳色二月始事五月告成輪奐翬飛羣瞻咸聳易曰君子以朋友講習語曰德之不修學之不講是吾憂也甚矣學之不可不講也如此後之主是教者亦將有感於斯文

宋進士邑人俞公美主學廳記

我朝慶歷詔天下郡縣皆立學厥後郡有校官以知學政縣庠則責之令佐期會既煩教養亦弛及景定四年始詔諸學並刱主學一員漢之經師唐之博士是也

於是老師宿儒皆得列於學宮官於新昌之學者代處凡五見矣惟敝邑偏小迄今官舍猶未定也淳祐甲子天台謝侯治邑政成加惠學宮殿堂門廡一日畢葺適戴君始至謀於侯曰邑有博士邑之師也若燕居無常文蕭之間戶外之屨安所寓乎乃相學宮之隙爲屋百楹堂宇庖湢內外完好工不擾費不侈又移鄰圃爲門徑以通行凡半載而落成諸生相與語曰先生之居安矣令君之賜宏矣可不記乎來請於余余曰然侯名在杍

宋郡人韓鏡修學記

新昌據天姥沃洲之勝自晉唐以來文人才士來游來歌里之人亦有名世者至我朝石城石公待旦以師道自任爰開義塾教授里中子弟正獻杜公以郡公來學文正范公以郡守尤加尊異儒學之盛稱於東南石氏遂爲名家士無不知學者獨學校之建至紹興十三年知縣事三山林安宅始克成之自是幾廢幾興吟諷絃歌之聲寂如也學不幾於徒設乎寶祐改元金華王公領縣事大懼放失非所以移風俗美教化之本乃請進士俞彬黃飛俞公慥張漢英石塤分事傑作整齋序新講堂取四書日與諸生發明天理人欲之辨拔弟子之俊者教於學贊鄉先賢之名世者而立之祠又推本師友淵源祠徐公僑以侑文公朱子燦然目擊而道存油然意改而心化於是庶士咸曰邑雖有學大夫雖修學未聞修身以道修道以教如王公者今王公行受代不得留請肖其像爲之祠叙學之廢興以寓無窮之思可乎乃相與謀而屬記於鏡遂爲之記曰當宣政炎慶時天下最多事威福玉食移於臣下莫能析其奸者獨尚書石公弼侍御石公揆宣獻王公度皆以言責奮擊之至今凜凜有生氣國祚以延諸賢之力也是令尹崇學校祠先賢

之意也令尹名世傑爲太學諸生扣閽鋤奸登乙未進士第所至以廉稱其來新昌有惠政犴獄屢空可以觀其學矣

明成化十五年吳江莫旦

新昌縣學科第題名記

新昌爲浙東小邑而科第得人爲最盛然題名之碑未立蓋闕典也成化丙申春旦以乙榜來爲訓導即有志爲之而力有未及越明年既募刊縣志而欲以羨財立焉乃請記於紹興郡守浮梁戴公謂教官實司文學諭令遵行而滁陽樂君經知縣事乃捐俸相成之於是勉而爲之言曰國家養士於學校三年設科第以取之所以求實才之用也榮孰甚焉故歌鹿鳴也鄉人榮之奉廷對也國人榮之登科有錄辟雍有碑即普天率士榮之然榮則榮矣苟道藝之不修名節之不立適足以貽科第之羞也夫何榮新昌自國初設科以來得人之盛非前代比所以建功立業楊芳邁偉而後先輝映者吾無間然矣姑以前代言之宋三百年得士凡一百有四人元九十年得士凡七人其間顯而著名者蓋十之二三而泯然無聞者十之六七是何著名少而無聞於世者之多耶嗟夫上之人設科第以待士所以重士也士不知自重而使百年之後名跡泯然而無聞豈不有愧於科第哉後人觀之寧不爲浩嘆而恤然以思惕然以懼哉由是知科第不過資之以進身爲一時之榮耳所以聲名流芳而百世不朽者不在是也在乎知所自重焉夫苟自重則雖不由科第而爲庶民亦不失爲名士不知自重則雖魁元相繼台鼎並榮亦何道哉今是碑也大書深刻立於講堂非所以夸榮名而動觀聽也將使後之學者鑒此必道德以爲之本文章以爲之用窮獨善而達兼善生有益而死有聞使天下後世仰之如日星敬之如神明然後足以爲實才而不忝於爲人矣有志

之士豈以區區科第爲輕重哉且以菲才濫職教事恐學者以科第爲榮而不知道義名節爲重也故以規而不以羨焉

明崇禎五年邑人淮安知府呂奇策重建明倫堂碑記

國家創制悉天下郡邑皆有學而集於中者聆其戛擊搏拊之韻習其升降揖遜之容嫺其冠射飲讀之禮凡以消融邪戾歸之雅馴達其輔世長民之略此其制洵綦隆矣新之學舊隸縣西至宋紹興甲子始墨食東南先時先師廟庭圯壞已久當事者曾爲創建乃廟之後爲明倫堂最後爲尊經閣又最後爲啓聖宮俱就傾圯堂之圯爲尤甚竟以資用弗逮化原之地委於荊棘中良可慨矣幸楊父母楚中威鳳也大父拜川中刺吏封翁累官鎮雄授乃兄徵甫先生見仕河南別駕侯實以經術冠冕宇宙乃於庚午冬月一啣天子璽書來令吾邑至則淸庫藏翦元猾杜苞苴恤刑獄寬嚴互飭百廢具舉一日穆然良久曰明倫堂圯倡率多士無地是余責也第思頻年餉儲日增民不堪命可復以鳥跡龍精滋地方擾耶乃因决計捐資庀材鳩工亟請撫臺陸公移檄捐賑暨薦紳諸衿之樂輸涓滴者更復佐以罰鍰以助不給基仍其舊材取諸龕民用其暇不數月而齋堂廡閣竹苞松茂翼然其孔嚴矣堂成乃丏言以記余觀春秋每遇興作必書而念民力也矧茲大役落成文教翔洽敢因不敏而無言耶第諸君子亦知侯創建斯堂之意乎昔者周道衰微學術浸壞吾夫子刪述六經使其道大明於天下後世學者續貂說難希蹤河上托蕉鹿以寄逍遙假曇翟以自標異即有河南考亭之脉而莫解其裏城歧路之迷亦烏在其爲學問哉惟寧樸毋華寧訥毋捷寧巧爲輗毋拙爲鳶務使經術昭明彝倫攸叙於以起鳳翔蛟以成肩弘任鉅之業則於侯建堂之意不

大有光耶是役也始於辛未十一月成於壬申十月時博士先生有若龍湫孝廉陸君咸砦溪藏君士英蕉溪蔡君孔傳咸共從事與有力焉丞則有廣陵陳君文俊尉則有吉安壬君皆樂觀厥成者也並以是礱諸石俟名應禎號符先爲楚鄖陽人

清乾隆二十一年夏邑令嚴正身重建明倫堂碑記

堂以明倫重地也甲戌冬余承乏新邑下車謁文廟周覽學宮殿閣崔巍獨怪明倫堂棟樑粗就垣牆闕然司鐸眷西王君爲余言曰是堂久經傾圮歲乙巳同寅南揮朱君與前縣新塘曹公倡率勸捐鳩工而整飭之厥後儉歲洊臻捐輸者力不從心以故修其半而工輟余聞言悵然伏念我朝定鼎以來聖天子垂教首重彝倫重熙累洽天下莫不興於學學亦無不備其制茲剡東越之名邑文章理學代不乏人而忠孝節廉相望於册蓋振興有自來也斯堂之修胡可緩乎適五山張君蒞任余偕兩司鐸率邑之紳士董其事幸勇義者多其既輸捐者急於踐約即向未書捐者皆樂爭先通計醵錢若干爰諏吉日經始於乙亥八月五閱月而落成焉司鐸屬余爲文以記余思倫理在人如日月之在天江河之行地未嘗一日息也顧行之在於人而明之必有其地茲舉也前縣創之司鐸贊之諸君子協贊之余乃得於其間相與有成於以仰佐大道之行不亦休乎自今以往尤願後之人嗣而葺之庶斯堂之不朽與倫理以常存又余之厚望也夫用記歲月勒之石俾有考焉董政諸君子例得並書督理典史張麟書董政江陰縣丞俞鐙候選訓導呂綱貢生呂運昌張曾仁呂慶隆俞邁呂沱監生陳大錦呂大壎呂應求俞文炳俞達呂慶新呂肇楊鈿生員陳大士石必選呂錫佑俞楏俞大鶴陳撝裕陳

禪呂廷誌俞璠呂成勳呂維棣梁毅士呂天球

清同治八年十月邑令石玉麒重建明倫堂碑記

邑之有明倫堂即王制元日朝庠習射尚功習鄉尚齒之地也我朝彝倫有叙正學昌明郡縣立學并建斯堂俾濟濟多士顧名思義無慚名教堂之所係重矣新邑自咸豐辛酉粵匪竄境斯堂鞠爲茂草丁亥秋予承乏茲土下車議復舊制以工多費巨頗難其事明年夏南鄉紳士梁槐林等來謁與商此舉慨然不辭逐鳩工庀材創始於戊辰九月告竣於己巳五月其棟隆之吉櫟木之大石楹之鞏固都人士僉謂增美前輝焉夫事苟有裨於斯民雖徒杠輿梁之成猶關王政況其地係學校之盛衰士習之邪正有廢焉而先王立教之意俱廢存焉而先王立教之意俱存者厥功不尤偉耶今南鄉人士鼎新重建仰體聖天子興賢育材之雅化非有扶翼文教之思者不及此余嘗南遊彩烟山矣登峯四顧愛其層巒拱秀堪與天姥沃洲相頡頏故其蔚爲人文亦樸而含華忠孝賢達代不乏人異日人傑炳麟必有後先相輝映者堂之成其先兆也今余卸篆逾半載因公莅此諸君子請記於予予曰是固予所曾與經始今樂觀成者爰欣然援筆而爲之記

堂後爲尊經閣三間明知縣姜地建後圮清知縣程有成籌捐重建呂鼎元修辛酉燬於粵匪旁有翼樓二座田琯建敬一亭曹天憲建今廢

明提學孔天徹重修廟廷記

嘉靖甲寅秋七月，新昌縣先師廟廷壞，以歲久之故。初，縣令曹天憲政勤事理，見廟廷寢圮，啟聖祠、敬一亭附廟兩旁，爲弗稱制，方計整葺而經營之，適與壞會，廢興茲其數歟。於是曹令遂决策圖始，選材備物，狀其事於當道，並皆獎與，因遂造作。首構廟庭五楹，次展地尊經閣，後中起敬一亭三間，奉上御箴等碑，亭後置屋三間爲啟聖祠。其餘所存，又以飭廊廡，釁舍之弗周者。肇緒於是歲十一月之朔，落成於明歲閏正月之望。費取學租公俸之餘，規畫如式，上質孔良。予循行學校，五月自天台石梁踰天姥而來，至縣謁先師，課學官弟子以其道，則樂其廟貌之如斯，有司勤禮之若是也。有緣諸生之請，而爲之記曰：夫聖人之道，豈以廟貌爲隆汚哉？然宗其道則思以報其德，亦猶郊社之於上帝也，宗廟之於先祖也，屬屬乎其無已也。然惟仁人爲能享帝，惟孝子爲能享親，何也？享祀者貌也，仁孝者上帝先祖之心也。以貌而不以心，則其祀爲徼瀆，其人爲非類，鬼神弗之歆矣。然則報聖人而不以其心，豈所以爲宗其道乎？不宗不類，廟奚益也？今祭章贊夫子之德，曰刪述六經，垂憲萬世。夫六經一簡牘爾，萬世何賴焉？昔周道衰，虛文勝，學術不明，人心陷溺，彝倫攸汨。當是時，天下之人皆壞心逐物，乘勢取利，苟可得志，無復禮義之念、廉愧之萌，故賤妨貴，少凌長，遠間親，新間舊，小加大，淫破義，臣弒其君，子弒其父，其所由來者遠，人心死而天理滅亡也。夫子惻虛文之縱淫，懼實本之狸塞，畏天命之將隕，怨人窮之罔極，故追述天地皇王之心，表章之，爰有六經，以救厥亂，遂俾天下之陷溺者回心而嚮道，豈曰簡牘文字而已？門人三千，雖造詣殊科，要之皆明道術，正人心之至也。由是學士大夫凌遲至於暴秦，猶尊經抱器而不肯變其志可知已是聖人之垂憲遠也今其道大宣教者學者悉誦法鄒魯之道使覽六經之遺文勸其說而擿其華不原聖人之志以正其心或所行弗迪於彝憲吾將懼夫虛文之弊將重爲聖靈之所恫也詩曰神罔是恫神既恫矣祀將誰享哉昔者夫子既沒門人思之弗及以有若似也遂欲象夫子而事之曾子止曰江漢以濯之秋陽以暴之皓皓乎不可尚已是宗聖道而殷其心者也思聖人者若曾子可也吾既覩其文爲又懼虛勝乃並記斯言以告多士云

明給事中周祚尊經閣記

新昌縣治屬紹興府山川秀淑文獻丕揚而昭顯進盛必由於學粵稽宋紹興年間三山林公始建學其尊經閣尚未建焉夫地厚者則樹必碩蓄深者則流必長以今日文學大盛而獨可少哉嘉靖乙未番陽芝峯姜公地來宰是縣歛才彰化儲用觀治顧瞻聖學心實不足而掌教澗泉許公淵亦以是爲請勤勤不已姜公曰夫善治莫先於聽德聽德莫先於仰觀仰觀莫先於定制學而無經猶大匠而無規矩也經而無閣猶良馬而不服乘也於是仡仡焉不奪穡地不妨官業以贜贖羨餘請諸上得之去明倫堂稍北買民基益之爲尊經閣三間列十二楹高約四丈餘兩側翼以樓埚磽之地於是乎基之官僚之暇於是乎臨之蓋不日而成也維時掌教許公實綜理其事森然矩度以有成功而邑丞郭公司訓許公吳公邑尉卜公亦皆與有力馬由是五經充實諸史備集弟子彬彬焉日造時講若家置書櫃人懷史局矣櫺星門外故有路斜曲則攺而直之弟子居無專業則建校房四十間又慮其貧罔有所資則括廢官田百畝佃以歸學邑丞郭公備贖相成適新昌者又一攺觀矣夫天下有迂緩而緊要者有切近而悠久者此君子之獨

昭小人之莫省也尊經閣以人視之常矣然學者居而學之仕而用之上可致君如堯舜下可使民如成康何往而不得於此哉祚養病江濱久荒文學適年家子弟呂光洵持狀幣來乞記言不能辭遂書以歸之

清乾隆七年邑令任大受重建尊經閣碑記

事有緩而實急者不值其時難與圖始不乘其勢難與圖終是故事以義起者也今之尊經閣是急矣新之學宮鼎遷於宋紹興之十三年林公諱安宅者規模偉然有明倫堂而無尊經閣必有故焉後人襲而忘之陋矣嘉靖十四年姜侯地來守是邑始購地建閣高瞰南明平揖書案學宮規制於是乎備焉歷今二百餘年廢無存者問其址則曰明倫堂北之棄地問其年則曰近四十載問其書則曰編殘帙散莫知所尋購嘻吾以人才之盛必卓舉而觀書故處則爲大儒出則爲名臣是以曹氏有倉鄰侯有架文章裔皇功名彪炳有由然也今是閣也前人艱於建今人怠於修遂廢其閣而亡其書可勝嘅哉今聖天子敦崇實學誕敷文教命頒經史於學俾士子勤求博議望至切恩至渥也前令程侯乘其時之易捐俸倡建就故址而鼎新焉將刻期告竣適丁内艱去而捐輸之金半成畫餅創始者一年中止者三載嗚呼創業難成功亦不易豈其然乎余以己未歲承乏茲土下車之日循例謁廟周視祠宇詢尊經閣所在兩學先生指示并道創建之由與所以不能卒事者於余余皇然曰垂成之功隳於一旦可乎是誠在我而已然任事方新先其所急間一歲政通人和公事不擾乃復集邑之紳士勸勷其事不旬日樂輸者視前倍半新昌多好義士信哉遂再督工趣事八閱月而告成功焉余因思事在人爲耳假使程侯不創於前余亦難徐圖於後夫有廢而不舉見壞亂而不修

者有土者之責也況此閣上以奉御書經史不以宏學校規模適逢頒發勢可竟成余能避因人成事之名而袖其手乎若謂功大於合尖則非余所敢任也亦願後之人嗣而葺之是則私心所惓惓耳兩學先生請書於石因序以記之

兩齋各三間一曰博文一曰約禮姜地建後俱廢閣後爲崇聖祠三間曹天憲建呂鼎元修辛酉燬於粤匪同治間北鄉紳士重建堂外爲學宫門二一曰義路一曰禮門堂右教諭衙正廳三間房舍九間宋知縣謝在杼建辛酉燬於粤匪光緒城中籌捐重建堂左爲訓導衙正廳三間房舍十間宋知縣謝在杼建辛酉燬於粤匪同治間西鄉紳士重建

明萬歷戊戌冬知縣鄧允吉重修儒學碑

萬歷丁酉冬予承乏新昌甫稅駕詣學謁先師見其殿廡廟序翬革騫霄翼然之孔嚴也進諸生而詢其覶縷僉曰此明州别駕王公脉篆兹土見傾圮窳陋無以爲觀申請當道而新之者也予以明州公直以此爲寄耳乃留心學校如此私心

不賸嘆羨久之董事耆民張學文等跽而請曰是役之興甫及半歲棟隆巍矣而殿墄猶未齒也藩垣高矣而黝堊猶未塗也堂序完矣而經閣諸祠猶未葺也願借經畫以竣其事予曰吾夫子修春秋凡有興作必書重民力也若飭廟祠順人心又何譏焉有司責也敢不殫心以完所未備於是更爲聚材鳩工補其缺者興其廢者凡賡歌齋祭庖湢之地庶幾增美而士子之進退於此者心神靡不怡暢惟是博士普定豸嵎鮑君新城龍洲彭君青田文波張君與其弟子員皆以國家教育之地興廢匪輕始事若彼成事若此當有以志不朽乃礱石黌宮相率而請記於予予囅然笑曰鐫金石者難爲功摧朽株者易爲力予因明州鼎畫圖效厥成耳敢褫他人功以自華哉第明州公修學之意有厚望焉則願與諸士子敬承之也吾夫子之廟食海內人之崇奉非徒貴虛室侈美觀而已誠悅夫子之道而崇奉之也夫子之道仁以爲宅義以爲路禮以爲門忠信以爲基儀文以爲飾能悅而得諸心斯眞能尊夫子者也藉徒崇廟貌而背棄聖眞予懼夫子之不享矣明州公意在於茲乎故願與諸士子尊夫子以實不徒以文求無負所厚望也僉曰敢不猛省遂次第其語於石

明萬歷丁巳大同巡撫臨海王士琦重修儒學碑記

夫國家建學立師敦倫植節凡冀道德事功於昭來禩所以翼聖眞襄國祚者賴是爾新之學舊隸縣西自宋紹興甲子間始墨食東南以故理學勳名於此時爲獨盛明興二百年來竹箭南金肩摩踵望蓋自乘驄簪筆卜甄曳履之賢更難屢悉餘可知矣嗣後稍稍句臚布唱即學宮亦寢就傾圮當事者狃因循不之理飄搖摧折可勝道哉懷玉鄭侯夙以中原宗匠莅新下車謁廟畢周覽彷徨不覺愀

然良久曰誰司風教至是耶不欲檄諸當道滋擾地方乃先其務之急者誅茅薙莽建名宦祠三楹修櫺星門縣學門甃月池祀文昌以創厥始矣丙辰自覲回益欲增修不及越明年捐秩決筴庀材鳩工葺尊經閣新明倫堂修啓聖祠蓋自殿廡齋序庖湢垣墻之屬朽蠹者新卼臲者植丹塗堊飾赭溢翬飛不數月而煒然改觀矣廣文署食堂西久崇榛棘乃爲額外經理徹桑綢繆而儵叨厦庇門之外有池栽藕數株私祝舒荷爲兆乃果綠浮水蓋香透芙渠說者謂侯不日內召故瑞氣徵協如此南有隙地爲植滿園桃李芬芳馥郁地之前有屏牆因命解衣槃礴畫龍點睛牆之旁翼以兩垣則昔無而今就版築事竣學博仙居應君於潛謝君龍游李君暨弟子員請余記諸石余惟先大夫督學洪都嘗開講懷玉建文公書院復梅峽劉公義學修端明江公祠時善侯若翁藝品高等至今荊楚尚有聲侯挾此治譜以治南明又殫心釁校如此余胡敢謝不敏哉第思枚枚實實詩人所以咏閟宮也然非徂徠新甫斷度尋尺亦幾無以光路寢而崇新廟矣侯斯舉費不耗公役不煩民其所資木石餼直悉捐已俸益以贖鍰不足則又倣古胥靡城且之意以供舂鍤於是酌緩急之宜參地形之勝美輪奐之光映奎婁之彩羣瞻悚惕赫奕輝煌此非其才力籌畧遠過人者能如此大有光耶侯蒞新多善政如絕里贄肅城社均解戶嚴保甲興舖遞修砩渠戢萑蒲察牙儈清庫藏勤汗禱講約著書捐俸課士諸難枚舉新父老業請當道礱諸石又思配社而俎豆焉以永祀侯矣則斯記又德政之源委至百世誦侯於不衰者也因爲敘其巔末云侯諱東璧江右之玉山人禮經亞魁原號鄰奎昌圖其今號也

衙前爲土地祠辛酉燬於粵匪光緒間重建其外爲儀門二一曰騰蛟一曰起鳳上爲文昌閣雍正間教諭徐涵暘建咸豐己未城中紳士重修辛酉燬於粵匪

清訓導張君照重建兩廡大成門記

新邑學宮之建以時修葺莫敢廢弛尊王制崇聖道爲起教育才之地誠重之也庚戌冬敘列先賢之兩廡爲屋十楹忽就圮邑侯盧巖劉公亟起而議更造適照承乏視學政目擊其狀更上謀於劉公公遂欣然捐俸以爲之倡購資聚材而重修焉併及大成門而益新之夫七十子與從祀諸賢皆聖人之徒爲王者所敬祀而尊崇者也神所憑依一瓦一椽人皆彝鼎視之而不敢忽於其廢也而亟興之固其宜已重賢人所以尊聖人尊聖人所以治今人使人入廟而動仰止之思由洙泗以逮濂洛之傳則去聖雖遠而不遠於目擊道存之心焉雖然苟無倡之則教化何由而興今侯以江右名賢涖新三載清操素節躬自砥礪爲端聖教而又月進諸生課藝講學則其倡之者至矣使諸人士皆能觀感而興起由義路禮門而升堂入室焉則步聖人之步趨聖人之趨亦孰非聖人之徒哉

右爲謁聖門又外爲縣學門門外爲射圃爲月池爲屏墻左右有

石坊二一曰興賢一曰育才清邑人貢生梁啟隆梁肇隆捐修

祀位

至聖先師孔子東配復聖顏子述聖子思子西配宗聖曾子亞聖孟子東哲先賢閔子冉子端木子仲子卜子有子西哲先賢冉子宰子冉子言子顓孫子朱子東廡先賢公孫僑林放原憲南宮适商瞿漆雕開司馬耕梁鱣冉孺伯虔冉季漆雕徒父漆雕哆公西赤任不齊公良孺公肩定鄡單罕文黑榮旂左人郢鄭國原亢廉潔叔仲會公西輿如邽巽陳亢琴張步叔乘秦非顏噲顏何縣亶牧皮樂正克萬章周敦頤程顥邵雍西廡先賢蘧瑗澹臺滅明宓不齊公冶長公晳哀高柴樊須商澤巫馬施顏辛曹卹公孫龍秦

商顏高壤駟赤石作蜀公夏首后處奚容箴顏祖勾井疆秦祖縣
成公祖句茲燕伋樂欬狄黑孔忠公西蕆顏之僕施之常申棖左
邱明秦冉公明儀公都子公孫丑張載程頤東廡先儒公羊高伏
勝毛亨孔安國后蒼鄭康成范甯陸贄范仲淹歐陽脩司馬光謝
良佐羅從彥李綱張栻陸九淵陳湻眞德秀何基文天祥趙復金
履祥陳澔方孝孺薛瑄胡居仁羅欽順呂枬劉宗周孫奇逢張履
祥陸隴其張伯行西廡先儒穀良赤高堂生董仲舒劉德毛萇杜
子春諸葛亮王通韓愈胡瑗韓琦楊時尹焞胡安國李侗呂祖謙
袁燮黃榦蔡沈魏了翁王柏陸秀夫許衡吳澄許謙曹端陳獻章
蔡清王守仁呂坤黃道周陸世儀湯斌

按光緒季年又添入王夫子顧炎武黃宗羲三人宣統元年升入大祀又添入湛若水一人

釋奠

春秋仲月上丁日致祭禮節

正位陳設牛一羊一豕一登一實以太羹鉶二實以和羹簠二實以黍稷簋二實以稻粱籩十實以形鹽藁魚鹿脯棗栗榛菱芡黑餅白餅豆十實以韭菹菁菹芹菹筍菹醓醢鹿醢兎醢魚醢脾析豚拍鑪一鐙一

四配位各羊一豕一鉶二簠二簋二籩八實以形鹽藁榛菱芡豆八實以韭菹菁菹芹菹筍菹醓醢鹿醢兎醢魚醢鑪一鐙一

十二哲位鉶一簠一簋一籩四實以形鹽棗栗藁魚豆四實以韭菹醓醢菁菹鹿脯東西各羊

一豕一鑪一鐙一

殿中設一案少西北向供祝版其南東設一案西向陳禮神制帛九色白香盤四尊三爵二十有七西設一案東向陳禮神制帛八香盤三尊二爵二十有四凡牲陳於俎凡帛正位四配異篚十二哲東西共篚凡尊實酒承以舟疏布冪勺具

東廡陳設二位同案每位爵一實酒每案簠一簋一籩四豆四先賢案前羊二豕二香案一鑪一鐙二先儒案前羊一豕一香案一鑪一鐙二設一案於南北向陳禮制帛二香盤二尊三虛爵六俎篚冪勺具

西廡陳設同

樂懸殿外兩階金編鐘在東玉編磬在西皆十有六懸以虡業東應鼓一柷一麾一西敔一東西分列琴六瑟四簫六箋六篪四排簫二塤二笙六搏拊二旌二羽籥三十有六

樂舞生舞用六佾每佾學額設三十六人預選四人以備充補

樂章

迎神平　昭

大哉孔子先覺先知與天地參萬世之師

祥徵麟紱韻答金絲日月既揭乾坤清夷

初獻平　宣

予懷民德玉振金聲生民未有展也大成

俎豆千古春秋上丁清酒既載其香始升

亞獻平秩　式禮莫愆升堂再獻響協鼗鏞誠孚罍甗肅肅雍雍譽髦斯彥禮陶樂淑相觀而善

終獻平叙　自古在昔先民有作皮弁祭菜於論思樂惟天牖民惟聖時若彝倫攸叙至今木鐸

徹饌平懿　先師有言祭則受福四海黌宮疇敢不肅禮成告徹毋疏毋瀆樂所自生中原有菽

送神平德　鳧繹峩峩洙泗洋洋景行行止流澤無疆聿昭祀事祀事孔明化我蒸民育我膠庠

崇聖祠祀位肇聖王　木金父公裕聖王　祈父公詒聖王　防叔公昌聖王　伯夏公啓聖王　叔梁公以上正位明嘉靖九年於大成殿後立啓聖祠祀叔梁公清雍正元年詔封孔子先世王爵合祀五代更名啓聖祠爲崇聖祠

東配先賢　孔氏　顏氏　孔氏

西配先賢　曾氏　孟孫氏

東廡先儒　周氏　程氏　蔡氏

西廡先儒張氏　朱氏

春秋二仲上丁同日先祭正位陳設各羊一豕一鉶二簠簋各二籩豆各八鑪一鐙二

配位陳設　簠一簋一籩四豆四東西羊豕各一鑪一鐙二中設一案少西供祝版東設一案陳禮神制帛七香盤六尊四爵二十有一西設一案陳禮神制帛二香盤一尊三爵六

兩廡　東二案西一案每位爵一實酒簠簋籩豆羊豕鑪鐙如配位之數各南設一案陳禮神制帛一香盤一尊一虛爵三俎篚冪勺皆具

釋奠圖

宋淳祐元年新昌尹晉陵丁璹考求禮制刻石立于泮宮之明倫堂今錄而存之以見古禮如此

兗國公

陳設奠正位同

鄒國公

陳設奠正位同

十哲每位陳設

鹿脯 羊腥 豕腥 鹿臡
㮚 稷 爵 芹菹 黍

初獻之酌

泛齊象尊 泛齊象尊 泛齊象尊

亞終獻之酌

醴齊犧尊 醴齊犧尊 醴齊犧尊

罍洗 巾篚 爵洗 爵篚 東階 祀位

從祀每位陳設

鹿脯 羊腥 豕腥 鹿臡
㮚 稷 爵 芹菹 黍

易服位

至聖文宣王

籩

栗 乾桃 形鹽 魚鱐 菁菹 葵菹 兎醢 醓醢

芡 榛寔 乾橑 乾棗 筍菹 芹菹 魚醢 鹿臡

鹿脯 稻粱 奠幣 黍稷 韭菹 豚拍

梪

終獻爵 亞獻爵 初獻爵

亞獻終獻祝

泛齊尊 大醴 山盎 著醴 犧沈 象事 壺清 壺清 壺

齊尊 齊尊 齊尊 齊尊 齊尊 酒尊 酒尊 酒尊

十六尊設而不酌有冪無夕

明大明 山明 著明 犧明 象元 壺元 壺元 壺元 壺

水尊 水尊 水尊 水尊 水尊 酒尊 酒尊 酒尊

初獻

門

位

揖

諸生陪位

廟

牲饌

終獻 羊腥腸 胃肺 羊腥膚 九橫載

亞獻

初獻

羊熟腸 胃肺 豕熟膚 九如腥

羊熟十一體 豕熟十一體

元至治辛酉元年教諭葉載采文廟祭器記

皇元延祐七年邑大夫達魯花赤忽林赤公縣尹金公主簿亦速福公祇謁文廟因覩禮器用石其文而已遂閱圖諗於衆曰宣聖爲萬世師其祀莫重於禮禮莫先於器器禮所寄也盍圖之咸曰諾於是捐俸帥先諸生翕然樂助范金合土爲簠簋共四十有四皆有蓋小尊二大尊二壺尊二著尊二像尊六犧尊五罍二洗二皆有幕爵一十有九坫二龍勺五竹工爲籩三十五皆有巾梓人爲豆數稱之俎五十篚五十越明春上下聿崇祀事燦然一新大夫士動色胥慶曰天下事不爲則不成倘簡厥修非所以重祀事也嗚呼知者創物深濟縝密衆人故不識也銅之爲器非惟藏禮亦以寓教太史公謂不爲風雨暴露改其形不爲燥溼寒暑變其節夫抱道與□而爲之試目斯器而言之謂將改其形乎抑將變其節乎其能不改於風雨暴露變於燥溼寒暑斯無負其爲器而與斯道相存而不相離也豈止萬世而已乎愼毋忝邑大夫勸相之意

匾額

萬世師表　清康熙二十三年頒懸

生民未有　雍正三年頒懸

與天地參　乾隆二年頒懸

聖集大成　嘉慶三年頒懸
聖協時中　道光元年頒懸
德如幬載　咸豐元年頒懸
聖神天縱　同治三年頒懸
斯文在茲　光緒元年頒懸
中和位育　宣統元年頒懸

名宦祠題名表

宋
知縣壽光張公公良
知縣三山林公安宅

知縣晉陵丁公璹
知縣金華王公世傑
知縣綿竹張公珣
元
浙東宣尉使河南陳公祐今改正詳金石志中
知縣達爾花赤畏吾火公魯斯密
縣尹滏陽李公拱辰
明
知縣淮安周公文祥
縣主簿廬陵曾公衍

知縣泰安賈公驥

紹興府知府順天李公慶

紹興府推官晉江進士陳公讓

知縣山陽修公應龍

知縣浮梁進士曹公天憲

知縣華亭進士宋公賢

知縣林公應寀

知縣武進進士萬公鵬

知縣大田進士田公琯

知縣晉江舉人李公應先

清

知縣永新進士劉公作樑

知縣昌黎拔貢張公宏

浙閩總督孫公爾準

浙江按察湖廣總督楊公宗仁

浙江巡撫范公承謨

浙江巡撫謚勤敏朱公昌祚

浙江巡撫戶部尚書王公騭

浙江總督李公衛

浙閩總督文華殿大學士李公之芳

總督浙江軍務李公塞白理

浙江學政丁公紹周

按碑記稱祀名宦者二十七人則宋元明二十人清七人其在清者今有十一人或係立碑後所加入其自楊公以下七位當係平耿亂時有功德及民者惜年久無徵故未入名宦傳孫丁二公别有事蹟亦無攷

鄉賢祠題名表

宋

進士稽山書院長贈刑部尚書石公待旦

進士兵部尚書文安開國侯石公公弼

進士直龍圖閣知撫州石公公揆

進士權戶部侍郎會稽開國伯王公夢龍

進士禮部尚書煥章閣學士謚宣獻黄公度

進士知武康軍石公斗文

朝議大夫福建提刑贈紫金光禄大夫石公宗昭

汝州團練使忠節董公公健

進士太常主簿石公墪

義士陳公雷

義士陳公祖

稽山書院長忠節陳公非熊

稽山書院長忠節吴公觀

進士少保觀文殿大學士王公爚

進士監察御史俞公浙

元

隱士黄公奇孫

孝子石公永壽

孝子贈刑科給事中張公觀僧

明

舉人國子監祭酒梁公貞

薦授本學訓導呂公不用

處士呂公九成

薦授江陰主簿孝子呂公升

授無爲州知州忠節董公曾

孝子胡公剛

進士河南布政使甄公完

舉人僉都御史巡撫廣東謚恭惠楊公信民

歲貢思南府知府求公琰

義行俞公黯

進士陝西按察使吕公昌

進士兵部左侍郎俞公欽

進士僉都御史巡撫延綏丁公川

進士屯田郎中徐公志文

進士太子太保兵部尚書何公鑑

處士徐公雲卿

進士太平府知府劉公忠器

進士南京兵部右侍郎呂公獻

進士廣西道御史巡按四川俞公振才

進士尚寶司卿俞公振英

處士贈兵部尚書呂公世良

贈奉政大夫工部虞衡清吏司郎中呂公明忠

進士河南道御史巡按徽甯池太俞公集

邵武府教諭贈禮部尚書潘公日升

進士兵部尚書督撫雲南呂公光洵
進士太子太保武英殿大學士潘公晟
舉人章州府通判呂公繼梗
進士貴州道御史巡按山海居庸二關謚節愍俞公志虞
清
進士江南徽寧道呂公正音
進士翰林院編修陳公捷
嚴州府訓導封翰林院庶吉士陳公樹夔
忠孝祠題名表
宋

集慶府知府忠臣呂公由誠

進士處州府僉判忠臣陳公聖

明

辟授營道臨邛縣丞孝子俞公壽

義士潘公沆

封禮部侍郎孝子俞公用貞

孝子章公壽

孝子潘公僎

順孫章公良駿

進士工科都給事中義行俞公朝妥

邑庠生孝子張公中

邑庠生孝子俞公慎憲

節孝祠　在學宫外興賢坊右乾隆省志雍正六年知縣葛大樑奉文建辛酉燬於粤匪光緒間邑紳籌捐重建

名位詳列女傳表

邑人吕鴻壽重建節孝祠碑記

婦而節亦不幸矣然人生世上操守爲難故朝廷褒其姓氏榮之綽楔又復建祠各學俾殁後春秋榮享以妥其靈其所以崇重節孝者恩至渥禮至隆也我邑自兵燹後祠宇被毁蕩焉無存已越二十餘年矣因經費乏資無從興復有陳梁氏者係陳君志玉之聘妻也未婚守節願首先輸金以爲倡率又向戚族中之同志者廣爲勸募其餘則叨恩旌表家各量力佽助於是庀材糾衆土水斯興踰年而功告竣是役也不有陳梁氏無以爲始非衆力之舉擎又何以觀成急公好義彼此同心故能廢者興墜者舉使貞魂烈魄得所憑依庶幾妥節孝之靈而於朝廷崇重之意亦無負也乎是安可不記爰書其事以勑貞珉而附捐户姓名於左

頒藏書籍舊志所載無存今載同治年後憲頒書目

聖諭廣訓　孝經　學庸集註　論語集註　孟子集註　周易集註　書經集註　詩經集註　禮記集註　春秋三傳集註　欽定周易折中　書經傳說彙纂　詩經傳說彙纂　春秋傳說彙纂　禮記義疏　周官義疏　儀禮義疏　十三經古註　通鑑集覽　浙江忠義錄

學額

明設廩膳生員二十名增廣生員二十名附無額數原志

清設廩膳生員二十名增廣生員二十名文生入學二十名二年一貢武生入學十二名會典

萬壽宮　在學宮右清嘉慶間建今改增

試館　在學宮右

知縣張邦棟恭建萬壽宮暨考棚並左右兩祠記

余學治新昌三載每見邑中族姓各有宗祠崇祀即一鄉一里亦復分建祠廟歲

時祈報而於邑宰之賢者去後必立生祠供奉至若呂氏造鼓山書院呂陳俞諸氏建文昌樓陳氏捐置縣考桌櫈歲科試卷每鄉舉備給諸生卷資路費種種善舉不遑殫述猗歟都哉土饒沃民殷富風俗人情亦醇且厚焉惟當慶賀時余與僚屬僅詣尊經閣望闕行禮竊愧居官食俸報稱反不若齊民每因課士接晤二三董事商建萬壽宮應者唯唯己卯春爰集邑紳卜得學宮側隙地約十數畝高厚平坦余因捐俸倡之城鎮鄉都爭先踴躍不數月鳩工庀材恭逢皇上萬壽宮殿門垣已告竣矣余始猶爲土階數尺亦壯山河瓦屋數椽足蔽風雨不意其氣象之恢宏工程之完固若是也一時蹐祝者僉謂揚壽考之休必兼及作人之化尙有餘資足建考棚數十楹余樂其急公好義之不倦也亟徇其請因掘地得前宋邑令丁公碑刻字畫尙可摹識謂此必其故址謀於考棚左建祠崇祀示不忘也乃復爲余建長生祠於右以此舉肇意於余固辭不允竊謂是役也實一舉兩得而且三善備焉興作及乎時相度因其地紳士同心協力無齟齬則又人和而事易舉也余特因人成事而已何功之有是爲記

書院

萬卷堂　在石溪鄉宋石待旦創以貯書又爲義塾三區號上中下書堂使學者疊升之人以此勉勵成名者衆舊有題碑韓玉

如撰記自杜祁公而下七十二人皆由此登科云 嘉泰會稽志記無考詳古蹟

萬卷堂在新昌東八里宋石待旦建堂貯書爲石溪義塾 一統志

師友淵源堂 在平壺宋義士陳雷建以待四方遊學之士端明殿大學士蔡杭記 原志記無考

西塾 東塾 桂山陳氏所建 原志以上今皆廢

案洪武初年制每里一所共四十二所選民間俊秀子弟教之而以通經耆儒爲之師後廢永樂元年復設講讀大誥鄉學一所亦廢成化十年知府戴琥令庠生張琰爲師選民生俞鏕等集石佛寺訓誨如教官儀提調官每月照例考督嗣後或舉或止事不能一而今則社學皆廢惟存基址而已 志稿

南明書院 在通會門内乾隆十六年知縣曹鎣暨闔邑紳士售西雲庵基捐建立講堂敬業堂冰壺堂凌雲閣等二十餘間嘉慶壬戌邑令朱品鎬設立董事經理其事詳載浙江學政潘世

恩碑記咸豐辛酉燬於粵匪光緒間重建改爲縣立高等小學

校詳新制門採稿由志稿增

清嘉慶十年浙江學政潘世恩南明書院碑記

新邑多名山水鍾毓秀靈宋明稱最理學文章麟麟炳炳咸有師承在昔石氏陳氏各創家塾培植人材我朝前邑令曹君磐於乾隆辛未得邑西譙門之內基址數楹建立義塾因顏其額日南明書院清理湮沒公捐田三百餘畝延科甲名師議立規條設紳士四人董其事三年一換載諸碑記及書院誌者區畫甚善後又重訂章程以期無弊茲據邑令徐君杰詳稱前經舉貢生監俞培因余鴻翺陳朝玑王琦呂嘉謨俞樹蕿呂炳曙俞平陳曦等稟請飭縣勒石余據詳仰即立案復請余爲之記因詳考嘉慶壬戌歲李君品鎬署篆斯邑以課書院爲急務進士紳而參酌之定爲六堡輪管自舊東鎭始即點董事捐職州同陳珺試用訓導陳樹籛咨部優行廪生愈思問監生陳兆毅等承辦嗣後六堡輪流照院誌所載董事四人三年一換其經費出入每年解館後集合邑紳士及新舊董事公同算明支銷各欵外歲有盈餘增置田畝乃爲書院公用載官印書院堂簿毋得一後起紊此壬戌以來董事諸君潔己辦公口碑傳諸道路者也其他好義出於一家若陳珺捐己田一十畝爲文武科舉鄉試路費及陳樹籛出己資捐桌一百二十張橙一百二十條復於書院側出己資搆屋六楹庋置桌櫈爲縣試童生考用又太學生陳朝椿於伊父太學生陳克淳名下捐田五畝并己名下捐田十畝共用一十五

畝爲文武童生歲科縣試正覆卷費統計陳琚等所捐一并歸南明書院董事承辦以後逐巡交代此皆有裨於學校尤可嘉尚瓜期將屆代者有人踵而行之非唯無失舊規行且擴而大之與戢山姚江相望豈第書塾云乎哉余故樂記其事以垂久遠云

振文書院　卽南明書院改稱年分無考增

鼓山書院　在西郊外鼓山舊爲宋太傅石亞之讀書之所後石子重講學於此歲久已廢明嘉靖中知府洪珠復建又圮道光甲戌知縣涂日曜勸令職員呂保之母恭人陳氏捐建講堂肄業房舍五十餘間講堂復祀石子重像並撥南明書院田爲供師課士費詳載涂日曜碑記光緒戊戌派孫重修又續捐田八畝詳邑令侯森琫碑記志稿

清嘉慶二十三年知縣涂日曜重建書院碑記

鼓山舊有書院宋天僖中石氏石城公所建嘗延明道程夫子講學於此其孫克

齋先生以道學爲一代大儒與晦庵朱子友其餘讀書其中取科第達官有名於時者不可勝紀余自承乏茲土以歲時徧謁鄉先生登山四顧惟荒祠兩楹殘碑孑立榛莽中隱隱見遺址而破瓦頽垣已無復存者蓋院之廢也久矣新雖山邑子弟多秀良能文章猶有先哲遺風余每於視事之暇課諸南明書院院逼西城蓋前令曹公自乾隆中剏之也其地湫隘囂塵不如茲山遠甚及余爲設膏火肄業者日衆院舍不能容余欲因先哲遺址重建山中以爲挹名山之秀而嗣道學之徽計無逾於此者乃集諸文學議之言人人同於是石氏遂樂然盡以其址輸公而度其費以萬計余捐其俸不足必於邑之富人家至而戶釂之則又慮其紛擾爲是中止而呂母陳恭人令其孫呂喬柯喬蔭投狀願獨建遂鑿山拓基宏其規制經始乙亥冬越丙子秋告蕆前立講堂後設石先生座旁列學舍燦爛炳煥輝映雲山蓋前此所未覩也夫事或古無而今有或古有而今無興廢至無定也然而其人可懷其跡可訪則一亭一閣一樓一樹之遺足以資登眺供燕遊曠絕千百載猶有起而新之者況其人爲一代大儒其地所以培養人才振興文教而其費又萬有餘金則起而復之者厥功不爲小矣今乃得之婦人也自非聖天子作人之化旁皇周浹深入人心何以至此院既成又捐田二十畝爲每歲修院費余並上其事大憲憲上之部部以聞於天子即賞其孫喬柯銜州司馬以風天下恭人贈中憲大夫呂諱周緒之妻朝議大夫諱保之母也時余遷姚江矣樂其事之有成而終如吾願也故爲之記如此

清邑令侯瑋森重修鼓山書院碑記

出西郭門不三里有山竦如鼓曰鼓山迤南一山翼如旗曰旗山形家以二山爲

邑之門戶而鼓山尤秀特嘉慶間邑紳呂公周緒妻陳太恭人獨捐貲建書院於其麓即以山名名之語詳前邑宰涂公日曜所撰碑記中自始建迄今諸生肄業其間撥巍科膺高爵顯名於時者先後踵相望余於光緒二十二年承乏茲土親臨課士月必一至至則延覽遐眺覺其林木蓊蔚境地幽曠靈秀之氣翕如其來顧周視院舍頹壞殊甚徐而察之非獨榱題瓴甓年久失修亦且山嵐之氣蒸為白蟻蟻善蝕木數歲不治則一柱之朽全廈為傾而修勞費益甚以是心竊憂之謀諸院董則以艱於籌費議迄無成呂之族曰茹藻茹藩茹芬邦鈞者太恭人之曾輩也不得已以斯事告之詞未畢而咸應曰諾余以其言之易也仍竊慮焉乃未幾而應用之材儲於庭矣未幾而宜召之匠列於室矣櫟柱之黝朽者更之墻垣之傾頹者築之門闈之殘毀階砌之損缺者完之補之剝蝕者丹堊之經始於去秋告成於今茲計費制錢千有餘緡而輪奐美備昔之所謂可憂者乃至是而可喜焉顧余之喜又有溢於修葺之外者矣夫古之論士者必先器識而後文藝書院一課藝之地耳太恭人以獨力創之於前曾元輩以衆力維之於後昔我夫子稱武周為達孝而推本於善繼善述茲雖區區一書院而乎有其志事者既不愧於義矣善其繼述者獨不可以為孝乎而且不待其圮而修之智也相與一諾而踐之信也方今風氣哤雜異學爭鳴余方以本之不修惕惕私懼乃於一事之細見四德之存則夫此邦之士氣敦樸元善未離凡入院而肄業者皆將以器識相砥礪而靳之於古也不難是役也茹藻總其事茹藩茹芬邦鈞始終襄理勞勸惟均至集此鉅歟無吝色無難詞則凡太恭人之曾元輩均足多焉晉書載范逵贊陶侃母子非此母不生此子余於太恭人之曾元輩亦云非此母不生此孫矣原

捐有歲修田二十畝司出納者積歲租所入於道光三十年續置六畝咸豐六年置二畝本年茹藻等又重捐八畝合田三十六畝自今以後子若孫苟師其意而踵行之將銖積寸纍自數十畝以至數百畝歲修不患無資而茲院暨太恭人赫赫之功且與鼓山同垂不朽矣豈不懿歟余旣欽太恭人之勇於爲義又喜其曾元輩之善繼善述足以興起善俗而此邦禮教之未湮也爰忘其不文而爲之記

沃西書院　在十都橫山淸光緒二年由西鄉紳士何維賢黃琮兪桂書創辦後改爲高等小學校詳新制門

學田

櫺星門外月池左右田六畝萬歷志

紹興府推官陳讓斷金庭田九十畝萬歷志

按此田坐剡東前王莊

邑民俞則時捐田一十六畝萬歷志

元教諭程良眞學田記

新昌越之山水縣學宮宏壯有度贍學田三百八十餘畝地視田四之一以年遠籍遺宿猾巧匿其削滋甚天歷改元承務王公尹茲邑首以學校爲已任修葺敝陋勉勵曠弛良眞承乏文學奉御史建言諸弊以告公愀然彌慮乃命贊理覈復方廣寺僧占田四十餘武吳丁倜地武次之皆奸露隱彰舊物俱還廩膳以充衿佩咸集遂俾飛鶚食椹懷我好音而知明德之功猗歟盛哉諸生謀伐石志厥美併疏田數於碑公名綸大名路開州長垣縣人

明南京大理寺左評事天台夏鍭贍學田記

甲午之水新昌東堤爲甚事聞本府節推陳公見吾檄治其事縣小民貧工役不資公以才辨不數月東堤斷工然公老成慮事未敢端以爲得也本縣儒學實當東南二水之衝補壞起墜整塗墍新丹堊者累累公於此加念邑庠貧士諸生不給口者多就公得鬴區然公之念賚愈未有足也一日民以崇妙廢觀遺田爲請公與知縣事姜侯志合請於督學徐公少湖巡按張公西墅歸其田於學正倅二許君進諸生謂曰夫建設律應紀載矧公念賚本學無窮之意一見於此諸生方感激思效蓋未言先合於是何純陳大昌來議紀事予與公有文字之好雖病不得辭爲之嘗謂天之生物以生是數生以是數養堯湯之災未聞一人缺食死者以有備無患使然也天惟不能與民爲均節委諸人天亦惡得屑屑然某貧某富與民爲籍今一人饑則曰天饑之百千人饑則曰天饑之不復爲意噫謂均節重不在人可乎哉夫利惡其棄於地也幸其藏於人尤幸其人爲之藏良田美利而以業亡賴之豎外道之人在地何言今以崇妙之田一轉而爲贍田養才之器可

謂壯其用一物之無憾此類是也捐有餘補不足公與姜侯知均節在我事至必爲他日相天子代天理物權制重輕斷截彌綸沛然盡志元元知有父母矣予病不能飾辭爲好文以復書爲贍學田記公名讓字元禮發解福建由壬辰進士筮仕今官姜侯名地鄱陽人二許君名淵黟人名效賢莆田人

明萬歷二十五年邑令王明嶅潘水濂先生贍學田記

新昌邑治建五代梁開平間蓋吳越錢氏所分邑也至太平興國中納土於宋百姓始獲一統之治云其學宮制度亦自宋始備考舊誌原有贍學田三百餘畝皆爲奸猾所沒無有存者至我朝建國立制纖悉具備令郡邑弟子之秀者聯之師儒羣之學校中有雋穎者月給之膳以示優異蓋教與養并矣第有定額諸生貧不能給者未有以周之也嘉靖甲午晉江陳君以節推奉上檄治東堤水加惠庠序請以金庭觀田九十畝賙之學中於是諸生壯不能婚喪不能殯者悉取給焉其澤至深遠矣而學中公費猶然未有所出每有所費輒偏歛諸生事甚煩瑣而用有不給學士水濂潘先生有慨於中欲以已田百畝捐之於學爲公費需然歲歷日久有志未逮也至易簀時命胄子復泰將彩煙山常稔四百畝籍其條號坵段呈送學中聽其出納用度於是學中百凡其舉公宴慶賀歲月考效筆札册籍之資莫不於田稅取之則其惠偏及多士匪徒雋者之有膳貧者之有周已也復泰懼其久而湮沒適余視篆新邑重建文廟新飭學宮而請記於余以重不朽邑博士張君昊鮑君芷彭君宣張君本瀾皆以是爲不可已而代之請余素不能文第義不敢辭忘其拙而爲之記曰吾儕登仕版孰不從爨序中出但一出門輒弁髦棄之比比皆然先生少陟巍科位居極品能始終不忘其舊遊之地而

出田贍之則貴而不驕可知也凡人生平皆慷慨尚義至臨死之際匪夭壽貳心則以孫子爲念先生能於易簣之時而不變其捐田夙志則沒而不亂可知也此足徵先王所養之大者若其德業文章彪炳當代自有國史書之邑乘載之不敢贅及而命石工將捐田坵段畝數悉鐫之碑陰而垂諸百世云

清康熙元年邑人潘復敏沈先生修學置田碑記

新山川秀麗甲于東越其泮宮面三台山故士產其鄉者聲蜚兩闈名公鵲起與他郡莒特異近孝廉君往往借此以攬桃李之芳挹芹藻之韻然而歲月優閒興懷睠遠其不以俎豆爲戲資堂齋爲傳舍者幾人哉獨虎林沈先生則不然先生文絢七襄書窮二酉新士視之如星雲仰之如山斗先生亦不自非薄隱然以文定自許也已亥北上無何雷轟電掣有神物焉挾怒飈而飛喬木挫折聖殿兩廡棟撓椽崩遐邇震愕先生中道聞之亟回舟而返謂生曰予忝爲人師而吾與弟子之師顧露宿霜棲衰繡漂剝何安乎遂白於邑侯胡公嘿庵亦慨然贊之將伯助予庶無憂矣於是親自跋涉鳩工庀材巍巍翼翼殿廡如昨廟門欞星門騰蛟門暨啓聖公祠次第具舉且也百堵皆興凡垣墉所在丹之堊之不惟廟貌生色鐘虡式靈而新之人士出入贍對無不翕然振起於先生之教絃歌有里章逢蔚如大雅不云乎肆成人有德小子有造若爲先生詠之矣是役也經始亥秋成於臘月子來丕作幾乎不日蓋人力佑之云壬寅先生有蕭之命捐廟言別又置田捌畝零爲後人修葺之計是何先生之惓惓於新有如此哉先生諱大觀字顒若號遠庵戊子鄉進士武林人

清康熙三十一年邑人陳捷呂夢軒先生贍學田碑記

士君子苟有澤物之心，無在不可以行吾惠，而行之於鄉爲最邇，行之有裨於學校其功爲最大。昔范文正公生平好施，嘗以所置宅址爲學宮地，吳中人士至今頌德弗衰。近世鄙愫成習，如范文正公者邈不可覩，間有一二功在旦夕，閭里猶樂得而稱道之，矧事之可久者乎？吾新素多人士，其閉戶讀書、安貧樂道，每遇大比懷才就試、資斧蕭然者十嘗八九。夢軒先生久困場屋，中年乃得聯第，備歷此間窘况，宦成之後推已度人，不惜解橐相賙。子友范英耳繼緒，思所以樹德於鄉、垂諸不朽者，乃遵先生之志，捐負郭田二十畝，隸諸學宮，租稅出入付學書掌之。每年輸納正供及修名宦鄉賢祠，約費之二三，其餘至鄉試之秋通計三年所積穀共若干石，易銀若干兩，凡邑中諸士得與賓興之典者，以此壯其行色，此亦施惠於鄉有裨學校之一端也。余七試棘闈始獲一遇，其困頓不下於夢翁，而年來濫竽史館，依然一窮措施濟之事，有志未逮，眎先生橋梓竊有愧焉。因樂道其詳，俾千載下不忘所自，且令後之人聞風興起，皆能慷慨忘私，爲吾新士運文風計，是尤余所厚望也夫。

清乾隆間邑令任大受梁公贍學田碑記

蓋聞君子之用財也以義，義之所在，財不惜焉，故用財不倖任俠而義聲恒足千古。梁君啓隆，尚義士也，爲人卓犖不羣，慷慨好施與，爲諸生食餼於庠，館穀所積賙貧賑乏，不以自私，而尤留心者則在黌宮泮水之間。學之東西舊建興賢、育才二坊，歲久就頹，梁君偕弟肇隆葺而新之，厥後壞於颶風，獨力再成，迄今屹然對峙。高築墻垣以衛黌宮，更捐沃田拾畝。凡此或因或創，所以仰體聖天子尊崇學校之意，而盡吾儒崇奉聖賢之心，飲水思源，意良厚也。夫士苟有志古人風，未有不好義而輕財者至若興廢舉墜捐資割產大都得之名公鉅卿位高祿厚者之所爲梁君起家寒素筮仕清齋乃能樂善不倦如是不與世之多財而善用者更進一籌哉茲已得請於上臺令別立捐田戶籍縣徵其租學支爲用以供歲修鐫之於石以垂不朽梁君雖往而思深慮遠之意夫亦可以大慰矣至其家居而修六行秉鐸而振斯文久已嘖人口又予所不及道也是爲記

清乾隆五十七年邑令任澤和起送科舉路費碑記

新昌至會城三百六十餘里地隔兩江途兼水陸跋涉恒難士人有志上進而力不能應試者往往有之甚矣路費之不可少也恭逢聖世雅化作人額設科舉文武生員路費銀五十八兩八錢四分零所以加惠士林者至優極渥矣前明潘尚書水濂公捐田贍學今歸南明書院董事收租每科應發出卷資錢二十一千文

國朝呂夢軒公捐田以助卷資每科伊孫應發出稍價錢十二千八百文今上元年義士梁廷龍子尚深尚濬克繼父志呈請前令程公捐田立戶每科應發文生卷資錢三千五百文前任蘇公於官田稍價立案助錢七千文又奉學憲彭增斷前王莊官田稍價每科錢十八千九百文現在書院董事議定每科發出卷資錢七千文生員呂士恒捐己田三十畝詳請府憲李立戶每科應發錢六十千文以助路費誠義舉也余承乏是邦適逢壬子科鄉試起送諸生請給縣庫應發諸項因查舊案俱缺而不全恐日久廢弛即爲記其巔末詳叙各項捐資緣由立碑於明倫堂俾後之人一覽曉然庶公舉可垂久遠況新邑好義者多果能各捐己田擴而大之是尤余之所厚望也夫

清嘉慶十二年邑令徐杰呂張氏捐學田碑記

新昌僻處一隅無山海魚鹽之利丹銀齒革之產財賦所出遠遜他邑獨其民知好義士敦實學由宋以來人材蔚起科甲蟬聯不下於通都大邑焉杰恭膺簡命承乏茲邑下車謁學宮仰瞻宮殿規模宏遠制度精詳下至豆籩簠簋鐘虡琴瑟罔不具備蓋緣乾隆壬寅歲貢生呂基緒獨任修理備載前督學王所撰碑記中距今二十餘稔其妻張氏又繕葺兩廡其任保重修大成殿經前廉使秦撰文勒石何呂氏一門好義之多也今張氏懼其久而莫繼復捐田六十畝歲中出息以其半修理學宮半爲文武生員鄉試路費又何好義之篤而思慮之深耶我朝百餘年來列聖相傳尊師重道固已家喻戶曉雖深山窮谷之中合齒被髮之倫莫不涵泳聖澤奉揚仁風文治烝烝媲美於唐虞三代而婦人女子亦能好善不倦見義即爲以仰體聖天子求賢不及之心行見人材輩出蛟騰鳳起霞蔚雲蒸必有遠過於昔時者吾蓋於張氏是舉卜之矣故樂爲之訂定章程申報列憲外復紀其事如此

兩學册田原數附

清光緒二十五年闔邑廪生會議捐田四百畝計城區九十畝大東鄉三十畝新東鄉九十畝南鄉五十五畝西鄉九十畝北鄉五十畝爲歲科兩試文武入學册費先由城區呂永則祠仲

易公派孫秉鈞將呂氏元公庵田四十畝撥捐繼由張景昌捐田十三畝旋即集腋成裘城鄉合捐田四百零五畝舉人呂衷謙呂錫時梁國元職員俞壎梁葆章貢生呂文臣趙振甲俞維則廩生呂秉鈞陳庠英呂壽樗呂衷和周邦典張懷甫呂仁時呂鍾杰陳善俞鴻學朱孔陽黃象義楊⿰目豈之楊鼎勛竺應韶潘汝梅附生俞伯棠陳寶訓呂仁圻呂建康等稟請立案梁葆章繕定章程邑令侯琫森通詳經督憲許應騤撫憲劉樹棠學憲文治藩憲惲祖翼府憲熊起蟠各批准立案後科舉停止是田遂改爲城鄉各區分撥學校經費

城區捐戶畝分列后

張景昌捐田十三畝　呂永則祠捐田十二畝

陳兆齡呂彩田張搗各捐田四畝零

呂興周呂慶和呂茹藻呂茹彙呂茹藩張拱張景賢張熊飛

陳嘉穀王福皆章煥增以上各捐田三畝

呂茹棻呂稅堂呂臨之王鍾俞官梅以上各捐田二畝

陳廷楷陳雲書陳子洲呂慶年呂慶棋俞鍾濂俞錫疇陳福

堂王欽呂吉士以上各捐田一畝

呂茹義呂垓俞朋來石賢茂呂邦楷呂邦盛以上各有捐產

附各項義田畝分字號

俞桂溪公捐鄉試費載鼓山堂簿

義士俞公諱則時號桂溪萬歷間人也平生多義舉詳載誌乘曾捐學田十六畝以贍諸生考費田仍公之後裔承稍每年交稍價四兩五錢充公今公之嫡傳承其祧者僅唐姓一人慮其不能繼承先志派衆議將是田歸入書院由董事經理收息以爲文生鄉試路費惟公及公先後各代坟墓現之祭掃合邑紳士公議將田酌留六畝歸伊派輪流祭掃之需其十畝以爲鄉試路費庶使公之義舉不沒於後而公各代祭祀亦得以綿諸無窮除呈請勒石垂久外合將坐落土名開列於後

飯籮坵二畝計一坵
鷺頭坵一畝二分計一坵
坑等四分計一坵
揭羊五分計一坵

鶴嘴坵卽歸水坵二畝計三坵
沙塘二畝計一坵
龍胆一畝計一坵
前梁畚箕五分計一坵

以上共田九畝六分歸書院經理

青墻脚一畝二分計一坵
袋肚坵一畝五分計一坵
棉花田一畝五分計一坵
圳邊上八分計一坵
圳邊下石橋八分計一坵

以上五畝八分歸惠廸祠派辦祭

明潘水濂公捐田一百六畝八分一釐六毫 銀七兩三錢三分二釐坐五坊金家井庄潘公義田

戶有贍學田碑記立明倫堂

地字一百四十二號天田五分四釐六毫
三百七十號一畝一分四釐五毫
五百八十六號八分二釐六毫

七百三十二號八分七釐三毫
爲字二百八十九號七分八釐五毫
三百十一號五分六釐六毫
六十九號三分七釐三毫
方字一百四十一號七分六釐
一百四十二號二分九釐三毫
一百四十八號六分二釐一毫
一百六十號一分八釐八毫
二百十八號一分八釐九毫
一百九十九號五分八釐五毫
二百號二分四釐
二百六十二號一畝四分九釐
身字二百八十一號二畝四分九釐
四百號一畝六分五釐四毫
六百三十一號三分七釐七毫
此字十六號一畝一分四釐二毫
六十六號一畝五釐二毫
三百三號一畝八釐二毫
三百八十號一畝三分一釐一毫
三百八十八號八分一釐一毫

三百九十七號七分九釐二毫
六十七號一畝五分二釐
三百九十八號九分四釐二毫
四百八號一分四釐四毫
才字 四百十三號八分七釐九毫
四百十八號六分二釐
此字 四百十五號六分五釐
四百十七號一畝五分四釐
四百二十號一畝七分六釐
四百二十四號八分七釐五毫
四百二十五號五分二釐五毫
四百四十三號九分七釐三毫
七百五十九號五分二釐五毫
七百六十二號一畝七釐五毫
才字 一百四十九號五釐六毫
一百五號六釐七毫
金字 四十八號二畝一分
四十九號二畝六分四釐二毫
六百六十九號三分九釐
蓋字 一百九十九號三分九釐

傷字二百四十五號七分九釐八毫
白字二百四十二號二畝三分
草字七十一號七分九釐七毫
方字一百四號坑田一畝二分五釐九毫
二百四十三號一畝四分八釐九毫
二百四號一畝三分六釐三毫
二百二十五號一畝三分二釐五毫
二百五十三號四分五釐
六百七十二號六分四釐一毫
萬字三百十二號一畝四分五釐七毫
七百八號一分九釐八毫
被字六百六十號三畝六分四釐四毫
蓋字一百四十七號四分六釐七毫
一百五十二號二分三釐四毫
一百五十二號二分三釐三毫
果字三十三號五分六釐一毫
三十六號三分八釐
化字三百五十四號一畝三分八釐八毫
三百五十五號三分八釐二毫
枝字三百三十九號泉田九分八釐九毫

四百五十號四分六釐

蓋字

二百五號一畝二分二釐二毫

二百號一畝二分二釐二毫

方字

一百七十號一畝八分七釐八毫

一百五號二畝三分一釐二毫

二百五十五號一畝三分二釐八毫

二百六十九號五分五釐八毫

二百八十號八分一釐

收字

三百十五號八分一釐九毫

三百十八號二畝四釐四毫

三百二十號

三百四十三號五分六釐二毫

四百五號一畝二分三釐二毫

二百六十七號七分六釐三毫

四百二十五號七分八釐七毫

四百五十五號二畝三分一釐

五百十號一畝八分八毫

五百二十二號一畝一分三釐一毫

二百七十八號二畝四分八釐八毫

四百五十七號一畝一分九釐九毫

一百五十九號一畝七分五釐
三百六十七號一畝八分七釐九毫
四百九十三號二分六釐五毫
三百三十號
五百三十號
五百三十二號
七百三十號
三號
三百二十四號
一百二十七號
一百九十六號地一畝二分
一百四十二號山四分
此字

文廟贍學田康熙元年碑立大成殿二門

地字五十號天田一畝四釐四毫
五十三號天田三分二釐四毫
五十四號天田五分九釐一毫
五十二號坑田三畝二分二釐五毫
五十五號塘田一畝一分四釐七毫
七十七號地四分五釐

以上共十二坵土名磕下社塢雙塘等

宇字百三十九號坑塘田二畝三分三坵土名袁家坂
字　號　田一畝二分二坵土名烟山冷水田湯公广

梁啟隆梁肇隆捐田梁捐田戶乾隆五年明倫堂立碑

化字六百四十九號泉田一畝六分九釐一坵土名後坂
六百九十九號泉田一畝三分六釐七毫一坵土名東奧
七百二十二號泉田一畝三分三坵土名茅田灣
七百四十七號泉田一畝七分一釐七毫二坵土名黃塘下
七百六十號泉田二畝四釐四毫二坵土名黃塘下
七百六十一號泉田二畝二釐八毫二坵土名黃塘下

邑令曹公墾田乾隆十一年

大雷莊南明書院有碑

天田二百十七畝九分九釐七毫
泉田十三畝一分六釐三毫
地四畝七分五釐八毫

山二十五畝七分

言字

三百六十三號一畝二分四釐

三百六十五號八分九釐六毫

三百六十六號六釐七毫

三百六十七號六畝二分七釐五毫計二十八坵土名難過巖下

三百七十號六畝四分二釐一毫計十坵烏巖

三百七十一號二畝九分六釐八毫計七坵田頂

三百七十二號三畝零四毫計十一坵田頂

三百七十六號三畝三分九釐三毫計八坵裏莊屋前

三百七十七號四分五釐八毫計五坵屋基裏

三百七十八號五畝三分六釐三毫計三十二坵爛田灣

三百七十九號二畝五分一釐三毫計六坵龍頭

三百八十四號二畝八分一釐計二十五坵水碓奧

三百八十六號一分五釐計五坵上斑

四百十九號二畝一分七釐七毫二十五坵碇嶺脚

四百二十二號一畝三分二釐八毫計二十三坵碇頂

四百二十六號七分五釐二毫計三坵碇嶺

四百三十三號五分四釐八毫計十二坵菱塘

四百三十八號五畝三釐一毫計五十三坵溪根

四百三十九號一畝五釐四毫計十五坵饅頭山脚

四百四十號五畝三分四釐計二十六坵爛田灣
四百四十一號一畝一分計三十九坵貝家嶺
四百四十二號一畝三分六釐五毫計廿四坵貝家嶺
四百四十三號二分一釐三毫計五坵貝家嶺
四百四十四號一畝二分八釐八毫計十五坵貝家嶺
四百四十五號二畝六釐三毫計六坵貝家嶺
四百四十六號三畝二分四毫計十四坵師姑田
四百四十七號八分五釐四毫計十八坵師姑田
四百四十八號二畝五分四釐二毫計三坵下羊
四百四十九號一分九釐三毫計三坵下羊
四百五十號一畝八分四釐計五坵枇杷
四百五十一號四畝三分四釐四毫計十八坵下羊
四百五十二號二畝二分一釐七毫計十坵烏巖
四百五十三號二畝七分八釐四毫計七坵烏巖
四百五十五號二畝七分三釐七毫計十三坵塚前
四百五十六號三畝五分四釐二毫計二十一坵塚前
四百五十七號三畝七分五釐八毫計二十四坵塚前
四百五十八號一畝二分二釐二毫計十八坵塚前
四百六十一號五畝一釐五毫計十三坵黃坭坵七石
四百六十三號二畝五分七釐七毫計十八坵長坵坂

四百六十二號五畝五分九釐八毫計二十一坵長坵坂
四百六十五號六分四釐五毫計四坵高塘
四百六十六號一畝一分七釐計一坵高塘
四百六十七號九分九釐七毫計一坵下羊屋後
四百六十八號一畝七分四毫計二坵六石
四百六十九號一畝六分九釐計二坵柿樹坵
四百七十一號一畝二釐二毫計三坵井頭坵
四百七十號一畝五分四釐八毫計六坵高塘
四百七十二號四畝六分計七坵監頭坵
四百七十三號二畝九分五釐六毫計二十坵細坂
四百七十四號一畝九分四釐計十五坵細坂
四百七十六號五畝六分七釐三毫計二十一坵九畝段
四百七十七號三畝二分九釐計二十坵百丈
四百七十八號四畝七分二釐七毫計十八坵百丈
四百八十號二分八釐五毫計五坵百丈
四百八十一號一畝六分二釐五毫計四坵百丈
四百八十二號一畝八分二釐七毫計十坵百丈
四百八十四號三分三釐七毫計三坵百丈
四百八十九號六分五釐八毫計七坵坑邊廠塢
四百九十二號一畝一分四毫計八坵河嘴頭頂

四百九十三號七分二釐九毫計十五坵河嘴路下
四百九十五號一畝九分五釐一毫計五坵河嘴路下
四百九十六號一畝二分八釐八毫計七坵河嘴路下
四百九十七號一畝一分九釐一毫計二坵沙嘴
四百九十九號一畝二分九釐八毫計五坵牛角坵
五百號一畝二分九釐八毫計五坵過路坵
五百一號三畝七分五釐六毫計三坵忝頭坵
五百二號一畝七分六釐五毫計二坵忝頭坵
五百三號一畝九分六釐七毫計二坵線坂頭
五百五號一畝五分四釐二毫計五坵前門
五百六號二分八釐一毫計一坵前門
五百七號一畝七分八釐三毫計三坵前門
五百八號二畝二釐五毫計五坵門前
五百九號四分三釐五毫計一坵曲坵
五百十號一畝五分四釐四毫計三坵曲厄
五百十一號一畝七釐計二坵條盤下
五百十二號一畝八釐三毫計二坵條盤下
五百十三號一畝三分六毫計三坵條盤下
五百十四號四畝三分一毫計八坵上山石
五百十五號八分五釐八毫計四坵巖頭坵

五百十八號三分二釐五毫計二坵井頭坵
五百二十號二分六釐五毫計一坵屋基
五百二十一號一畝一分七釐五毫計二坵井
五百二十二號一畝七分八毫計二坵下八石
五百二十三號六分五釐五毫計二坵灶豆
五百二十五號二畝二分計二坵上八石
號一畝一分二釐一毫計五坵西坂
五百五十二號六分七釐一毫計三十五坵
五百五十四號一畝八釐計十四坵外前山彎
五百五十五號四分七釐五毫計七坵外前山彎
五百五十六號六分七釐九毫計九坵外前山彎
五百六十號三分五釐四毫計四坵坟外
五百六十六號五分五釐四毫計七坵棘撻嶺
五百六十七號四分七釐一毫計六坵棘撻嶺
五百七十三號二分八釐四毫計二坵雙坵
五百七十五號三分五釐四毫計四坵栗樹彎
五百七十八號一畝二分九釐五毫計二坵栗樹彎
五百八十一號四分九釐六毫計一坵三角坵
五百八十二號七分八毫計二坵廿石田頭
五百八十三號一畝八分三釐八毫計二坵廿石

五百八十四號三畝四分八釐計九坵甘石
五百八十五號七分二釐一毫計五坵泗洲堂前
五百八十七號一畝二分二釐九毫計六坵泗洲堂前
五百八十九號一畝三分三釐三毫計三坵泗洲堂前
五百九十四號三分五釐八毫計四坵水口
六百一號六分七釐五毫計三坵外莊
六百二號一畝七分四釐一毫計五坵河坂
六百三號七分八毫計三坵河坂
六百四號三畝三分一毫計十五坵河坂
六百五號三分一釐五毫計三坵河坂
六百六號一畝三分四釐計二十三坵河坂
六百八號一畝三分二釐計十四坵河坂
六百十號五分二釐四坵鬼洞巖
六百十一號七分五釐計一坵田長
六百十二號六分二釐一毫計三坵鬼洞巖
六百十八號六分七釐六毫計二坵鬼洞巖
六百十九號五分九釐八毫計八坵鬼洞巖
六百二十號六分六釐六毫計八坵鬼巖洞
六百五十號五分五釐九毫計　坵上橋坑
六百五十四號三分九釐八毫計七坵崩漲難丈

六百五十五號二分六釐計三坵崩漲難丈

六百六十六號五分五釐四毫計七坵棘撻嶺

農員周宏成捐義學田南明書院有碑

潛字八百十四號天田二畝五分三釐

鱗字一百八十七號磄田一畝七分

唐字二百六十七號泉田一畝三分七釐七毫

二百七十三號泉田五分八釐七毫

二百六十九號天田二畝四分三釐

伐字五十號泉田一畝一分六釐六毫

八十五號天田一畝一分八釐八毫

罪字三百九號泉田一畝七分六釐五毫

伐字四十一號天田一畝一分九釐四毫

原置義學田坐七都夏畲莊五坊更樓裏莊義學戶輸糧南明書院有碑

薑字七百十號天田五分六釐三毫

六百八十號六分五釐八毫計五坵土名下井

四百七十一號磄田一畝六分計一坵火鈀爬

四百八十六號一分一毫計一坵裏橋頭

四百八十七號一畝三分七釐五毫計 坵裏橋頭

五百二十五號五分六釐三毫計一坵下壙頭
四百四號七分
二百八十九號二畝四分三釐九毫八廊田
二百八十一號一分
二百七十六號一畝六分三釐六毫計一坵金家塘
三百八十九號一畝二分八毫計一坵米篩坵

薑字

二百八十號碑田一畝九分二毫
二百八十二號四分七釐三毫
二百八十三號一畝二分一釐五毫計一坵上米篩
四百四十五號三畝三分七釐三毫廟橫頭
二百五十九號一畝三分四釐二毫計一坵棕渚粦
二百六十七號一分二釐五毫
二百八十三號八釐三毫
二百八十四號二畝二分六釐二毫計二坵瓦窰
二百七十九號一畝六分一釐六毫小麥田
二百四號一畝二分三釐三毫米篩
四百八十四號六釐七毫
三百九十八號二畝四分七釐五毫計二坵石骨頭
二百四十六號一畝六分七釐計一坵沛篆

南明書院戶 邑令曹鎏撥充沙溪聯桂靜雲三庵田

三十都孫家田莊

宜字二百九十七號天田一分

二百十八號天田一分

二百九十二號天田一畝九釐八毫

二百九十五號天田七分七釐

二百九十三號天田一畝三釐四毫

三十五號天田八分一釐三毫

二百八十四號天田七分五釐

二百八十五號天田五分二釐五毫

二百八十六號天田一畝二釐一毫

二百九十號天田二畝四分七釐二毫

二百九十一號天田六分二釐七毫

二百九十二號天田六分四釐一毫

二百七號天田一畝一分三釐三毫

慎字九十七號天田七分七釐五毫

九十八號天田一畝八分三釐五毫

非字十六號天田八分

終字一百三十五號天田二分二釐六毫
二百五十一號天田三分八釐五毫
一百八十號天田四分七釐五毫
美字九十八號天田七分七釐七毫
二百八號天田一分四釐四毫
二百八十八號天田一分七釐七毫
二百八十八號天田二分八釐二毫
宜字二百八十一號天田四分七釐八毫
終字二百二十四號天田七分七釐七毫
二十七號天田四分四釐四毫
二十八號天田四分二釐
二十九號天田一畝二分八釐四毫
三十號天田一畝七釐六毫
三十一號天田一分九釐七毫
二百九十六號天田九釐五毫
二百九十九號天田八分八釐三毫
二百二十九號天田一分六釐三毫
二百三十二號天田六分七釐三毫
二百三十三號天田一分八釐三毫
二十號天田五分四釐七毫

四十五號天田一畝一分
二百十一號天田四分四釐三毫
二百十二號天田三分四釐四毫
二百十三號天田二畝八釐八毫
二百十六毫天田一畝二釐五毫
四十三號天田一分二釐五毫
十六號天田四分一釐三毫
十七號天田二分二釐八毫
十八號天田一分八釐六毫
十九號天田四分二釐
五百三十一號天田四分八釐四毫
四百十八號天由一畝四分八毫
五百三十號天田八分九釐一毫
四十號天田三分一釐八毫
二十六號天田二分四釐

令字

七百五十九號天田六分九釐五毫
七百四十九號天田八分七釐一毫
七百二十六號天田七分
七百四十六號天田三分九釐三毫
三百五十四號天田三分三釐三毫

篤字四百十九號天田三分五釐
一百三十號天田三分五釐
四百六十一號天田一畝五分五釐六毫
四百二十號天田一分四釐
四百三十二號天田八分七釐一毫
四百三十九號天田一畝五釐六毫
令字七百五十七號天田八分八釐八毫
終字七號天田五分八釐
二百五十六號天田六分五釐
二百四十七號天田四分六釐一毫
五百五十號天田九分一釐四毫
五百五十一號天田九分一釐四毫
八百五十五號天田三分
七百六十四號天田五分二釐五毫
二百四十六號天田六釐三毫
二百六十七號天田三分九釐
二百四十四號天田三分九釐
四百五十八號天田三分四釐一毫
宜字一百十二號坑田八分二釐
愼字一百九十三號坑田二畝五分七釐四毫

一百八十五號坑田六分七釐四毫
三百一號坑田五分七釐五毫
五十六號泉田三畝三分三釐四毫
八十一號泉田二分七釐五毫
五十一號泉田二分九釐三毫
六十四號泉田九釐六毫
八百五十一毫泉田一分九釐四毫
四百五十五號泉田一畝二分四釐四毫
四百五十七號泉田九分五釐九毫
四百五十二號泉田一畝四分三釐三毫
四百五十四號泉田九分四釐

孔字
一百二十六號砩田二畝四釐八毫
一百二十五號砩田一畝四分二釐八毫
一百七十五號砩田一畝四分二釐五毫

慎字
五百七十六號砩田八分六釐七毫
四百三十六號砩田九分五釐
一百五十六號砩田一畝八分九釐
一百五十七號砩田一畝八分八釐二毫

終字
三百九十號砩田五分
四百十八號砩田二分六釐

四百三十七號砩田一分一釐七毫
四百三十四號砩田七分五釐六毫

靜雲庵撥入田

篤字四百十九號天田八分九釐三毫
四百二十一號天田三分三釐三毫
四百六十八號天田三分
四百六十五號天田一畝四分三釐五毫
四百六十三號天田三分五釐
四百六十六號天田二分三釐六毫
四百六十四號天田一分五釐
四百三十四號天田二分四釐四毫
四百三十五號天田二畝九分五毫
四百五十五號泉田八分五釐
四百五十四號泉田二分九釐六毫
四百五十九號泉田五分一釐三毫
四百七十九號泉田二畝六釐五毫
四百四十九號泉田二畝五分六釐一毫

振文書院戶

共田五十畝一分四釐六毫

五六都元郄莊

商字二百四十八號天田七分一釐七毫
三百九十五號天田五分九釐
三百九十六號天田四分四釐
婦字二百八十一號天田八分九釐三毫
商字三百九十七號天田八分九釐六毫
婦字三百八十三號天田一畝六分八釐三毫
方字一百七十一號天田一畝四分六釐九毫
商字八十七號坑田一畝九分三釐三毫
二百九十八號泉田一畝正
四百號泉田二畝正
四百五十四號泉田九分
五百八號泉田一畝正
四百一十號泉田二畝正
五百四十一號泉田一畝二分五釐
一百九十二號泉田一畝七分六釐七毫
二百十六號泉田二分
二百四號泉田一畝正
六百三十六號泉田一畝正

六百三十七號泉田一畝七分
六百五十九號泉田一畝四分
五百八十八號泉田一畝正
六百五十一號泉田一畝正
七百三十八號泉田二畝正
七百九十五號泉田三畝正
三百五十五號泉田四分
一百一十號泉田一畝正
八十號泉田二畝正
五百八十三號泉田一畝正
首字一百三號磏田一畝一分一釐
一百二十八號磏田一畝正
四十五號磏田一畝九分
周字一百四十五號地七分
李字一百九號地九分

汪公判入書院經費戶　共田八畝三分九釐一毫

城一坊東城脚莊

啇字五十四號天田九分八釐八毫

一百五十八號天田三分一釐五毫
三百五十四號天田三分八釐四毫
四十八號天田九分五釐四毫
二百十六號天田一畝四分一釐
二百二十六號天田三分三釐六毫
五十二號坑田七分一釐三毫
四百八十五號泉田一畝九分五釐
四百七十號泉田九分四釐一毫
五十二號泉田二分
四百十號泉田二分

呂夢軒公正音贍學 坐五圖八甲潘呂公戶詳鄉賢祠碑

調字一百七十三號砩田二畝八分七釐土名桑園三畝
一百八十五號砩田八分五釐甽邊
二百七號砩田一畝六分六釐二毫元家二畝
致字二號天田一畝九分五釐九毫雙牌坵
三號天田一畝八分三釐四毫雙牌坵
十四號天田一畝七分五釐五毫後倒
十五號天田二畝一分一毫後倒
麗字一百三十一號泉田二畝七分九釐埠頭二畝

岡字一百號硃田一畝八分八釐四毫孤陣廟前
一百四號硃田一畝五分二釐九毫孤陣廟前
二百二十號硃田二畝二分六釐六毫額頭坵

呂士恒公捐田呂敬亭戶 明倫堂碑乾隆五十七年立

靜字二百九十號天田三分四釐三毫
二百八十八號一畝二釐七毫
二百八十六號二畝五分一釐三毫
二百八十七號一畝七分三釐八毫
二百九十七號一畝一分一釐四毫
二百九十九號五分二釐三毫

黃字二百八十號天田九分三釐五毫
四百四十四號一分七釐八毫
四百二十四號四分五釐七毫
四百三十一號二分六釐六毫

宿字七號天田八分三毫
一百五十二號四分九釐二毫
一百五十七號一畝五分五釐七毫
二百二十號三分五釐八毫
二百十九號一畝四分五釐五毫

二百二十一號一分四釐八毫
二百十五號一畝一分五釐五毫
二百三十四號三分七釐五毫

慈字
一百七十一號天田四分五釐八毫
一百六十一號一畝六分一釐
一百六十五號一畝六分九釐
一百七十一號四分一釐七毫
一百七十二號七分六釐一毫
一百七十三號八分九釐二毫
一百七十三號八分九釐九毫
一百六十號一畝五分九釐二毫
一百六十五號一畝六分一釐一毫
一百七十二號七分六釐

字字
一百十三號天田一分八釐
一百十四號六分六釐六毫
一百十五號七分七釐七毫
一百十六號七分八釐八毫
一百十七號五分四釐七毫

儒學戶共田四十二畝三分一釐一毫

一坊孝子軒莊

諸字一百四十三號天田四分二釐三毫
一百四十號天田四分二釐三毫
一百四十九號天田二分九釐九毫
秋字十號砩田二畝六分六釐六毫
十二號砩田四畝九分四釐四毫
二十六號砩田四畝九分四釐四毫
二十七號砩田七分五釐五毫
二十三號砩田二畝八分二釐四毫
二十一號砩田七分三釐三毫
二十四號砩田一畝九分八釐八毫
二十九號砩田三分三釐四毫
三十五號砩田二分三釐五毫
三十六號砩田二分五釐
三十八號砩田二分四釐三毫
三十九號砩田二分五釐三毫
三十七號砩田二分三釐
四十號砩田三畝九分二釐八毫
四十三號砩田一畝八分

四十五號砩田一畝
四十六號砩田九釐
四十七號砩田一畝七分三釐八毫
四十八號砩田四分七釐六毫
四十九毫砩田四畝七分八釐
五十一號砩田一畝七分二釐一毫
五十二號砩田四分五釐四毫
五十四號砩田一分五釐
五十三號砩田一分三釐
四十四號砩田一畝三分
六十二號砩田一畝三分三釐一毫
六十三號砩田一分三釐二毫
六十四號砩田一分五釐五毫
七十一號砩田一分五釐六毫
七十二號砩田二畝一分六釐六毫
七號砩田一分五釐

儒學戶共田四十九畝一分八釐四毫

二坊蔡家井莊

致字十五號天田一畝六分八釐
五十號天田二畝一分五釐
推字六十九號坑田二畝正
羔字二百五十八號泉田二畝正
往字三號砩田三分三釐八毫
八號砩田三分三釐八毫
九號砩田五畝七分四釐九毫
十八號砩田二畝二分四釐
二十號砩田二畝九分二釐六毫
二十一號砩田二畝二分四釐
二十二號砩田二畝九分二釐六毫
二十三號砩田二畝九分六釐六毫
二十四號砩田九分七釐三毫
二十八號砩田五分八釐三毫
二十五號砩田二畝九分一釐五毫
二十九號砩田二分七釐
三十號砩田一畝一分
五十五號砩田二畝二分九釐六毫
五十六號砩田六分
五十八號砩田九分

五十七號磦田二畝三分五釐
五十九號磦田五分
六十號磦田九分七釐二毫
六十一號磦田一畝六分七釐七毫
六十七號磦田一畝五分三釐二毫
六十八號磦田六分四釐八毫
六十九號磦田二畝六分五釐八毫
二十五號磦田一畝六分五釐七毫
九十八號地十八畝二分七釐九毫
一百九十六號地三分
一百九十七號地六分
一百九十八號地六分

陳瑨公捐田 明倫堂前碑

城一坊五福堂莊陳捐路費戸

立字一百十六號天田一畝二分四釐五毫坐羽林坂王家庵二畝
百十九號天田七分土名羽林坂木杓
一百二十二號天田一分二釐一毫土名羽林坂下方坵
名字三百四十七號天田一分二釐一毫

表字一百五十五號天田九分八釐七毫土名拔茅六畝欕二坵二畝零
一百五十六號天田七分六釐五毫土名同上
一百五十七號天田一分三毫土名同上
二百十二號天田一畝一分八釐八毫土名蘇施曫上水路三畝七坵
二百十三號天田四分八釐八毫土名同上
二百十七號天田一畝一分八釐一毫土名同上
四百五十五號天田一畝六分三釐八毫棺材坵一畝六分一坵
六十八號天田一畝四分七釐一毫岩頭坵一畝六分一坵

陳珺公捐田 嘉慶十七年明倫堂前立碑

城一坊五福堂莊陳府卷戶

光字二百二十二號天田一畝六分四釐三毫坐梅湝土名長塘下二坵
二百二十三號坑田一畝一分六釐土名柰豆坵一坵
海字八十一號磏田七分七釐梅湝土名沙帽坵一坵
鱗字二十一號天田一畝九分二釐九毫土名沙塍裏坐棗園一坵
濟字四百十四號天田七分六釐七毫坐芝田土名缸燒山
七百九十八號磏田七分五釐四毫
七百三十八號天田三分坐芝田土名石嶺邊
鱗字六百一號天田四分二釐九毫同前六坵

一百七十二號磷田七分五釐四毫同前缸摇山四坵
三百八十號天田四分二釐二毫
七百四十三號天田八分九釐二毫坐芝田土名石嶺邊
潛字二百八十三號磷田一畝九分一釐坐澄潭許家後門斗坵一坵
師字二百八十五號坑田三分八釐五毫坐澄潭上金坂
二百八十九號坑田九分六釐八毫土名同上
二百九十二號坑田八分三釐土名同上
二百八十號坑田七分五釐土名大官塘下四畝
二百九十號坑田三分二釐七毫同上金坂
二百九十一號坑田三分八釐三毫同上
一百七十四號坑田一畝正土名大官塘下四畝
火字二百四十四號天田六分七釐五毫土名西前横山
二百四十五號天田六分七釐八毫澄潭西前横山
二百四十六號天田七分一釐四毫土名同上
二百四十七號天田二分二釐九毫土名同上
三十五號地七分五釐土名同計十一坵
一百三十七號坑田八分六釐三毫坐澄潭土名西前墩後畝一坵
翔字二百五十四號坑田一畝五釐土名長塘裡壁一坵

陳天章公捐田　明倫堂前碑

城一坊五福堂莊補捐入陳府卷戶

珍字二百五十號坑田一畝八分二釐坐鐵牛土名後山八坵

陳樹鑲公捐修考桌田校士館碑

立字七百七十五號天田七分一釐五毫坐拔茅土名岩頭後門八石

七百七十六號天田四分三釐土名同上

七百七十七號天田六分三釐三毫土名同上

形字四百十三號天田九分三釐一毫坐拔茅吳家山四石一畝

學宮掛榜巖戶

城二坊蔡家井莊

往字六號磡田一畝一分三釐

十三號磡田九釐四毫

十四號磡田二分九釐七毫

十八號磡田三分九釐二毫

南明書院戶共田一十三畝七分

城三坊下四房莊

贊字八十四號天田二畝五釐三毫
唐字一百四十九號天田二畝四釐七毫
傳字四十一號天田一畝五分八毫
八十號天田一畝四分二釐五毫
唐字二百六十九號泉田一畝三分七毫
二百七十三號泉田八分八釐七毫
伐字九十六號泉田二畝七分一毫
鱗字八十五號磏田一畝七分
虧字一號地三分二釐
二號地一分
三十五號地一分四釐一毫
四十一號地九分四釐
六十三號地一畝五分四釐三毫
六十四號地六分
一百八十號地一畝五分一釐六毫

丁振剛新捐義田

坐二十七都溪口莊南地會戶　本田賦清册

行字一百九十一號坑田一畝七分三釐

一百九十九號坑田一畝七分五釐

明倫堂戶

城二坊蔡家井莊

冬字三百五十六號天田一畝六分二釐四毫

裳字四百九號天田一分三釐八毫

五百八十二號天田二分五釐八毫

章字一號坑田五分四釐三毫

裳字五百八十二號磾田八分五釐二毫

陳克淳同男朝椿捐田校士館碑

試卷院輸戶

致字三百九十號天田一畝八分一釐三毫

三百九十一號天田一畝八分三毫

巨字四百五十四號磾田七畝一分三毫

四百五十五號磾田四分二釐三毫

四百五十六號磾田八分一釐七毫

四百五十七號磾田七分一釐七毫

薑字五百八十五號磇田一畝三釐
一百五十八號磇田一畝三毫
三百三十八號磇田一分四釐九毫
下字三百三十五號天田七分二釐九毫
三百三十七號天田一畝八釐八毫
難字四十四號天田四分九釐五毫
四十一號天田一畝一釐三毫
四十二號天田一畝二分七釐九毫
四十三號天田一畝四釐三毫
巨字八百四十六號磇田一畝六分六釐七毫

呂基緒公妻張氏捐田碑立大成殿二門城五坊呂承志戶輸糧

天字六百九十一號磇田二畝二分二釐八毫計一坵磕下白鶴廟後
五百二十七號磇田一畝三分四釐六毫計一坵磕下莊狗牛坵
貴字二百五十三號天田二畝六分九釐四毫計一坵土名後梁黃坑
詠字一百四十三號泉田六分七釐二毫計一坵後梁莊塢庵前
一百四十四號二畝二釐五毫計一坵莊塢庵前
一百七十五號一畝六分二釐五毫計一坵莊塢
一百七十六號二畝六分二釐九毫計一坵莊塢
別字一百四十三號坑田三畝九釐九毫計一坵飯籮

殊字六十八號天田二畝六分五釐一毫計一坵塘裡
別字七十五號泉田四畝七分八釐一毫計四坵后衕
端字六十四號坑田一畝八分二釐三毫計一坵拔茅笆下塘
貴字三十五號天田四畝九分一釐六毫計一坵后梁柴家
三十三號天田二畝四分五釐九毫計一坵后梁柴家
別字三百九號泉田三畝一分六釐九毫計一坵後梁薄豆
禮字三十五號泉田二畝二分六釐六毫計一坵後梁廟前
殊字三十二號天田二畝一分一釐六毫計一坵後梁笆下
別字九十三號天田一畝一分二釐六毫計一坵後梁黃家塢
九十四號天田一畝一分二釐七毫計一坵土名同
賤字四十八號泉田三畝七分三釐二毫計一坵後梁米布袋
三十三號天田四畝四分四釐五毫計一坵後梁盤登
殊字十三號天田六分四釐計一坵後梁鸛坵
三十四號天田三畝九分六釐計一坵土名同上
別字四十八號天田三畝八釐計一坵後梁俞家

文武會試田 本田賦清册

城三坊會試田戶坐前梁莊

致字一百二十八號天田一畝六分鶴頭庵

律字七號天田六分七釐梗裡

巨字五百八十九號天田一畝四分八釐六毫張家莊

律字九號坑田一畝二分四釐梗裏

巨字五百十九號坑田一畝八分五釐張家莊

弗字四十四號砩田三畝一分七釐八毫蓮花庵

五十七號砩田二畝六分四釐蓮花庵

一百四十八號砩田五分七釐五毫蓮花庵

一百五十八號砩田三畝二分三釐八毫蓮花庵

次字七十號砩田一畝九分三釐前梁邊

九十九號砩田一畝一分五釐五毫前梁邊

退字八十二號磃田五分三釐四毫前梁

新置春閘路費戶 本田賦清册

城五坊春閘路費戶

元字四十八號天田三畝六分五釐五毫

義字一百三十八號天田九分七釐九毫

一百五十八號天田三釐四毫

育字三百三十九號天田一畝二分六釐

天字九百六十七號坑田三畝八分八毫

律字五十九號磏田二畝一釐六毫
巨字四百六十九號磏田二畝五分五釐三毫
儀字一百二號磏田一畝九釐五毫
節字一百八號磏田一畝七釐四毫
四十五號地一畝一釐
四十八號地二畝一分七毫
四號地一畝正

楊世標公捐鄉試卷戶 銀八錢六分九釐十三都
共十三畝四分二釐三毫

巨字三十七號天田五分四釐三毫
三十一號天田一畝八分八釐三毫
一百五十號天田五分
一百五十一號天田一畝三分四釐五毫
一百五十七號天田二畝五分八釐
詩字六百三號天田二畝二分五釐
巨字一百九十七號磏田九分三釐七毫
天字七百十六號磏田九分三釐七毫
成字五十九號磏田一畝正
天字七百九十二號磏田一畝四分五釐

呂俞氏同男琯捐山坐西郊外土名鼓山分山一處

成字五號山三分六釐

十七號山五釐

十八號山二分五釐

又山上房屋一所在内

求陳氏捐田

剡縣棗園莊鼓山書院戸五十二都一圖

石姥坂三十九號四田一畝六釐四毫

小坑坂四十一號四田二分三釐八毫

二十四號四田八釐二毫

石溪坂一百五十四號四田一畝四分三釐四毫

一百七十二號四田一畝五分七釐三毫

一百七十三號四田一畝一分六釐二毫

董事俞偉建陳謨陳詒呂衷謙盈餘置田

城一坊五福堂書院新增戸

薑字九十三號砩田八分七釐二毫
四十九號砩田一畝九分五釐

王爾根捐田　明倫堂碑　戶內崑字坐侯村生字坐慶𨞄裡
菜字坐七都趙家坪田十三坵內有塘基五坵

四都石演莊院試卷田戶

菜字三百六十八號天田一分五釐五毫
三百七十號天田三分一釐五毫
三百六十二號天田一畝六分三釐
三百八十二號天田一分四釐
三百六十一號坑田四分九釐六毫
三百六十四號坑田八分八釐五毫
三百六十五號坑田三分六釐七毫
三百六十八號坑田一畝一釐六毫
三百六十九號坑田一畝三分四釐六毫
三百八十四號坑田一分五釐
三百八十五號坑田一畝三分二釐八毫
三百八十八號坑田四分五釐八毫
四百十一號坑田一畝七分三毫
四百六十二號坑田一畝九分四釐

崑字四百四十九號坑田三畝二分六釐五毫橋頭三畝一坵

榮字三十八號地四分五釐

四十八號地二分五釐

五十號地八分八釐

生字十三號山一畝二分坐五六都土名慶衖裡懇成田五畝零計六坵又塘基一口

王爾根捐田王續捐戶 明倫堂碑

城三坊下四房莊

巨字一百六十七號磄田一畝三分二釐二毫坐張家莊土名淤泥縈一坵得分塘一口

天字六百十六號磄田一畝九分六釐九毫坐磕下廟前二畝計一坵己塘一口

王捐鄉試路費戶 王貽福堂

城二坊羊巷莊

訓字一百八號坑田一分

呂字六十六號磄田二畝一分三釐三毫

成字四百九十二號磄田一畝五分七釐四毫

四百九十三號磜田一畝二分八釐七毫
五百六十四號磜田二畝二分四釐二毫

楊公捐入幼學田

珠字六百三十七號磜田畝六分
六百四十號天田六分四釐二毫
稱字一百八十二號坑田一畝一分九釐六毫
生字二十二號地四分八釐九毫

鼓山筆花戶 本田賦清册

地字一百九十一號天田一畝五分二釐五毫
一百九十二號天田二畝五分五釐五毫

邑令孫欽若判入書院塗地 道光三十年

坐三溪五龍鼻沙塗一處

梁繼捐戶梁尙深尙濬捐田 明倫堂有碑

十六都王家莊

此字四百四號天田六分三釐四毫

四百六號天田七分七釐四毫

三百九十八號天田一畝五分五釐六毫

三百號天田一畝六分五釐五毫

三百五號天田四分一釐七毫

董事陳黼爕呂慶中陳宁爕呂廷五盈餘歸公置田

附鼓山書院戶輸糧城五坊后牌軒莊

李字四號坑田二畝一分五釐五毫

形字七十九號磜田一畝六分二釐六毫

光字二號磜田一畝八分一釐

鼓山書院戶

城五坊後牌軒莊

形字一百三十八號天田九分六釐一毫

乃字一百三十八號坑田二畝正

成字四十一號地九分五釐

五號山二分五釐

十七號山五分

十八號山二分

張景雲捐田

張野杉捐鄉試路費戶城一坊張家巷莊

天字五百二十五號砩田一畝六分五釐三毫

八十二號砩田七分二釐三毫

八百十號砩田一畝五釐九毫

巨字五百十一號砩田一畝正

五百十一號砩田一畝九分三釐

五百二十五號砩田八分一釐七毫

天字九十一號地九分八釐

新東義學戶　董事俞培因　呂文昇　俞際堯　呂慶萃　經理盈餘置田

城五坊周家巷莊

爲字十九號天田一畝四分三釐

仁字三百九十八號天田一畝四分二釐

形字一百四十四號天田一畝二毫

念字三十三號砩田一畝六釐

二百十三號磏田一畝三分八釐九毫

染字一百六十三號地二分五釐

六十八號地一畝二分

董事呂夢麟劉祥元張正爲陳維章陳勳呂音呂一飛俞靈盈餘

置田三畝零

成字一百四十六號地一畝三分有己塘一口

一百四十八號地二畝三分

董事陳珺陳樹鑾俞思問俞兆毅嘉字十年校士館有碑

贏餘置田義學田戶城一坊五福堂莊

倡字十六號天田一畝三分五釐九毫

始字八十三號天田八分四釐土名白石嶺八坵

形字一百號磏田六分七釐四毫土名土地廟後十石一坵

皇字五百十一號天田一畝九分土名齊塢一坵

形字一百一號磏田一畝一分二釐七毫土名同一百號合一坵

始字七百二十二號天田二分土名後塘一坵

皇字六百二十一號天田四分六釐七毫土名前塢一坵

倡字三十一號天田二畝一分六釐六毫坐楊樹坑土名巖衕

陳小貨戶

城一坊五福堂莊坐西門口園

冬字一百四號地一分九釐

楊鎭邦捐田院膏火戶

十四都上宅莊

衣字二號磾田二畝二分

衣字三號地一畝

八九都后金山莊

衣字十五號磾田五分七釐

四十九號磾田六分四釐六毫

五十二號磾田一畝二分七釐九毫

十九號地五分

一百十二號地三分六釐九毫

一百三十七號地一分九釐六毫

一百七十七號地八分七釐三毫
一百八十六號地五分

楊捐書院戶　坐一都

生字二十二號地四分八釐九毫

陳清河捐府學公費戶

青壇莊

非字三百二十號天田六分七釐九毫
三百八號天田一畝七分
三百二十七號天田一畝三釐四毫
三百二十九號天田一畝二分五釐三毫
三百三十號天田九分四釐
三百三十一號天田六分三釐一毫

楊价人捐田

舊仕莊

坐舊仕土名梨角十三石二坵河東七石一坵

坐舊住土名路下長坵八石二坵
坐舊住土名橋坂十石二畝又十石二畝
坐後張土名橋坂二畝三坵此即丁正心上時七石一坵
坐蓮花心土名角鄉坵十三石一坵
坐上張土名羅䍶六石
坐上張土名羅䍶七石

澄潭沈義昌號入籍田

坐澄潭了山廟前土名和尚坵坑田二畝

公欵新置田 俞明揚出七都下喬莊書記新置膏火戶　本田賦清册

睦字三百五十三號天田二分
三百四十七號天田一畝六分三釐
谷字四十八號天田六分四釐四毫
六十六號天田八分二釐
三百二十八號天田一畝七分
一百五十八號天田一畝九分九釐
空字二百七十五號天田一分八釐
二百七十六號天田一畝八分一釐四毫
二百七十七號天田二分八釐五毫

昃字二百四十號天田七分三釐二毫

二百四十二號天田六分六釐五毫

二百四十二號天田一畝二分

二百四十二號天田九分

二百四十三號天田六分六釐六毫

二百四十四號九釐

二百四十六號天田一分三釐三毫

七十九號山六分六釐

八十號山三分

岡字三百四十八號砩田二畝六分九釐三毫

蘭沿九肩嶺二坵

侯邑尊判歸天姥寺田南明學堂戶

十八九都會墅嶺莊

短字七百四十號天田四畝六分七釐五毫

七百四十一號天田一畝二分一釐九毫

七百四十二號天田六畝四分五釐六毫

七百四十三號天田八分八釐二毫

七百四十四號天田五畝四分六釐六毫

七百五十一號天田九分四釐七毫
七百五十二號天田八分九釐二毫

孫郡尊判入南明學堂澄潭建興庵田

八九都澄潭一莊

鱗字八百二十五號天田三分九釐二毫
八百三十五號天田二分六釐七毫
鳥字四百三十六號天田一分五釐一毫
四百七十四號天田三分三釐二毫
羽字四百二十九號天田九分八釐八毫
三百號坑田八分七釐五毫
三百一號坑田五分五釐五毫
三百二號坑田一分七釐七毫
三百三號坑田一畝七分八釐
三百四號坑田八分二釐
三百五號坑田五分
三百六號坑田七分九釐
三百七號坑田一畝三分
三百八號坑田一畝九分

二百十號坑田一畝二分六釐三毫
二百十一號坑田三分五釐
二百十二號坑田二分九釐八毫
二百十三號坑田四分五釐八毫
二百二十四號坑田三分
二百六十九號坑田二分七釐七毫
二百九十七號坑田九分五釐七毫

鳥字一百六十八號坑田六畝五分六釐八毫
一百九十號坑田三畝五分六釐八毫
一百九十九號坑田八分二釐
二百四十四號坑田五分三釐一毫

翔字三百四十四號磡田一畝四釐
侯邑尊撥充三溪沙塗
內田六坵
地三塊

恭人呂陳氏率孫喬柯喬齡喬蔭喬槐捐貲獨建鼓山書院一座呂氏捐修

書院戶

城五坊後牌軒莊

餘字一百九十七號硴田一畝二分七釐

成字二十八號天田九分七釐

空字七十六號天田四畝四分五釐九毫

詩字二百三十九號地五分五釐五毫

二百六十五號地四分五釐

三百七十一號地六分

二百七十六號地七分二釐

二百八十四號地三分二釐

聖字二百六十一號硴田二畝三分五釐八毫

建字二百十一號天田二畝一分

田氏入籍捐田路費戶

三十八九都渡王山莊

靡字一百三十九號天田一畝九分四釐六毫

一百四十號天田三分七釐

己字七十號天田三畝三分三釐三毫

一百二十一號地田五分

一百九號地田五分
一百二十三號地田四分五釐
一百二十八號地田三分七釐

新司考棚戶 共田八畝三分一釐八毫 正銀六錢六分五毫

二十都蒲棠莊

悲字二百六十三號磏田四畝六釐八毫土坐梨木
二百六十五號磏田二畝
二百八十二號磏田二畝二分五釐

新置義學田戶 共田七畝一分七釐七毫 正銀四錢七分

城一坊五福堂莊

倡字十六號天田一畝三分五釐九毫土坐坑西
皇字五十二號天田一畝九分土坐上賴
六百二十號天田四分六釐土坐上賴
始字八十三號天田八分四釐土坐茁溪
七百二十號天田四分土坐茁溪
形字一百一號磏田一畝一分二釐七毫土坐拔毛

一百號磏田六分七釐土坐拔毛

護鐘庵戶 共田三畝八分八釐八毫地一畝五分三釐山四分二釐共正銀二錢四分八釐四毫

端字四百二十二號天田八分七釐二毫土坐拔毛

雲字四百六十八號天田四分九釐九毫土坐后董

四百六十九號天田一畝二分七釐三毫土坐后董

職字十號坑田八分一釐一毫土坐上竹

陽字一百五十號磏田四分三釐三毫土坐白巖前

調字一百十四號地八分一釐土坐三溪

陽字一百五十五號地七分二釐土坐白巖前

地字三十六號山一分土坐天王廟

往字十五號山三分二釐土坐南門外

王蘭坡捐產 載鼓山堂簿帶完王安定戶糧

王安定堂戶 共田四畝二分三毫山五釐正銀二錢九分七釐五毫

染字六百七十八號天田七分二釐

二百六十三號坑田五分七釐四毫

二百六十七號坑田一畝一分六釐六毫

二百六十九號坑田二分三釐一毫

二百七十二號坑田二分七釐六毫
二百六十四號坑田八分六釐四毫
二百六十五號泉田三分三釐九毫
昃字一百八號山五釐

王槐汀堂戶 共田二畝二分八釐地二畝三分二釐八毫山三分正銀一錢七分三釐八毫

染字百六號天田一畝四分
百七號天田六分
行字八十三號坑田二分二釐八毫
收字五十五號地二分八釐五毫
爲字百五號地一畝一分
百五號地八分
秋字百九十號地二分三釐三毫
霜字十四號山一分

王有梅戶 共田一畝七分二釐九毫正銀一錢二分四釐二毫

結字四十二號坑田一畝七分二釐九毫

王季禮戶 共田一畝五釐地二畝八分七釐山三分正銀一錢一分二釐一毫

空字一百二十五號天田八分五釐

爲字一百二十五號天田二分

七百二號地九分

九百七十二號地三分一釐

六百九十號地六分六釐

心字五十四號山三分

房屋坐槐巷口七星井上首裡至菜園

南向正屋三間　平屋五間

東西側一頭各一間　西側一頭外屋基一塊

又坐城二坊槐巷口三角店一帶裏面一直到園

南向正屋三間　後寢室一間

東側屋五間　西側屋四間

二重臺門屋一間　頭重臺門屋一間

三角店一間　樓房店屋三間

樓後平屋一間　樓側平屋一間

東邊園屋二間　西邊園屋三間

屋後菜園一個

西雲庵戸

闕字百八十二號地田三畝三分九釐坐西山土名横頭浪計一坵
百八十六號地田八分四釐四毫坐西山土名後門山脚計二坵
百八十七號地田一畝五分三毫坐西山土名養麥園計二坵

雜項田畝

長坵土名道場坂砩田一畝計二坵
磕下土名八捧坵砩田三畝零三坵
磕下土名雪塘裏三坵三畝計二坵
天公坵土名門口五石一畝三分計一坵
鷄峯山土名山田九坵六畝
張家莊十六畝塘一畝六分己塘一口計一坵
堧裏土名牛囤倉四畝八分
木袋土名新屋村五分計一坵
劉門山土名天宮寺又名天官坵二畝零計九坵
龍潭坑
上祝官主坵田一坵
胡卜上祝土名楊梅坪半畝計八坵
何相林捐入籍田坐塔山脚
童奎元捐入籍田坐本城
夏日昌捐入籍田坐坑西

編輯義田一卷或有字號畝分或無字號畝分而僅有土名坵片均本於碑碣戶規及田賦清册與歷年鼓山堂簿所載蒐輯而成如再有遺漏俟後之君子考查而增補焉

附縣自治公產

公田稍銀一千一百二十餘兩

公田租穀二百九十餘石

棠字三百九十九號天田四分二釐三毫

又四百號天田九分七釐九毫

又四百一號天田一畝五分一釐八毫

又四百二號天田二畝三分二釐一毫

又四百三號天田一畝五分二釐九毫

又四百四號天田五分八釐一毫 以上坐嚴家山

夫字二百七十五號天田三畝四分八釐三毫

又二百七十六號天田一畝九分

又二百九十六號天田一畝七分三釐四毫

又二百九十七號天田一畝八分三釐三毫

又二百九十九號天田六畝五分七釐

政字三百七十二號天田一畝二分四釐九毫

又三百七十三號天田七分二釐六毫

又四百號天田一畝五分八釐九毫

又四百一號天田一畝四分九釐二毫

又四百二號天田五分七釐四毫

又四百三號天田一分九釐二毫以上坐梅林山

往字二十四號坑田五畝一分二釐七毫坐南門外

學校

縣立高等小學校在西門口南明書院舊址光緒二十八年邑令侯琭森委任呂東謙呂仁瑁募捐創建移撥鼓山南明兩書院舊產以作經費科舉停止後并將文武鄉會路費及院府縣試卷費一併撥入

東區公立高等小學校原名知新學校在桐樹塢周秉鈞所捐地也清光緒二十四年創建二十八年開辦至宣統二年燬於台匪民國二年重建移至大市聚鎮土名烏龍崗

南區公立道南高等小學校在十四都清光緒二十八年建設三十四年開辦創議者陳崑潘士模楊爔諸人也以南鄉學

冊田五十六畝爲常年費

西區公立高等小學校本由十都横山沃西書院改設清宣統三年被匪焚燬現校舍尚未建造借地開辦

北區公立高等小學校清光緒三十二年陳念祖竺應韶竺應聲呂壽康等開始創辦於雲居寺今移黄澤文武行宮

城區私立尙素兩等小學校在張氏綏福祠邑人張殿華等捐資於宣統元年創辦純係族學性質其始祖尙素公令新多政績因即以之名校擬撥岫雲進益二戶產業爲常年經費

南區私立澣亭兩等小學校原名養智設回山澣亭祠清光緒三十二年楊黼廷等創辦撥澣亭公書田三十六畝路費田四畝爲常年經費

南區私立震華兩等小學校借設梁大宗祠清宣統三年梁瑞祿等創辦校產有田十一畝三石又八畝三分二釐五毫

其餘國民學校不及備載因列表於後

國民學校表

區別／校別	校名	校址	成立年月
城區私立國民	沃城	何大宗祠	清宣統元年正月
	五峰	俞大宗祠	民國五年
	城西	觀音堂	民國元年四月
	日知	芝山祠	民國二年
	梅湖	呂氏歸厚祠	民國六年一月
	陳氏	陳氏德壽祠	宣統二年正月
	章氏	章氏大宗祠	宣統三年正月
	養正	呂氏綏祿祠	宣統三年
	求眞	俞惠迪承慶兩祠	宣統二年正月
	呂氏	呂孝子世恩兩祠	民國二年二月
	啟蒙	俞氏世德祠	光緒三十四年正月
	棠溪	永福庵	民國四年一月
	青山		民國三年二月
城區女子國民	振閨	張氏大宗祠	宣統三年正月
	呂氏	呂氏世恩祠	民國二年二月
東區私立國民	爐山	俞氏宗祠	民國六年七月
	羽林	保福庵	民國二年二月
	靈溪	三官堂	光緒三十二年三月

磁溪	境廟	宣統三年正月
開源	朱氏大宗祠	民國五年正月
潘氏	潘氏大宗祠	民國五年正月
澤嶺	章氏大宗祠	民國五年二月
益新	文昌閣及境廟	民國四年二月
鐘靈	張氏敬思祠	民國元年七月
石氏	石氏宗祠	光緒三十二年
達三	進福庵	民國四年二月
龍山	關帝廟	民國二年一月
俞氏	俞氏家廟	民國二年一月
西山	袁氏協昌祠	民國三年一月
蔡峰	水口庵	民國四年六月
存眞	唐氏宗祠	民國六年二月續辦
龍井	普濟庵	民國二年一月
峁東	聯英祠	民國六年二月
滌新	俞建興祠	民國三年一月
又新		
開明	福慶祠	民國二年一月
奕宗	石氏宗祠	民國元年二月
維新	梁世恩祠	民國二年一月

南區私立國民

徐氏		民國六年一月
養蒙	俞氏小宗祠	民國四年一月
姥東	徐氏宗祠	民國二年二月
崇德	湧蓮庵	民國二年二月
誠求	吳氏宗祠	民國三年一月
文林	何氏宗祠	民國元年二月
桃源	吳氏宗祠	民國元年二月
育英	宅秀庵	民國四年一月
啟悟	張氏承德祠	民國三年一月
雲龍	石氏宗祠	民國二年二月
象新	寶相庵	民國七年二月
福洋	石氏思源堂	民國七年二月
梅林	思孝祠	民國七年二月
屏山	王氏奉思堂	民國七年二月
植英		
知章	前梁村宋梅占家	民國七年四月
三涇	劉氏孝思祠	民國七年二月
淑成	承啟堂	民國七年二月
尚禮	徐氏同敬堂	民國七年二月
靈山	止止山莊	民國五年一月

植林	趙氏積慶祠	民國元年三月
繼志	梁氏繼志祠	民國四年一月
雙桂	梁氏和之祠	民國六年二月
玉成	校長閒宅改建	民國五年一月
迪新	梁氏順臺祠	民國六年一月
穿岩	楊氏宗祠	民國四年一月
五堡	太平庵	民國二年二月
賚五	慧興庵	民國五年九月
蘇村	周氏宗祠	民國六年一月
碧溪	石氏奉孝堂	民國二年
益智	朱公家廟	民國五年一月
元三	慶思公祠	民國五年三月
居簡	丁氏居簡公墓廬	民國二年二月
韓嶺	盛氏大宗祠	民國二年二月
桐華	敦厚堂	民國六年續辦
青上	百順堂	民國六年一月
震華	梁大宗祠	宣統三年一月
龍門	張廣惠祠	民國五年十月
正心	王氏崇德廟	民國二年二月
南屏	王大宗祠	宣統三年一月

西區私立國民		
雅里	孝友祠	民國六年一月
元思	楊氏宗祠	宣統二年二月
興隆	興隆庵	民國六年二月
鐘山	西河祠	民國二年三月
柯山	掌福廟	民國二年一月
三峰	張氏宗祠	民國元年八月
石溪	永思堂	民國五年一月
新華	盛燕翼祠	民國二年二月
賁山	王公家廟	民國元年三月
鹿石	報德祠	民國二年二月
時化	李氏小宗祠	民國二年二月
東山第一	張大宗祠	民國六年二月
曲溪	陳氏宗祠	民國四年一月
宗岸	鹿石廟	民國六年一月
逌山	徐五福祠	民國二年一月
梅渚	黃大宗祠	宣統二年一月
源溪	溯源祠	民國二年一月
順文	水口庵	民國二年一月
啟明	明德廟	光緒三十四年
澄潭第一	沈退年公祠	民國二年八月

北區私立國民	雨化	張氏誠禋祠	民國四年一月
	遁山丁氏	丁大宗祠	民國六年二月
	正蒙	奉先祠	民國二年四月
	日新	舒大宗祠	民國四年
	瀨機	王氏永言祠	民國二年二月
	徐氏	徐氏宗祠	民國二年正月
	拱辰	財金廟	民國二年
	養性	白塔廟	光緒三十三年
	啟沃	文昌閣	民國二年三月
	萬石	張氏家廟	民國三年一月
	茹葫	茹葫廟	民國年一月
	養聖	呂公塋居	民國五年八月
	藕溪	聯桂庵	民國二年三月
	端蒙	栢福庵	民國四年八月
	啟蘭	竺大宗祠	民國二年一月
	達德	王大宗祠	民國元年
	蒙求	東岬廟	
	進修	潘存著祠	民國六年一月
	鎮東	張神殿	民國五年一月
北區女子國民	造英	錢氏宗祠	民國元年一月

勸學所　清光緒三十二年邑令蘇耀泉奉學憲札創辦公舉總董兼設勸學員民國紀元停辦至五年重立改總董爲所長仍設勸學員所長由知事薦任最高級長官委任教育廳成立由廳長委任勸學員由知事委任

總董　俞觀旭舉人光緒三十二年任　呂衷謙舉人光緒三十四年任

梁國元舉人宣統元年至二年任　俞保鑑舉人宣統三年任

所長　陳恭鼎上海東城師範畢業民國五年任　唐登瀛前任遂安縣教育科長今由民國六年任

學務委員　民國元年設立委任陳恭鼎吳綬章潘士模三人五年裁撤

縣視學員　民國五年設立由知事薦任省委

呂振文民國五年任　陳恭鼎民國六年至七年任

教育會　民國元年成立舉石如璧爲會長繼之者陳鳳鳴二年任

吳綬章三年至四年任　陳毓鵬五年任　陳拜丹六年任

壇

社稷壇　在縣西北一里歲春秋二祭祭品制帛二黑色豕一羊一鉶一籩四豆四簠四白瓷爵四祭儀凡承祭官衣朝服就位一節瘞血毛一節盥洗一節詣香案行六叩頭禮一節初獻獻帛獻爵讀祝叩頭一節亞獻獻爵叩頭一節三獻獻爵叩頭一節飲福受胙一節謝福胙叩頭一節徹饌復行二跪六叩頭一節望燎一節　萬歷志

先農壇　在東郊外雍正六年知縣李之果奉文建立壇宇並置藉田四畝九分祭品祭儀同社稷壇　乾隆省志

風雲雷雨山川壇　舊在城南後徙於東南二里公塘廟側祭品祭儀同社稷壇　萬歷志

邑厲壇　在縣東北一里孫塘園嘉靖三十七年縣丞唐濟美改徙城外西北一里歲清明中元下元三祭祭品祭儀同社稷壇

鄉厲壇　萬歷志三十二所今皆廢萬歷志

廟

文廟　明時文昌宮尚書呂光洵記已不詳所在原志云文昌廟在縣東明知縣張騰先建疑呂公所記即此故址耳清嘉慶六年列入祀典追封三代每歲春秋及誕日致其禮器照關帝廟定制咸豐辛酉燬於粵匪光緒丙子捐資重修志稿增民國成立祀典除

尚書呂光洵文昌宮記

余官雲南踰四川有一清虛所抵其窟乃紫府飛霞處因閱碑記知文昌君姓張諱亞子產於越遷於黎雅其人精釆灑落其文明麗浩蕩其族淳厚朴素養之既深脫穎於梓潼後苟洙父子捐百萬金樂成其行館予靜思之文昌燦於紫微垣幸吾越一大儒也恨吾越無清虛所故反之宅地至告歸吾親友妻子爰等白予曰文昌乃萬世斯文祖洵等當親倖者茲既就宇長春居願乞文以表座右有一眞人曰季氏旅於泰山人病其僭文仲居蔡人病其諂是舉也幾於僭與諂也何以文爲予莞然釋曰非與諸子亦曰非也遂偕予謁其所予復莞然曰四川紫府

飛霞處茲得其一二者乎夙昔之志賴少酬焉且進服唐冠蕭灑襟懷可掬也危席端坐從容氣度可則也池開方寸非養化龍魚耶壁繪星斗非張步雲梯耶匾列文章非試析桂手耶況焚香燃燭叩首俛地均縉紳并有志士豈懸磬擊鉢誦經圖像邀福媚神可論哉斯文際會莫此爲盛僭與諂吾知免夫嗚呼產於古者顯於今爍於天者福於人誠此舉也是爲記

武廟　**原志在縣西明知縣朱仁臣建舊爲武安廟嘉慶間邑紳因舊址狹隘拓地重建**通志漢關壯繆侯宋崇寧元年進封忠惠公大觀二年加封武安王建炎淳熙間累加王號萬歷十八年封三界伏魔大帝清雍正三年追封三代公爵曾祖光昭公祖裕昌公父成忠公禮儀俱照文廟乾隆三十年加封靈佑二字四十一年加封忠義神武大帝嘉慶間加封仁勇二字道光八年加封威顯二字咸豐元年加封護國保民四字六年加封精誠二字　志稿增　祭品帛一白色牛一羊一豕一籩十豆十五月十三日用菓品不用籩豆後殿係公爵不用牛餘俱同

今爲關岳廟并附祀古今名將

清康熙五十五年知縣唐覺世縣前關帝廟碑記廟成而衆美具以嚴以翼膀於其門曰關聖帝君廟余適始至邑瞻畢頗爲動意人曰此廟非泛舉也近治臨衢公私遝來絡繹奔會廢興之故與邑相關曩國初前後殿傾圮邑以多故諸紳士念此有年并力以次完治於神有厚望焉君來輔以人事其慶可知矣余曰然姑

侯之維余未敢一諉諸神也數年之中秀者勸以謹樸者勵以勤市遷貿易者諭令平情以處而殫精竭神瘏口曉音吏職也人安余之拙相率以從亦其宜也顧近者歲歉隣有警告值余奉節調委在外憂之實甚抵歸四境晏如寇不入人無恙亦大幸哉夫水火盜賊諸災患以爲非人所得爲者懦也幸見無事攘以爲功者妄也懦余弗甘妄余弗敢統觀前後惟資神力其驗矣頃詣廟諸人謀永厥祀敦請余覆實課功堂巍矣象顯矣香案器具壁落門牕好而固矣復邀僧於後結菴置田以贍之者明經呂君名揆捐金實多國學呂君名鐄者復董成之其諸姻族十數紳士雖捐各有差咸與有力焉自壬申癸酉迄今功乃大竟請余爲文記之余以己意告於衆辭曰天人交感道在不文幽明之故誰與爲分覯茲有赫實見實聞既承筐旨既薦苾芬刮垢磨光神乃欣欣邑之人兮以紛始自今兮儼此闕聖帝君用不負守宰兮懇懇勤勤

城隍廟　舊在縣西一百五步嘉泰會稽志　宋封崇福侯元至大二年縣尹李廷弼重建後燬於方氏明洪武二年封監察司民城隍顯佑伯三年改正前代神號止稱新昌縣城隍是年知縣周文祥因基址狹隘併舊尉司地重建朔望有司行香民多祈報之

成化十一年知縣李楫重修成化志光緒癸巳後殿燬於火邑紳呂衷謙捐資重建幷購高氏地址擴充之

元教諭張泳涯撰碑記

元至大改元秋八月廣平李公廷弼來治邑延見吏民具宣上德意既而修孔子廟社稷壇政教並舉邑人曰我公先所重矣遂相率而請曰自秦置會稽郡則有縣至唐沿革不一錢氏析剡爲新昌有縣則有城隍食茲土有年禳禱每效癸未歲大祲舊廟墮落神弗安厥棲殆不任祀事今茲秋少稔人且和願撤而新之以迎貺公顧謂僚佐曰余竊有民社事神乃其職往謁祠下已戚然於心而士民請益堅若相符契不可不然其言達魯花赤小里公簿令馬合公少府郭公皆廉愼公正同心蒞邑協誠贊勸施助雲集已而廟成耆舊屬予記之夫郡邑祠城隍其來尚矣按周官小宗伯掌山林墳衍之神位各因其方祭法又曰山林川谷邱陵能出雲爲風雨者在諸侯之地皆得而祭之下逮門戶竈井之微俱不廢於祀典獨城隍不經見者蓋闕文也不然此豈下於五祀神者與然斯廟之役經始於戊申冬明年夏工畢無纖毫煩公家調度殿庭奕奕視舊倍差厚基慱礎楹桷豐碩貌相環列繪事輝映赤白絢好民來觀者傾動警駭忘其往日之陋而以爲今日之榮綮麗偉踈踊而獨出也神之興藉乎人有數哉神有所依則人之竭虔妥靈於是乎至矣乃系之以辭俾邦人歌祀焉山南明兮摩清蒼水剡西兮源深長惟神聰直司金湯鞏飛祠宇臨康莊神居清麗邑以昌威靈烜赫庇一方導和驅厲

民阜康祈雩協應時雨暘八鄉禾稼年豐
穰神來下兮格緋芳億載護國崇福祥

明光祿署丞呂泌捨田記

城隍之祀古典莫考僅見於唐亦不知其所宗明太祖廓清海宇惟典神天詔天下崇祀之所以報幽贊之功也新昌城隍廟奠於泌家之西相去爲甚近居民有所祈求靡不昭應禍福利害顯示向方其錫禧百里降保萬民炳炳然者視他邑爲猶靈予每聞之父曰予於是廟明信以禱之未嘗不應應之未嘗不奇今摘其一二記之靈異碑者可考也是神之靈於吾家視他人爲猶顯豈人情所謂近者親耶抑有感於吾父之誠而常享耶昔時門堂楹桷圮壞吾既告邑令君姜公而修葺之惟於火函之具猶爲簡就予乃捐金以鑄又鏤銘於傍而鼎新焉然守廟奔走衣食爇香汎掃之禮時缺而不備於禮爲簡非吾父意也夫以神之精靈固無待於此而吾邑之陰被神休其可簡於禮歟邑人之遠者莫之見矣以予之近而日炙其靈既者誠當爲之計也於是擇田之膏腴者一處量其入可供所出之費使守廟者世業之將不累於他求得以時爇香汎掃千百年其弗替焉庶乎答其靈之萬一者於以承吾父之志也因序其巔末記之

明嘉靖癸未呂世良城隍廟靈異記

余嘗讀三代之書其載所禩上下百神自郊社六宗山水墳衍丘陵下至五祀八蜡小物之神皆致祠不廢獨無所謂城隍者秦漢以來尤多鬼神之事其怪異怳忽如秦寶豐牛碧鷄金馬皆在漫書而城隍不見於文至唐時李監陽冰有城隍神記然其傳猶未侈也太祖高皇帝受命主百神制郡縣皆祀城隍於是始達於

天下余嘗隱度名義神蓋土之精而降保於民者也其休澤明睨視於戶門堂霤之神小大何如而獨不食於三代秦漢之時也余見三代秦漢時所用祀典卽今多不盡行若城隍豈用於今而古不盡然歟將名位祝號古今特異不可考歟抑典籍熛燼漫佚失其傳歟昔子產之時舉晉國之人已不知實沈駘臺之爲神矣而況於今也昔余爲兒時聞余父言余邑城隍靈德多奇應余今既壯且老有祈卜輒驗及洵兒領鄉書取上第神皆前知洵知崇安歸與余言崇安之民有邪祟來言者輒檄城隍明日祟遂已余益嘆神之靈德奇應不獨余一邑然也去年甲午秋大雨水以風廟門盡壞前二尹姜君操鄒君延光實命工新理之工既半二君皆去廟堂楹桷丹漆湮漶多未治者余尤竊嘆二君之去之亟也新侯姜公地來爲吏余輒記神異之因以告後之吏者知起敬焉

明嘉靖四十二年呂光洵續城隍廟靈異記

光洵自爲兒童嘗見先考芝山府君誦吾邑城隍靈應之事甚異先考每敬事焉歲時必夙興率余兄弟往拜甚虔有事禱焉一輒應如響先考嘗手志於石而題額曰靈異碑云神之聰明正直承帝之命降監一邑其英靈精爽固不與他神埒而余先考孝友素行孚於神明不待有事然後盡其誠敬故祝則正辭罔不丕應先聖有言祭則受福豈虛語哉自先考卽世至於今幾年余兄弟奉承先考之緒罔敢失墜況敬鬼神之事神亦勵佑之洵竊祿卿貳洊歷兩部備嘗險囏幸無隕躋仲弟演結髮廩食每試輒先諸生其子應岳童年異質通達如成人修軀偉須動止不凡鄉閭咸奇視之是皆先考湮敬之餘休而神之保障陰騭不誣也洵今年踰五十主器尙虛糜於薄祿未遑奔走祠下稽顙籲神以祈景貺耿耿不忘於懷

是夏五月演弟來訪金陵未及他語亟稱神之靈應視昔有赫請洵識之副石以續先考之志洵服膺不忘迄秋奉命量移即日北上舟次安陵秋光晶瞞萬里若一回望故鄉神之炁爲精爽洋洋如見於是焚香正冠拂几秉筆凝思以記神之德而祥飈送駛邇舟若馳不三宿遂抵潞河北望皇都無遠百里是亦靈異矣夫是亦靈異矣夫洵嘗粵稽典籍惟唐李陽冰城隍廟記稱於世其文簡質罕所道揚蓋以篆法傳云惟我皇帝既作神主令天下府若州縣咸祠城隍守令歲時奉祀申載令甲天語輝煌煊如雲漢足以達幽明之政肅祈報之儀歟尚書周禮所載柴望禋秩之典並傳天壤奚俟經生曲士私置喙哉況洵之不佞文與書均無以稱於時者耶若父子兄弟一德一心祇若神休以賜其子孫世世敬忌尚有考於斯文

清光緒十七年邑令朵如正重修城隍廟碑記

庚寅秋奉臺司檄權篆新昌下車伊始虔謁在祀神祇至城隍廟輪焉奐焉詢之邑紳謂增修甫畢待勒貞珉遂以記請細度緣起知廟之創始粵自前明迄今向歸城紳中士經紀城分六堡堡者保障之義也六堡紳士輪年管值週而復始嘉道以前物力豐盛綢繆未雨潤不及汗葺不待敝歲時瞻仰穆穆皇皇常壯厥觀咸同之際蕎遭匪變他廟多被毀惟茲巍然魯靈光寇退之後民力殫甚僅小修葺無大鳩庀因陋就簡又二十年髹漆日闇像金剝適有公資若干藉作始基漸次勸募幸賴城鄉士女助本隨緣裘成集腋將前後正殿兩側樓廊臺門戲臺一律修整制仍舊宇門創新模金碧璀璨壯麗倍昔又以廟後僅有觀音堂一所賽神之期幹首房及戲房拚在一處甚形湫隘不可終日乃聚六堡而謀之故事

每年賽神必訂紹郡名班戲值昂貴與夫往還接送程資耗費不鮮議大東堡始改用嵊班歲捐戲價若干歸公存貯歲星一周共得公資若干於廟之東首倉房隙地添置平屋一十六間額其門曰六堡公所顏其廳曰雙杉精舍以舍之左有兩杉對峙也以是爲幹首辦公及邑中會議公事之地平時封鎖不假官僚公館設帳教授旅客私讌等事經管責之値年幹首尙有餘資復以修觀音堂並新東門靑陽祠向祀官紳之有功地方者亦六堡承値之要舉也斯役也任勞任怨總其成者歲貢生俞君聘三司出納督工役太學呂君仁堉也積有微勞於例得書並書捐戶姓名數目如左

淸道光十六年邑令章邦彥城隍廟後觀音堂碑記

或問神之與佛同乎異乎曰聰明正直養浩然之氣則爲之神靈覺圓通致未發之中則爲之佛功程雖殊而其辨天人嚴利欲戒謹恐懼以求至乎明心見性一知命達天者之一也新邑隍廟旁廡庫窄逼鄰藩溷不足以竭虔妥靈廟後有隙地一區欲購求之而艱於直幸丁呂諸姓有元宵燈會田五畝捐入廟中遽以田易地居士呂喬齡呂宣陽復捐已園或數弓或數十弓地益恢廓邑人謀更新之久矣以頻年旱災公事倥傯議遂終寢上人永昌遂獨肩其任未嘗踵衹陀之室募長者之金而穢者淸之偪者遠之杭以正殿甃以方池駕以浮梁環以高墉一時善信鑒其誠者亦復隨緣傾助之遂使蓮界獨開金容頓煥遊其地者不獨人間開舍利之城海上現辟支之境顧或疑神之靈曰彰善癉惡佛之教曰不思善不思惡今外則神也內則佛也將使入是門者禮神乎參佛乎不知神之與佛異其名未嘗異其心佛卽神也何必強分門戶別立藩籬哉知其說者不獨闍羅殿前推

爲諠士即靈山會上亦應許爲解人矣

淸道光二十年邑人呂山臺城隍廟後韋馱殿碑記

儒曰講道釋曰說法道則曰閑法則曰護而皆不外乎一心閑也者閑此心也護也者護此心也道不本心道其所道非聖所謂道也法不本心法其所法非佛所謂法也夫心之體廣矣大矣神矣而其所用則甚幻内之六根外之六塵皆吾心之賊故儒則曰克釋則曰降無非去妄存眞以全此虛靈之體而已隍廟住僧永昌和尚苦持堅行法緣日廣業於廟後創建觀音大士殿茲復於殿前莊嚴韋馱天尊金碧輝煌廊序整峻功成恐諸善信佈施不彰無以徵功德於無量欲鐫碑以垂永久丐予記之予未究心内典不知天尊修果若何功行若何而於法曰護心曰降顧名思義洵知三教同源萬法歸一一者何心而已矣心明則性見而非法則迷津無由渡非護則大道無由顯非降則邪障無由除降之護之卽天尊苦心現身之法也予不能佈施使諸長老諸比丘聞吾之言信受奉行卽以爲說法護法也可質之天尊應大歡喜而予非佈施之佈施其功德亦爲無量矣是爲記

太歲廟　在東門外萬歷志舊曰迎春亭咸豐辛酉燬於粵匪志稿

止水廟　一名捍患祠舊在東堤上宋紹興中知縣林安宅寶祐中知縣趙時侄俱築東堤有功民爲立祠成化間侍郎俞欽征

川貴山賊勢甚猖獗夢二人語曰明午當助風次日交戰果反風克勝大異之卽崇飾廟貌以報其功嘉靖二十三年知縣萬鵬築城改遷城內易其額曰東鎭萬歷志

黃璧止水廟詩步入東溪路翹瞻令尹祠築堤前日事止水後人思晝永官無事秋成民不饑喬松看合抱應是手親移

五顯廟　在三都集賢坊東北至元己丑燬於寇洪武初邑人重建嘉靖間尚書潘晟重修萬歷志

明尚書呂光洵五顯碑記

五顯廟在縣東百餘步前面駝峯後倚五馬精華淸淑之氣於是磅礴而凝焉其地最勝其神最靈士民環列而居者旣庶且富歲時伏臘所以報神賜者亦甚虔蓋數百十年於茲矣洵之先人卜宅於廟之東北阪十有三世世以儒業承家卽他姓亦多榮華而潘氏俞氏最著神之庥庇生靈耿耿祉焉自余曾祖徙於縣之西逮余倦游而歸復尋舊址而余仲弟休寧訓導演售族侄基宇於西季弟光祿署丞泌售王氏基宇於東與余陋室鞏甍相直蓋於先人舊業益展矣洵家食且十年尙善飯健遊頃歲辛未冬十有二月十七日子鼎生頭角稍見庶幾宗祊有

寄皆神之陰隲純庥也猗與盛哉洵荒陬古今祀典鮮所考證而父老相傳以爲五顯者五德之靈也在天爲五曜在地爲五行在時爲五氣以其震曜光明故稱顯焉若夫災沴流行禨祥靡測乃五氣之變非常度也夫神依於人而與人爲主是故人之事神也誠行己也敬則降之百祥弗誠弗敬則降之百殃福善禍淫天之道也而神實司之洵之前人罔不克誠克敬暨今冢宰水濂潘公式愼明德揚於王廷神尤福之公乃飭廟題顏以彰祝貺於前爲烈洵襄邁不文敢敬述所聞以告比鄰俾咸知誠敬祇若神庥夙夜無斁維神鑒格錫祐彌隆雨暘時若百穀穰登災殄不作鞠子貽孫仍仍繹繹維千百祀神亦永有令聞於天下矣於是隴石而爲之詞曰維邑之陽兮山穹窿水縈其陰兮波澄泓風氣凝祥兮惟其中虹梁碧瓦兮神之宮民承庥庇兮庶而豐歲時報祀兮惟虔恭神之來格兮光熒熒白叟笑歌兮舞黃童神之游衍兮驂虬龍雲霞縹緲兮日融融神之靈爽兮凌鴻濛彷彿變化兮超西東平康亨豫兮昭神功千秋萬祀兮垂無窮

北鎮廟 在縣北旁有張侯廟關帝廟百子堂萬歷志 今爲善利眞君廟增

清乾隆三十七年呂爀北鎮關帝廟塘碑記

邑之西北隅建有關帝廟其地軒敞而幽潔洵神明之所棲也門臨方池池可畜魚數千頭歲得水利前係會衆經管於乾隆甲申秋查閱邑志名北關塘是以衆議應歸合鎮輪値計其歲之所入於十月十六日演戲補祝帝君壽以廟塘之利

歸之於廟公舉也會衆亦以爲然隨立北鎭廟塘戶幷一切基地係閏字五十八號共地六畝八分八釐七毫收戶上稅恐事久廢弛爰勒石以垂不朽

清道光三十一年呂山臺重建北鎭廟碑記

邑治城之北舊有境廟創於前明天啟間歲久梁桷赤白隊剝不治且制牖樸下窄不足以竭虔妥靈居人謀更新之屢矣以其地之曠功之難而費之鉅也遲之又久而議卒不克合歲戊寅余兄式泮式波暨紹川喬柯炳煒俱至其地因告之曰吾邑大創建大賑濟有利於人有裨於治者公等皆不惜仗義捐金爲一邑倡獨是廟闕然他日恐不得辭其責爰是其謀遂決各量其家之饒乏力之優絀以次捐輸一日之間得錢二千貫有奇而以式波慶餘總其成遂諏吉鳩工庀材改舊廟爲元武殿而別建新廟於其左濬以清池周以粉垣圍以曲闌臺殿門廡黝堊丹漆舉以法度更衣有次卓錫有所膳食有宇百爾器具並手偕作工善材良晨夜展力越三年成高甍巨桷承雲墆蜺肅括而宏深者此前日之頹垣斷塹上雨而旁風也金碧掩映荇藻繽紛動搖而上下者此前日之荒烟蔓草窪塞而榛棘也遊其地者莫不嘆其瓌瑋特絕爲一邑冠而不知此六人者捐之至再至三而猶不給於用也固知非是地之曠不足以瓌觀非數君之力不足以竣事非吾神之靈默司其契不能使樂事趨功者咸鼓舞而不倦也噫吾黨之有志於是久矣而成於今余其可不誌乎爰爲記而勒諸石

清道光十六年呂山臺北鎭捐田碑記

新邑風俗各堡酬神故吾北鎭亦定期十月望日醵資演戲設綵張燈以答神貺歲以爲常自戊寅議捐重建嫂陳氏業與伊叔式泮式波首倡合捐錢二千四百

貫宏傑瓌麗爲一邑冠第廟既新戲亦增而費益廣遂命子椿孫乃煡獨捐已資三百九十五千文置坐西山泉田八畝歲得租錢念五千文爲久遠計嗣因聯額椅桌及一切器皿尚未完備式泮式波再捐錢百二十千堡下公議聽各構照樓以酬之夫廟創自前明歷今數百餘載豈無富甲一邑田連阡陌粟紅而貫朽者乎乃自香火田三畝外絕不聞有起而倡捐者故其人既沒名亦同盡則生前之殷富特過眼之雲煙耳今好義之舉獨出巾幗之中惠在鄉名在碑將與是廟並垂不朽爰樂誌之爲前之吝捐者惜爲後之慨捐者勸若其勁節清風揚輝彤管業已貞珉有誌棹楔有旌茲不贅

中鎮廟　在縣治東忠信坊志稿增

張侯廟　在止水廟西萬歷志

祥溪廟　在東門外萬歷志　咸豐辛酉燬於粵匪光緒間重建按神姓汪諱以增字世德安徽歙縣人貿易來剡貯米鹿胎山麓正統丁己新嵊饑盡發以賑旋卒於嵊邑令徐士淵上其事詔封明王勅立廟西倉百姓虔奉之尊曰太祖成化壬辰新嵊天台大疫化醫往來施丹丁未嵊旱邑令夏完禱雨輒應申請於朝詔封威德新人追感其澤亦立廟祀焉志稿　今爲大東鎮廟增

創建後殿捐田歲修碑記

吾鎮廟曰祥溪祀威德明王太祖神安徽歙人姓汪僑居剡城以運丁季世儲粟備饑正統丁已水旱交乘民大饑邑令請粟賑之盡富民繼之亦盡明年五月饑如故神迺盡出所儲與人酌賑全活無算遽於六月十九日仙逝年六十有四官民感之請封明王沒後三十五年成化壬辰大疫化醫療人又十五年丁未大旱兆夢致雨官民懷之復請晉封威德明王剡人即所居立廟曰西倉院邑紳丁公哲記之可知惠澤旁流隣封波及吾鎮立廟亦自有明始國朝百數十年來屢修屢圯嘉慶間重議修葺丙子落成出巡鄉里旋蹕時儀從駢塡而殿止三楹縱旁建碧雲林鑾及煙絮樓頗有餘地而士女晉祝幾無駐足處從嫂氏俞性慷爽見殿宇庳窄毅然議創後殿鄉隣義之咸踴躍鑿山開址不日平成迺得建朶殿穿堂各三楹於其上道光辛已工竣金碧爛如與前殿相映射迄今各仲祝聲焚香後楹演劇前殿時擁擠退得少休復捐田四畝以勸慶祝甚盛舉也今又二十年矣旁風上雨不無隊剝從任鳳飛重議捐修外復捐田二畝以爲久遠歲修費成母志也於戲以此孝義兩全後先輝映不可無以志之爰書此以爲後來者勸堡下弟子陳宁燮笏山氏譔文

公塘廟　在縣南四里嘉泰會稽志　在二都祀夏禹王萬歷志　今爲南鎮廟增

陳太公廟　在西郊萬歷志　今名西鎮廟咸豐辛酉燬於粵匪同治

年間重建

按神姓陳諱賢字愷山剡之浦橋人生而靈異能捍江潮既沒屢助王師宋累封靈濟善應協惠侯同治五年加封護國或曰宋進士志稿增

北門陳侯廟　前在瓮城內光緒二十七年里人移建城內增

靈濟廟　在青陽門外東堤上康熙年建咸豐辛酉燬於粵匪志稿增

天嶽廟　在縣西七里嘉泰會稽志　在一都舊爲剡溪南鎮萬歷志

梅姑廟　在縣西南二十里嘉泰會稽志

土穀祠　在縣治後邑人呂正音未第時感夢後於匾額中序其事增

康侯廟　在縣東八里嘉泰會稽志　在羽林村萬歷志

張王廟　在縣西南三里嘉泰會稽志

吳府君廟　在二十一都神名元之仕唐守越後居剡西今爲永福鄉既沒瘞於上黄院有斷碑入金石　萬歷志

司馬廟　在十九都祀司馬承禎萬歷志

劉阮廟　在十一都採藥徑祀劉晨阮肇萬歷志

宋王十朋詩澗水桃花路易迷不同人世下成蹊自從重入山中去烟雨深深鎖舊溪

孤陣廟　在三溪祀唐三將張公著沈君縱李圭與裘甫戰歿於此民爲立祠萬歷志　後圮清道光年邑人陳大令感夢爲重修并助田四畝以供歲祀有碑記增

邑人黎城縣知縣陳金鑑祭文

維唐有國民物恬然懿宗御極裘甫逆天擾亂浙東剡縣爲先粤稽太歲咸通元

年攻陷城邑無辜殺戮財帛剽掠子女迫逐丁壯脅從老幼悲哭嗟我善人罹此荼毒賊勢鴟張自剡逼台蔓延隣境白骨成堆觀察鄒公命將西來合軍討賊如霆如雷克復剡城軍聲甚壯乘勝南下百姓仰望遇賊三溪同心掃蕩賊情詭譎不可言狀轉石上游壅流塞港官軍涉淺頓飛雪浪惟神忠勇力戰中流首尾不應指揮難周渥手有節渡身無舟怒忘滅頂戰忌回頭濤分利劍浪繫長矛伏賊四起蒼天爲愁三溪合注一望無際緣波漫天碧血滿地大將盡忠全軍死義官兵敗步賊匪勝騎時維暮春桃花水發上命王公代爲觀察向導土團先鋒回鶻黃罕嶺前賊渠誅殺迄今千載溪流幾更盧冢並沒肖像如生村翁野叟禱雨祈晴神靈昭鑒年穀豐亨職維疇昔夜過此溪山洪洶湧橋板平齊祝神默佑穩步如隄纔登彼岸忽斷虹霓私心竊感實賴提携唐書新舊嘉泰會稽考神姓氏作主分題孤陣額懸三忠魂棲捐香火田爲士農祈惠我無疆顯兮赫兮

東嶽行宮　在城外西南大佛橋清咸豐辛酉燬於粵匪光緒間重建志稿增　宣統三年台匪入城臺門戲臺又被燬今方重修

按嚴州志宋眞宗封泰山勅天下建行宮

清光緒九年邑人呂鴻燾東嶽廟重建中廳碑記

邑有東嶽廟由來久矣咸豐間燬於兵燹事平後建內殿三楹餘則破瓦頽垣荒蕪滿目迄今數十年然次第興工左爲十王殿右爲百子堂又外爲大殿皆煥然重新矣夫嶽有五所以祀東嶽者以東方之生氣也然人爲善必昌爲惡必滅生

氣之盛衰由善惡而乘除故嶽神旁分列十王百子以示果報俾愚夫愚婦入廟驚心知所懲勸也至於巍然大殿重檽累翼輝映雲山則又所以崇廟貌妥神靈非踵事增華而徒爲誇美也由是宏其規制聿壯厥觀亦安可少乎哉工既竣廟中之事與墜舉廢已過半矣其他若門樓若舞榭若東西兩廡諸所未竟則有望於繼起而續成者是役也城鄉諸善信慷慨輸金陳君兆齡于洲于笏余叔廷繡爲之鳩工庀材總司厥事而俞君觀旭偉建嘉言陳君師籛及余兄奎光余任煥與余均有責焉是爲記

它山行宮　在縣西南一里

按上虞志它山者唐太和中鄮令王元暐築堰捍江引它山水入小江灌溉甚溥民德而祀之奏封善政侯

文武行宮　在縣北黃澤村道光間鎮紳余潮等募捐重修今借設北鄉高等小學校增

禹王廟　在縣北十五里渡王山上俗傳禹治水經此民立祠之萬歷志

甭馬廟　在醴泉村萬歷志

龍亭廟　在高盤潭上旱禱有應元至順中王綸爲新昌尹將至任舟次楊子江夢一嫗來謁問之曰新昌高盤人姓白聞公遠來故相迎耳覺而異之比到任詢之果有高盤潭俗傳白龍母所棲云萬歷志

東岬山廟　在高桂村傍有大明寺萬歷志

眞君殿即石眞人廟　在沃洲萬歷志　在沃洲山殿宇巍峨神靈赫濯秉香執燭者絡繹不絕朔望愈盛爲新邑之冠採稿

吳中丞廟　在二十八都求畧南溪口萬歷志

五靈山廟　在三逕四圍有金木水火土之形中祀石眞君前有

雲梯巖地稱靈異萬歷志

眞君廟　在二十六都細深坑萬歷志

保應廟即白王廟　在十四都宋寶慶二年鄉民楊文春等具狀稱隋諸王避難歿葬其地水旱疾疫祈禱輒應民立廟祀之詔賜金額成化志

宋董泰初詩

廟入空山八百年衣冠猶是李唐前汴河十里垂楊柳何似松陰蔭畝田

陳東之詩

投迹空山計已非江都消息亂來稀廟前幾種青青草錯怨王孫去不歸

清邑令朶如正詩

龍種靈威護草萊馳驅風雨下瑶臺江山故國流螢滅古木荒祠杜宇哀孤竹千秋標亮節垂楊終古拂春埃莫嗟五馬飄零甚獨共三王祀典該

小將廟　在裏小將村相傳即宋孟强有驅蝗諸靈感爲浙東通

祀

韓妃廟 縣南五十里

娘娘廟 南門甕城內

玄帝廟 縣西上石演村

天嶽廟 縣西磕下村

平水廟 縣西平水廟村

大王廟 縣西后山根村

眞君廟 縣西鐵牛村

平帥廟 縣西葫蘆嶨村

將軍廟 縣西溪西村

東門文武廟 在甕城內

庇山廟 大東門城外

黃銅廟 縣西下石演村

眞君廟 縣西馬家莊村

陳侯廟 縣西山頭村

白鶴廟 縣西后山根村

玄壇廟 縣西鐵牛村

明德廟 縣西元嶨村

玄帝廟 縣西磡頭村

馬大王廟 在北門外里許

玄壇廟 北門外仰瓦嶺

楊相廟 縣西下石演村

關公廟 縣西馬家莊村

孔母廟 縣西下田村

三皇廟 縣西鐵牛村

大王廟 縣西山嘴頭村

陳侯廟 縣西溪西村

康侯廟 縣西下三溪村

應昌廟 縣西張家莊村

明德廟 縣西後溪村

附子廟 縣西五都村

漁洞廟 縣西五龍嶴村

龍亭廟 縣西龍亭山村

文武廟 縣西夏畬村

將軍廟 縣西梅渚村

關帝廟 縣西澄潭村

龍亭廟 縣西官塘村

陳侯廟 縣西安溪村

文武廟 縣西侯村

文武廟 縣西石柱彎村

廻龍廟 縣西五都村

興福廟 縣西五龍嶴村

孔母廟 縣西蘇秦村

孔母廟 縣西夏畬村

陳侯廟 縣西梅渚村

古銅廟 縣西澄潭村

關帝廟 縣西黃婆灘村

白鶴廟 縣西西坑村

大王廟 縣西廟前地村

玄帝廟 縣西栗園山村

太祖廟 縣西西山村

興福廟 縣西蟠龍村

孔母廟 縣西山泊村

胡公廟 縣西梅渚村

豐樂鄉主廟 縣西廟外村

錢王廟 縣西澄潭村

武廟 縣西棠川村

大王廟 縣西三善亭

關帝廟縣西鏡嶺脚
竺廟縣西十都逌山
三公廟縣南十三都
包公廟縣南下新宅水口
侯王廟縣南十七都
平水廟縣南十四都
茄湖廟縣南三十里
眞君廟縣東泉窩村
福德廟縣東甘棠村
康侯廟縣東青山頭

胡公廟縣西十都
太祖廟縣西龜巖潭
龍鎮廟縣南十五都
騎龍廟縣南魚頭村
棠墅境廟縣南大宅裏村
蕭王廟縣南十四都
仙桂鄉土廟縣東泉窩村
土地廟縣東巖下村
眞君廟縣東甘棠村
平帥廟縣東拔茅村

鹿石廟縣西下潘村
掌福廟縣南琅瑘村
崇興廟縣南下新宅村
留侯廟縣南十七都
東嶽廟縣南十六都
靈巖廟縣南十五都
眞武廟縣東泉窩村
大王廟縣東王泗洲村
威德廟縣東棣山村
明德廟縣東拔茅村

湖山廟縣東拔茅村

劉德仙廟縣東前岸村

文武廟縣東前岸村

天仙廟縣東二十都

天仙廟縣東十八九都

裘君廟縣東十八九都

關爺殿縣東冷水嶺

王義殿縣東朱部村

龍神廟縣東朱部村

銅溪廟縣東方口村

高盤龍亭廟縣東拔茅村

山王殿縣東前岸村

玄壇廟縣東長詔村

龍亭廟縣東十八九都

大王廟縣東會墅嶺

文武殿縣東十八九都

武廟縣東黄壇村

眞武廟縣東朱部村

聖姥廟縣東朱部村

文昌閣縣東銅坑村

大王廟縣東前岸村

雙蓮廟縣東前岸村

大王廟縣東長詔村

芭蕉山廟縣東十八九都

太白廟縣東十八九都

彼蒼廟縣東儒嶴村

龍王廟縣東雅坑村

威德廟縣東朱部村

文昌閣縣東方口村

松林廟縣東田西村

海沿廟 縣東陳家塢村

關廟 縣東坑西漕洲

財神廟 縣東大市聚上街

天醫廟 縣東大市聚村

興福廟 縣東白石村

梧塘廟 縣東青札村

南阮廟 縣東大阮村

塔橋廟 縣東安仁鄉主

福田廟 縣東流河嶺

西河廟 縣東西河

高田廟 縣東下塢村

玄壇廟 縣東西山村

張陳廟 縣東東塢

福主廟 縣東後梁山南

葛隖廟 縣東葛隖村

結局境廟 縣東結局山

龍神廟 縣東梁家田村

興隆廟 縣東甏項山

庫官廟 縣東中井莊下

郡皇廟 縣東下坑西村

文武廟 縣東大市聚中街

白鶴廟 縣東西山坑西

分晰廟 縣東管家嶺

前梁廟 縣東前梁村

卜隖廟 縣東卜隖村

下朋廟 縣東呂家溪村

梁卜廟 縣東高雷村

龍皇廟 縣東後坑村

生寸廟 縣東曹家村

檀樹廟 縣東烏石坑村

迦毘羅廟縣東西山村
垂蔭廟縣東梅林山村
趙侯廟縣東地頭村
將山廟縣東裏小將村
騎龍廟縣東曹家村
瑞安廟縣東堰了村
楊樹坑廟縣東王家广村
西山廟縣東坑裏村
平境廟縣東孫家坪村
永興廟縣東芹塘村

東莊廟縣東東塢村
雪潭廟縣東下宅村
小眞君廟縣東琅坑
鎮安廟縣東南洲村
干坑廟縣東鱗角村
王葛二廟縣東大陳村
錫珠廟縣東裏宅村
明德廟縣東道墅嶴村
孫家嶴廟縣東赤旁山村
磚橋廟縣東西堡中

新思廟縣東漕洲村
眞君廟縣東上塘山
英靈廟縣東外小將村
順興廟縣東中央塢村
平帥廟縣東逐步村
風車坑廟縣東楊广村
威德廟縣東坑裏村
壓捺廟縣東茅洋村
威德廟縣東染里海角坑
平山廟縣東平山村

南溪廟 縣東舊塢村

永泰廟 縣東隣竹村

萬昌廟 縣東莒溪村

清泉廟 縣東中溪村

雪溪廟 縣東雪溪村

眞君殿 縣東三溪村

新昌鄉主廟 縣東胡卜

進寶廟 縣東梅坑村

關帝廟 縣東查林村

關帝廟 縣東巖頭卜村

英竺廟 縣東舊隖村

爐福山廟 縣東中家塢村

靈龜廟 縣東細深坑村

唐村廟 縣東上三溪村

英俊廟 縣東尖坑村

善政鄉主廟 縣東疊石村

白鶴古廟 縣東胡卜村

錢庫廟 縣東秀溪村

威德廟 縣東竹岸村

龜山廟 縣東大平頭村

錢鎭廟 縣東上疊石

昭福山廟 縣東大靈鶴村

大田廟 縣東溪口村

它山廟 縣東上三溪村

七堡龍亭廟 縣東羅坑

胡公殿 縣東順嶺

威德廟 縣東上祝村

昭慶廟 縣東查林村

五聖廟 縣東竹岸村

大王廟 縣東缸窰村

永慶廟縣東祝家廟村
關帝廟縣東東莊村
眞君廟縣東楓樹下村
鎮山廟縣東巖家山村
福主廟縣東江村
天靑廟縣東赤岩村
祥里廟縣東眞詔村
重興廟縣東大坑村
龍溪廟縣東上徐村
新廟縣東沙溪村

龍亭縣東祝家廟村
威德廟縣東龍皇堂村
濂溪廟縣東碇嶺脚村
西溪廟縣東王家莊村
福孫廟縣東上滸村
威德廟縣東唐家洲村
老太公殿縣東眞詔村
大王廟縣東細坑村
白鶴廟縣東上徐村
關帝廟縣東沙溪村

東山廟縣東東莊村
興善廟縣東大彭頭村
鎮東廟縣東王家莊村
龍亭縣東巖家山村
盧村廟縣東丹坑村
王進隝廟縣東王家巖村
禹王廟縣東眞詔村
天湖山廟縣東天燈籠
東輝廟縣東沙溪村
高巖廟縣東高洩村

罕嶺廟縣東王罕嶺

平西廟縣東張家車村

新廟縣東裏沙溪村

中村廟縣東上蔡嶴村

復昌廟縣東生田村

它山殿縣東開口巖村

永昌廟縣東新宅村

龍珠廟縣東磊石坑村

溪南廟縣東外黃坑村

白鶴殿縣東榧林村

葛廚廟縣東孫家田村

湖山廟縣東剡界嶺

孔君廟縣東上蔡嶴村

大王廟縣東車路村

分封廟縣東生田村

善政鄉主廟縣東生田村

萬石廟縣東門樓裏村

橋頭廟縣東大磊村

福德廟縣東裏黃坑村

有能廟縣東吳家田村

將軍廟縣東孫家田村

老廟縣東裏沙溪村

昭立廟縣東上蔡嶴村

竹溪廟縣東生田村

石泉廟縣東開口巖村

龍山廟縣東外洩下村

龍慶廟縣東蟠松村

淦坑廟縣東淦坑

中丞廟縣東榧林村

石應廟縣東桔池村

竹溪廟縣東竹家坑村
香爐廟縣東唐家平村
東岇廟縣北大明市村
觀音堂縣北藕岸村
康侯廟縣北唐孔村
湖塘廟縣北鐵頂山村
玄壇廟縣北高桂村
銅瓢山廟縣北鷗鷥村
明皇廟縣北沙山村
玄壇廟縣北夾坑嶺村

宏濟廟縣東下蔡嶴村
白鶴廟縣東唐家平村
眞君廟縣北藕岸村
靈鎭廟縣北丁家園村
三帝廟縣北萬石村
廻龍廟縣北鐵頂山村
嶽巖廟縣北楓家潭村
興仁廟縣北欽村
明皇廟縣北五峯村
大王廟縣北楊家井村

唐平廟縣東唐家平村
橋頭廟縣東淦坑村
文昌閣縣北藕岸村
將軍廟縣北獅子山麓
茹葫廟縣北山頭村
玄壇廟縣北方廣嶺
鷗鷥廟縣北鷗鷥村
龍王廟縣北欽村
眞君廟縣北上唐村
巖鼓廟縣北蘭洲村

眞君廟縣北蘭洲村
胡公廟縣北麻車村
維新廟縣北前王村
眞皇廟縣北三十八九都
燼仙廟縣北前王村
太祖廟縣北前梁村
雷公廟縣北前梁村
雙王廟縣北王家山村
王義廟縣北王家山村
文昌閣縣北前梁村
禹王廟縣北廟前村
新禹王廟縣北下丁村
財金廟縣北大莊村
龍亭廟縣北大莊村
龍王廟縣北三透屋村
財庫廟縣北三透屋村
太祖廟縣北王姆店村
過坑廟縣北麻車村
白塔廟縣北黃澤村
潮神廟縣北黃澤村
犂壁廟縣北藍田頭村
朱王廟縣北梁家莊村
石柱廟縣北楓潭村
大王廟縣北瀨石村
張神廟縣北黃澤村

韓妃爲隋榮王配韓氏白鶴爲漢天台仙人趙炳甯紹台所通祀皆無關禮典以爲各鄉社藉歲時報賽之宗亦附列之　增

祠

李公祠　在東門外祀明紹興府知府李慶原志知縣姜地建田琯重修春秋致祭萬歷府志用猪一羊一帛一

佟公祠　在縣西二里祀知縣佟應龍春秋致祭萬歷志　祭品用猪一淨食三茶泉三帛一

明知府張明道記

嘉靖改元淮陽佟應龍起甲科來知新昌縣事務其初視篆稽籍詢方知邑賦廉而民少求所以康裕之術與故老籌之有泣而告者曰力疲於不公財竭於不節積弊之大目也邑僻深山路界台剡客過者月不下十數傍無傳置悉取給於里故供儲無休息富者田連數十頃貧者不盈百畝公私之費又皆儕等不以貧富爲差今有多喜賓客費一日之役破劚萬錢以故貧人益困乃有傾產自鬻而操匏溝壑者吾小人今日所急侯曰吾計之乃下令約法平政汰冗濫黜奢靡一歸諸簡約又善爲長短補貸之法以救之故貧者不致破亡侯又集故老訓之曰吾竊祿於此幸年穀比登上下無事吾爲若等約身殺禮以務休息此侯善政之大者又明辨有威善審人情知事務之要張弛舉廢悉有次第不凝滯於一方以故

事成而人安之大抵侯之政以慈惠爲本凡山川林樾有便於民而舊有禁厲者皆弛以利民水射民居侯爲巨防障之民常病癘捐俸召醫活千餘人其所治訟牒常降顏色從容聽之不爲威嚴强折而人人無不輸意自歸訟多年反豪貴任俠恣睢自雄不就法者卽窮治之不少貸僚佐侍左右憚若神明置縣以來令長循廉有稱於世多矣富澤在民侯尤汪濊焉夫治以不均爲患寡非所憂財以不節爲濫貧非所慮均以聚衆節以裕用侯之惠大矣予昔爲邑今始爲郡以位吾守也佟令尹也以政事則吾師也佟令去新昌二十餘年矣民思之不忘非有德於民而然乎如其仁如其仁

曹蕭德政祠　在縣西二里祀明知縣曹天憲蕭敏道春秋致祭

萬歷志　品用猪一淨食三茶果三帛一　原志

明修撰秦鳴夏曹侯德政記

新昌紹屬邑然踰天姥而東僅百里爲天台封連壤比台之人出入西方者多假道焉故其令之淸濁賢不肖莫詳於台人之口往時予官翰林自吾鄉抵京師者亟稱新昌令曹侯之賢一心竊識之比予賜罷東歸道其境未暇悉其政也既而屏跡山中理亂之說不欲一入吾耳而其邑呂封君芝山翁者遺予以事狀一通題其緘曰曹侯遺愛予發而讀之爲之掩卷嘆曰嗟乎若曹侯者豈不誠賢矣哉侯名天憲字恒卿別號見齋江西浮梁人也以進士起家初試新昌令性明敏行廉志潔蕭然坐官舍僅僅以二僕自將食鹽茹淡日以爲常其爲邑一以節用愛人

為務雖鄉飲射讀之儀軍國祭祀之用亦必事為品飭使禮從乎儉費不及奢邑阻山民苦夫役當事者往往有一舉而傾其家者侯下車憮然曰山城民力竭則為之定章程去繁冗諸非公事徑其封者一不以煩里甲或曰如府怨何曰吾甯府怨以落官不可剝民以自媚持其議砣不可撼達官長吏多曰他途以避之嗚呼予觀今出守若令者駕言興治非不欲方駕龔黃比肩召杜然一旦少值毀譽僅若毫髮輒瞿然喪其所守若或失之凡可瘠民以自為者無不為矣此其人賢不肖視侯何如侯既為民息肩夫然後櫛垢去蠹與民更始是故舉鄉約清囹圄別淑慝如飭廟材以興士究荒政以濟變無不可書亦有不盡書者若侯豈不誠賢矣哉然予聞侯頃以治最徵邑之人扶老携幼攔道遮留若去侯不可一日生者侯既去民思之不置乃相與規地庀工肖侯像而祠之祠成白於令宋君各走其子弟持狀謁予山中再拜請言以勒諸石曰庶幾藉以不朽予不文姑識其大以俟觀風者擇焉

明尚書潘晟蕭侯祠記

凡官於土民德其政久而益彰故未去而民愛既去而民思謂之良吏其地為之立祠肖像非諂非媚是事之定論之公也余邑瀕海枕山里不能四十土瘠民貧寇至乃築邑用以困先是賢令君若曹若宋保釐於始而萬侯繼之雖興大役遇饑饉而力亦足辦故邑人愛而思之思而肖像祀之嗣萬侯者更代靡常施澤於民未久今吾蕭公以南昌碩儁由制科視篆余邑律身以廉馭民以簡至即理濫費革冗役叅覈節均去苛剔弊民得解纓於衽席之上法正而不深事省而不留當道茂其才欲更之大縣邑士號泣以請於上乃止公治邑凡三禩惟平易近民不

事敲朴民安其業咸不忍欺之其御吏胥以恩既洞悉其情必以剛制不入奸墨筐篋中臨事慷慨有度其所未愜無論上司記牒往復悉以己意民心裁之數年來邑之民得以休養生息而不至於大壞者公之力也若其敦禮以厚俗咸虛以諮訪勑法以戢奸課業以育士徒跣以躬禱彝倫以睦僚屬類皆恂恂然眞切爲民而無激詭推剝之術故政不迫而績自成鴻譽日斐交章以薦隆慶己丑夏部檄至矣余邑士民愕然如失怙恃因欲遺其愛以繫無窮之思乃肖像於曹侯之右重葺祠宇新前廳事二楹余扁其額曰蕭曹並美謂侯於曹侯同鄉且方之前漢循吏云云也故曰事之定論之公也邑之士大夫復捐田若干爲守祠者供灑掃之役共屬余文以壽諸石余不敢辭以方被命未果一日通守明齋熊公憩侯祠因語謝令曰休哉輿情允洽公道猶存不鋟於石云何以永謝令君曰此職之夙心也卓彼前修景行攸止時邑學博暨羣弟子侍側咸稽首以謝乃謀於大司馬呂公藩參三泉俞公僉曰唯爰是邑孝廉俞莘野遂旅書以逮於余余次其畧如左

宋公祠　在縣西一里祀明知縣宋賢歲春秋致祭萬曆志　祭品用猪一淨食三茶果三帛一原志

萬公祠　在縣西一里祀明知縣萬鵬歲春秋致祭萬曆志　祭品用猪

一淨食三茶果
三帛一　原志

青陽祠　在青陽門内咸豐辛酉燬於兵燹光緒間重建祀明知府李公諱慶明欽差兵備道甯公諱未詳明欽差兵備道于公諱未詳明邑令李公諱應先明邑令佟公諱應龍明邑令侯公諱祖德明邑令曹公諱天憲明邑令宋公諱賢明邑令萬公諱鵬明邑令蕭公諱敏道明邑令蔣公諱未詳清邑令劉公諱作樑清邑令唐公諱世覺清邑令莫公諱景瑞

丁公生祠　在縣東萬壽宫東偏祀宋知縣丁璹已久圮

知縣丁公生祠碑記

出宰山水縣讀書桂樹林昌黎伯之詩云爾説者謂邑多山水地之僻也坐有松桂景可娱也其於口口口口口矣而爲之宰者惟務讀書不暇休息豈不以地方百里民命所寄類非不學無術者所能治歟丁公以嘉熙己亥仲冬來宰斯邑辛

丑仲秋有詔還朝語人曰新昌民醇事簡眞樂地也其間嚚於訟者屈口口口口口人文盡美矣夫九轉丹砂點鐵成金兩漢循吏鑄頑成仁邦人自此不崇惡聲號爲易治非公口口口口口口則潛孚陰格之妙安能若是速哉公在官無他嗜好吏事餘暇惟攻苦方策而已視篆之始郡命賑荒催督嚴急公謂欲行荒政宜緩催科欲恤小民宜優上戶蓋不取乃所以爲予而藏富實賴以資民由是平糴勸分有無相濟年雖大旱民不流亡而田舍翁方且以斛粟易他郡流移生口兩歲閒以二三千計薦饑之後民數益繁亦大異矣學事實隸司存前政多未遑暇公至則篤意教選新美士習成德達材未易以一口口口口口藏事酌古之道變今之儀釋奠有圖割牲有圖祭器則又有圖學者奉以周旋執事有恪雖鄉口口之口未行而敬所尊之義已著鄭人有言我有田疇子產殖之我有子弟子產誨之非我公之謂乎公秉資聰慧學問粹冲工文詞善篆隸一士所難而皆能之臨視吏民過目盡識他日閱其姓氏終無忘也有來訟牒剖決如神南山可移口口眞不可動不飾廚傳以要過客之譽性便雅淡自求知已而已縣用以貸荒窘匱俸不及支口累月而南門口口城郭不完非所以居民爲市故寧捐此以就彼自經始至於訖事工授私直役不及民口口爲建立支久計以口口仁民如此邦人其忍忘之也耶臥轍爭先殆將拔市以歌誦爲未足又相與建祠以祀之紀諸金石以永之夫陸雲宰浚儀百姓生爲立祠彥謙宰長葛父老伐石頌德事在信史於今爲烈非公所當遜也公名璹字珍世號寶齋晉陵人法從名家世傳淸白有自來矣知不口口口口口口月也其日甲戌謹記

道光元年翰林院庶吉士陳榮熒重摹書

探稿

余宗榭龔字音選號韻軒沈毅多能好義舉凡邑中公事多手辦焉己卯邑令松生張公倡議建萬壽宮爲祝釐所幷立試館以試士宗與同事焉舉工度地偶於東偏廢圃中得斷碑知爲宋令丁公生祠堂基址其碑陰則王公世傑四明同舍題名記也乃命令嗣宁燮等剔蘚讀之字跡滅沒十不得二三焉汲水灌之就日影中逐一諦睇乃得字若干其絕不得識者闕如也幷命仲君榮燊錄舊文勒石其王公題名記則剝蝕殊甚茲不錄 萊城陳晃跋

按記文此碑當立於淳祐改元六百年來沒而復出經宗兄榮燊重書立石吾宗萊城師跋後不可謂非快事至今上截現闕右角較重勒碑文復少七十餘字其碑陰隸額祇存同舍題名四字而吾師跋語定爲王公世傑四明同舍題名則當掘獲時角應未闕或闕而猶存不加珍惜恐更遭摧剝亟命工起而立之俾徵文者得見廬山眞面至王公以寶祐元年在新接踵丁公講明理學隣邑集講者百人士民德之爲立生祠詳見郡邑志其祠之即此與否雖不可知謹依同碑之義增設神位以與丁公並咸豐丙辰陳暄識

陳宣慰祠　萬歷縣志舊在城隍廟西元至正中建祀浙東宣慰陳祜今廢萬歷志碑詳金石門

傅公祠　在西門内公館基祀紹台道傅雲龍原志

朱侯生祠 在署西關廟後祀明知縣朱仁臣已久圮

明天啟六年禮部尚書來宗道朱侯德政生祠碑記

江右之朱宇內巨宗也甲科濟勃雲蒸一時官內外者率正色廉幹爲當代之羽儀經術吏治侯家其修之矣初令閩泰甯政聲蔚起臺使廉其才賢請徙大邑適新邑需人遂調於新泰邑士民至拔轅借寇而苦不可得侯蒞任未朞當事者謂新巖邑也以侯之才猶然牛刀小試復議以繁劇調邑人聞之彷徨若失我怙恃紳衿耆老無慮數千人詣當道哀留乃得止一時愛戴之情不能自禁矣之吟咏刻有天姥歌風編新邑昔年俗頗饒自縉紳凋謝後生計迫促其俗尚有浸浸奢華者蓋至今日而疲極矣侯下車遂意撫摩每問民間疾苦一種慈祥愷悌之衷盎然見於眉目三吳大浸稽天斗粟二百文告羅新邑者紛紛侯力持嚴遏民卒以平糶聊生遠別他邑學宮頹壞前者修繕多派里甲侯軫念民困日甚捐俸助建爲士民倡邑中慕義者皆奉德意爭樂輸焉是役也不勞民不濫費不踰時而事成矣然邑自玩惕之後影射竇穴幾不可問侯一切校而出之章三尺於庭椽吏凜凜若負霜莽兩造相對不數言而剖人人自謂不冤簿書案牘一應爰書如平日經生家言咄嗟立辨鈎金束矢之罰未嘗輕加贖鍰之貸者且十之四五獄無累賦無羨每退食於署門以外可羅雀也隔屬有大獄大疑累歲不決者控於憲曰願見神侯山谷多寇民甚苦之自侯緝盜之法一立而寇遠遁夜戶可以不閉方今大工繁興羽書旁午侯不腆養廉悉割以佐費催徵之令如雨則酌爲收歛緩急次第犂然有條令民力可轉而情願供又以其暇延見士大夫面權利弊

未嘗厭斁又時進諸生之髦雋者談蓺課文卽父兄之訓其親子弟不啻也三年報政其君子有信心其小人無貳志一則曰神君吾嚴師也一則曰神君吾慈母也遂卜基於城之西鳩工庀材貌侯而尸祝焉其祠之前則關聖廟也夫古稱良吏多云神明侯洞矚民情幽隱畢照秉心正直揭日月而行固儼然神明矣享祀世世豈有既哉侯諱仁臣字戴如號乃心鄉進士江西進賢人

武廟及庵落成於嘉慶二年余兒時居址相近時來嬉戲是碑俯倚墻陰亦不省有字與否中間遊學他郡踪跡罕至咸豐乙卯有事來廟見是碑側臥紫荊華下伏讀一過知爲明邑令朱侯德政生祠碑記又據邑志公建武安廟於縣西當卽是地後人思之因卽祀公其當時建庵者雖仍供公像於旁而碑竟棄而不顧亦異於昔人報德之心矣爰起而重立之丁己正月陳暄識　採稿

潤松祠　明嘉靖四十一年邑人爲教諭陳祿立生祠後卽以祠祀之今圮碑字亦有訛脫　採稿 增

明嘉靖壬戌布政司左參議邑人俞則全祠記

新昌廣文陳潤松先生諱祿字養廉古閩人也家傳雍穆宗支蕃衍同居歷十世讓而無爭人聞而異之先生幼以易學名於時屢試弗第遂膺省薦司訓廣之四會者五禩其四會之弟子奉德樂教忓忓然若醉醇醴握瑾瑜愛慕而不忍釋也戊午冬教授新昌先生卽以教四會者教之循循雅飭不事敲朴而諸生課肄咸井井就矩矱居嘗寡言愼行其所弗若者祇雍容解諭之未嘗厲聲遽色因歌曰

春風裊裊兮桃杏芬芳相彼夫子兮而樂而康優哉遊哉爰獲我所兮以永不忘噫自非先生至教之淑人亦何以至此哉他若恪順以事上夷愉以睦僚嚴肅以訓子若壻與夫輕財喜施恩不遺於羣下者則尤先生之德之盛而不可以枚舉焉耳時維辛酉諸子謀於兄考請於邑侯蘇溪公爲卜學宮之左立祠肖像以彰先生之德工既竣先生以考績最擢授州學政諸子蓋眷眷不能已也咸請余言以壽於石爲生祠左余曰噫山以鎮重成其高而雲雨興焉水以逶迤致其遠而魚龍化焉君子以優游致其政而德澤流焉故寬裕而有常者貞教之良也垂譽之永也夫師道立則善人多立師之道惟其寬裕而已矣詩曰匪怒伊教載色載笑先生之謂也又曰淑人君子胡不萬年其諸子之心歟又系以詞曰五山之前有室脩然桃杏垂垂以翻以翩宛矣伊人擁彼青氈柔嘉維則秉心塞淵令德孔久令譽孔延先生之名彌白彌堅先生之澤口詠心鐫孰不曰萬年

宣獻祠 在縣西南黃氏建祀宋尚書黃度及其始祖範 萬歷志

石公祠 在鼓山書院中歲以丁祭後祭 萬歷府志 祀宋儒石𡼖 嘉靖省志

祭品 用猪一羊一帛一 原志

紹興府知府洪珠碑記

紹興間有醇儒出自會稽新昌曰克齋先生先生姓石諱𡼖字子重世系自漢晉遠且耀至宋而大昌宦蹟行業譜牒有記矣自先生高祖石城公建茲院延明道

先生典塾事伊洛學始入越繼亦休熄先生起奮趨此學著有中庸集解發揮道德性命微辭旨意燦如也晦庵得考據以明暢中庸又三仕同官薰蒸琢磨而先生詣重致遠之學遂以大成晚開此堂教諸子延自遠方來士日講論無過求仁爲要扁其堂曰克齋此學蓋終其身思以行之鄉國天下來世也予少讀朱子全書見其嘗怪越中學術一於華實之際迨守紹興讀會稽志亦見其始末記載皆仙佛幻跡風流題詠王謝一派爲烈無復書先生學業何如也古者君子仕於其鄉則思舉其故若廢名賢盛德不載墮賢人世胄躅業不彰恥莫大焉學術繫人心政治乃尋鼓山舊址得地直可一十八丈橫如其數構六楹中設先生神位前四楹爲儀門又前二楹爲臺門南臨大路建綽楔以樹風聲山地共二十八畝咸畀先生裔孫克剛歲供祀事南望旗山如見大賓矣乃梵刹崢嶸思一掃而未暇北負金庭委羽瑞蓮龍驤之跡猶有存者而荒幻可畏三溪遶其西四明倒影弔知章之狂放惜其不知所裁天姥峙其東嶀嵊雲表又惜其題抹鐫彫多是浮華放浪之蹟惟堂中屹而勢尊宅安境淨泉石幽馨乃前人講學聲韵若可聽聞嗚呼孔門一派自孟子後至明道而始明紫陽一派傳自伊洛新昌一派分自紫陽不可誣也亦以行於越矣則登斯堂也能無僉思先生名齋之義高山仰止克己求仁極於詣重致遠之際而盡易其舊者意在斯乎意在斯乎因繫之辭俾世歌以祀公曰道要妙兮誰傳覽千古兮思大賢惟氣化兮閒値亦天運兮回還美好修兮前哲超獨得兮靈玄紹世業兮猗那導洛源兮揚閫波信前修兮勉慕代不同兮將謂何將謂何兮思遲遲尋石鼓兮文旗悵遺跡兮荒草滋集芳馨兮建堂幃山空兮無塵會適兮交神若有告余兮道眞保厥美兮依於仁依於仁兮學所止

歸魚川與泳兮鳥雲與飛風雲月露兮似是而非凡我髦士兮喫緊以爲南明高兮光古瀰晼有蘭兮汀有芷越多士兮公之孫子神居其間兮永與終始

崇報祠　在張家巷口張氏建祀始祖宋新昌令張珦春秋致祭

增

忠烈祠　在通明坊外陳氏建祀始祖宋忠臣僉判陳聖萬歷府志

徵君祠　在錦村本府節推陳讓建祀孝子呂升萬歷志

何鄉德祠　在東城外祀明尚書何鑑原志福鄉十德合邑公建

春秋致祭萬歷府志　祭品用猪一羊一帛一

明大學士石瑤記

有斐之章德武公也誰嗣之謠懷子產也召伯去而甘棠弗翦叔子代而峴首有碑彼數君子者其深仁厚澤誠有以入乎人心既深且久有百世而不泯者故夫老子壯孫相與傳誦不休不惟身被其福家食其惠而凡吾所以養老尊賢長長幼幼厚生送死得庶幾於先王之道而不徒爲人者孰非賢者之賜哉得其賜不能忘其人於是睹其興作建樹之功經其遊歌燕集之地徬徨悵惘無所宣洩乃

從而吟咏之又從而表志之又甚而悲號躑躅之豈惟數君子者不知得此於民雖民亦不自知其所以思之至此也若夫大司馬新昌何公有大惠於鄉而其鄉之人德公不置涵之詠之謳而思之且立生祠繪公像於其中日夕瞻禮家誦戶祝豈不猶有古人之心哉蓋公自舉進士爲監察御史歷知府布政使都御史刑部侍郎以至南京兵部尚書參贊機務出入兩京餘四十年雖數操節鉞領重鎭掌握兵機功在朝廷威德幾徧海宇然於其鄉閭之利病未嘗不時時軫慮爲之損益者故其父老曰吾何能忘吾公哉其子弟曰非我公也吾何能殖至問其所以德公之故則衆人欲言而未能君子或能言之而未盡嗚呼是豈非公之所以謀其鄉者猶其謀於國也善稱君而功歸於有司故民日用而不知也哉今即其所可見者言之新昌之東有古防焉湍水歲齧決而厲民民憂之公謀之藩郡增築高廣民始奠邑之田賦汨於豪姦小民貿貿焉不知所如則囂家以償公議度而籍之諸弊頓息縣治居萬山中留都之稅疲於飛輓公議擬溫台改輸近郡邑有社倉去城阻遠民弛於防則蠹日滋令質之公移置近邑所徭役省而防閑便舊制邑三十有二里公以民貧議歸併十之一民不告急邑東南接溫台道路時壞於洪水往來病涉公始議結石爲周行餘二千步巖石間又建傑閣以壯八鄉之觀弘治癸亥大祲民有菜色公議上請得蠲租賑恤賴以活者甚衆他如議免軍需而遞送省裁革冗簿而費用節請除府庫之役而窮困始少蘇凡所以益於國而利於民之政如此類者殆不可以悉舉是宜其鄉之人謳之思之廟貌而頌祝之歿世而不能忘也哉嗟夫世之宦者以富貴驕其鄉而鄉之人亦疾如仇讐固不足論乃若以文章功業烜赫一世爵通侯比退而野處汎然無所表正甚至

家與之爲怨人與之爲敵者其視公之所以福其鄉而鄉之所以德於公如此廣
狹大小何如哉顧瑤不佞不足以知公然於公論之在天下者則固不敢泯於是
乃據新昌令姚君隆所論著公之行事及邑之士陳獻潘溫呂宗信俞朝文諸子
之請爲文而碑之又系之詩俾新昌之人歌誦於無窮會稽山高江水澄山川效
靈公挺生扶搖直上九萬程豸冠岌業車檻䨓出操節鉞入提刑德流海內如春
行荊襄撫綏衆不驚噓枯起死西南平爵崇階峻公不盈公入里門童外迎大堤
褰然宅用甯父老倚公如長城賦平訟理刑罰清溝塗既正民歸耕一寸一尺無
敢爭小民守籍如守經萬山崎嶔朝玉京飛芻輓粟肩領頳公曰溫台例可憑改
輸近郡歡聲騰軺車北來鉦鼓鳴卒徒喘走吏戰競公曰助役力少輕往趨傍縣
羣力并四鄉之庾多稌秔穿墉入屋何彭亨移之近地非紛更官不失守民享成
材賦之數有縮贏里三十二今虛名什一者併從徭征凋鱗稍奮困始醒癸卯之
歲饑餓仍鐲租詔下哀孤煢公有力焉枯更榮子得保父弟保兄東南傑閣何峥
嶸下有古道直如繩昔時洪浸縱復橫褰裳幸免逢鯢鯨結石爲銘勞經營十里
一望虹舒晴因物致用利亦貞驅山何必如秦嬴害有可除利可興公言一出衆
耳傾冗簿既革庫役停吏士相顧無憂嚶公心保民如保嬰況此邦族友與朋細
大畢舉忠義形蓋有志德通神明不然天下繁令丞何多循吏新之庭大賢謀國
色不矜志同德協谷應聲新祠奕奕陳豆登冠裳重光降且升願公德業如宰衡
願公齡齒濟喬彭願公子孫公復卿世佐聖主輸忠精洛南之碑如日星士思公
來民拊膺我與洛人不可能仰瞻傳說爲和羹雲臺煙閣入紫冥公宜劍履圖丹
青崇卑雖殊不異情萬世考德茲可徵

劉鄉賢祠　在劉大宗祠西側祀明南直御史太平府守劉忠器公清宣統間邑令劉承均詳准春秋致祭

尚書呂公祠　在縣西儒慶坊内同知呂承鱗爲祖大司馬呂光洵建春秋致祭增　祭品用猪一羊一帛一

節愍俞公祠　在後𠸄塘俞慎憲建祀父明忠臣御史俞志虞春秋致祭原志　祭品用猪一羊一帛一

劉公遺愛祠　在縣新東門内靑陽寺右祀知縣劉作樑春秋致祭甯紹道史光鑑有祠田碑記今無考原志　祭品用猪一淨食三茶果三帛一

原風俗附

新昌地狹風俗頗淳肇域志

不諂神佞佛不爲僧道尼姑成化志

冠禮 昔時男子年十六以上垂髮總角長則多於冬至或正旦加冠於首拜天地祖宗以告其事後多因便每於婚娶吉期並舉其禮焉

婚禮 故家巨族爲婚必擇門第相埒者爲之小家雖富不與焉其婚娶不行六禮始通媒討年帖婿家父兄盛衣冠詣諸女家拜謝或用銀牌寫允許二字爲定其禮最簡續後具猪鵝茶餅之類饋送繼行納幣禮不論財賄娶之日用樂婦伴送行禮以樂婦扶掖成婚雜用踏藁牽紅傳席交盃諸儀拜公姑以次及家衆賓客翼日獻鞋襪於公姑三日廟見仍拜茶於族焉

喪禮 初喪於死者脚下燒紙錢名曰起脚又買淨水湯浴朝夕哭奠雜用酒肉紙錢親戚往奠亦如之其餘大率用文公家禮惟不用小歛不用布絞之制稍異耳棺柩富室宦家用沙木爲最厚衣衾亦稱是中家棺用杉松至下家則以薄爲其道爾其墳塋或砌磚爲槨或穵土爲壙或堆土而瘞之亦惟稱家之有無焉朝夕哭奠外又有七七之期加厚奠百日卒哭先輩不用浮屠近亦有用者孝子既卒哭舍苴絰更用細麻服出謝弔客小祥大祥禫服頗皆近古但溺於陰陽家而惑於堪輿之說每每停柩不葬有至二三十年者

祭禮 祭用四仲分至日世家大率遵用文公家禮小戶多不能然止列羹飯香燭家長一人口請祖先而已忌日必素服哭祭終身不廢清明有墓祭用牲醴先輩

不謟神佞佛不祭他鬼近亦有之民間疾病多詣神廟祈禱其始祖祠堂以冬至日祀之古禮也

歲時 正旦男女拜天地祖宗尊長出外沿門拜鄉里親戚然主人皆不出迎見客元宵各廟堡張燈自十三日至十八日止遠近男女聚觀清明節取蒿作糉獻先人及墓立夏炙昌魚薤菜端午繫五色線飲雄黃酒菖蒲酒佩香囊艾虎七夕女子設香醪迎織女乞巧煮槿湯沐髮中秋夜賞月啗月餅重陽登高採菊飲茱萸酒冬至爲米團服食且相饋遺除夕飾鬼容逐儺家家爆竹羣坐歡飲謂之分歲設鍾馗桃符於門以却鬼街市取賬目人往來諠譁達旦

習尚 邑鉅族多聚城市或散處鄉村就田業大約安土著不利遠行勤本業不務末作勤儉尚禮宗族長幼有序卑幼雖貴顯不敢與尊長齒民知學雖輿隸卒圉亦頗識字凡下役皆爲之獨不爲轎夫舊族故家有祖遺田宅至數百年不易主者然兄弟多好異產別籍尚氣好鬬而近時賭博任俠之習亦有焉稍有讐怨即相與出慼言或興謠造謗粘於墻置於竹筩暗投官司者不可禁也

士風 昔時聘賢良徵耆舊科第翀登士皆尚德行矜名節不入酒肆不履貨市不入公門不遊花柳之場山林隱逸多以詩文相尚嗣而文教日興賢材輩出家詩書而戶禮樂他郡邑學者望風慕效猗歟休哉而今之士風大率負氣沾沾足已恥師於人其悖理傷倫傲上凌下蓋亦百之一二也

閨範 名門右族閨政嚴整非至親不相見街市店肆中不見婦女往來開張貿易者絕焉故家夫亡婦恥再醮羞出官不爲尼姑公庭絕少鼠雀之訟然於上元清

明踏青之遊亦頗盛焉家殷富多畜侍婢與通房士民槩以媵女爲妾主母往往妬而虐之生女多溺而不育蓋恐厚奩之廢家也亦敝俗哉

宴飲 先輩宴饗儉素蔬果之外設饌數味皆家藏也器用瓦漆酒五六行而止今漸奢侈宦家貴族有五乾五濕攢碟勸盃設看桌然殽不離煙鮮皆土物值客多用鼓吹作雜劇頗爲紛華

其細民設席各從土俗

服飾 成化以前平民不論貧富皆頂平定巾衣青直身穿皮靴鞋極儉素後漸侈士大夫峩冠博帶稍知書爲儒童者亦華冠綵履色衣富室子弟或僭服之小民樸嗇惟粗布白衣而已

宮室 城中富宦之家多高堂廣厦雜用諸色木植週圍繞以磚墻丹艧相望村鄉多茅房土屋僅庇風雨其如城中之制者僅一二而已

貴賤 詩禮相傳閥閱素著者爲貴族小姓孤立雖起家致富不得抗禮貴宦回家乘密轎不列儀仗其主僕之分甚嚴外縣流寓住種者爲逃戶不得與齊民齒又有樂戶十餘姓業鼓吹歌舞彼自相婚配多聽大家使令凡飲宴率用之行酒

按樂戶府志作丐戶會稽縣志相傳爲宋將焦光瓚部落以叛宋投金故被斥曰墮民鄞志亦言爲明胡維庸後其男子每候婚喪家女則習媒或伴良家新娶婦又爲婦女使用而已其所業則捕蛙賣餳拗竹燈檠凡四民中居業彼不得占　以上均志稿

新昌縣志卷六

氏族 祠墓坊附

新地古兼山越向稱丁狄孟梁爲舊族其後神明之胄自北而南相率卜居逕榛益闢幾同泰伯之於勾吳田疇之於遼左衣冠文物至宋特盛祠宇坊表甲於他邑特立此以統繫之較爲明晰亦因地制宜之一端非敢眩也茲於舊姓外一以成化氏族志爲本餘則仿唐元和姓纂例依韻爲次原志祠坊即以類系惟與莫敎諭去取之意稍異有採訪所未及亦略焉

通志略以次爲氏齊丁公伋之後元和姓纂引秘笈新書以諡爲姓濮陽徵音

丁氏

新有二支一居南洲黃門會始一居彩煙山儒官孟達始子僉都御史川成化志 其先有崇仁者字樂道爲南洲始祖東漢初承事郎歷陞太尉至順帝建康間出爲剡令以廉惠稱秩滿因黨禍遂隱南洲而家諺云未有新昌城先有南洲丁信然至唐末梁初三十一世會字三省兵部侍郎同始議遷縣功甚偉焉

採稿

祠

燕翼堂祀始祖崇仁在縣東南洲村　愼德堂在縣東南洲村　貽徽堂在縣東南洲村　孔安堂在縣東楊广村　承裕堂在縣東茅洋村　永錫堂在縣

東莒溪村　孝友堂在縣東下疊石村　永思祠祀始祖孟達在縣南大元村

世安祠在縣南湯家村　靜軒祠在縣南柘前村　又祠在縣西官塘村

又祠在縣西茅陽村　又祠在縣西裏丁村　又祠在縣西竹潭村

墓

南洲始祖太尉崇仁葬本里牛皮形　唐侍郎會遷壽州仲子覃徙居此葬天台嶺後　明都御史川葬馬家山　又彩烟始祖振卿葬墓塘園　遁山始祖同知彥信葬棠川　原志

坊

進士　都憲　繡衣　爲川立

登瀛　爲孟達立　原志

狄氏

通志略以國爲氏周文王封少子於狄狄城因氏焉天水徵音

新之狄氏始祖光官教諭與丁並著其盛可見而今已式微矣

墓

始祖教諭光葬一二都相見嶺　原志

孟氏

通志略以次爲氏魯桓公子慶父之後平陸羽音

舊爲著姓今惟大明市一族而已

祠

懷保祠在縣北大明市原志　又祠在縣西礄頭村

梁氏祠

通志略以國爲氏嬴姓伯益之後安定商音始祖萬潯洲人東晉時爲行營招討使避亂隱劂靈鶴山傳五世山保徙查林傳十三世友璘徙山背友敦徙烟山故爲東南鉅族焉成化志

永思堂祀始祖祭酒貞在縣東大市聚原志　永錫堂在縣東大市聚　崇德堂在縣東大市聚　鄉賢祠在縣東前岸村　盛德堂在縣東後梁村　茂德堂在縣東後梁村　聯粤堂在縣東後梁村　歸厚堂在縣東前梁村　孝思堂在縣東卜塢村　懷德堂在縣東外大坑村　友恭堂在縣東梁家田村　思誠堂在縣東下球村　永則堂在縣東上浦村　敦睦堂在縣東後坑村　承德堂在縣東下宅村　明德堂在縣東下宅村　光裕祠祀祖祖麒在縣東秀溪村　慶遠堂祀祖堿在縣東查林村　又祠祀祖鶴溪在縣東查林村　昌後祠祀祖廷邑在縣東龍皇堂村　愛育祠祀祖祖愛在縣東龍皇堂村　永世祠在縣東蟠松村　大宗祠祀始祖萬在縣南中宅村　世澤祠祀祖忠孟在縣南大宅裏村　裕庵祠在縣南中宅村　百歲祠在縣南中宅村　順臺祠在縣南樟花村　繼志祠在縣南大宅裏村　又祠在縣南馬家田村　和之祠在縣南黃家市村　仁三祠在縣南祥棠村　仰亭祠祀祖仰亭在縣南樟花村　雙峯祠祀祖雙峯在縣南十六都　石韞祠在縣南中宅村進士葆仁建　又祠在縣西侯村

墓

查林始祖山保葬宅前山　山背始祖友璘葬青禮山　烟山始祖友敦葬恰獅山　祭酒貞葬會墅梁家欔　原志　彩烟始祖永敏葬香林寺眠羊頭　東派祖忠輔葬中宅後高坵蓮花　西派祖忠孟葬秦嶴山仰金盤　方伯敦懷葬紹興南門外胡家塔壺瓶樓

坊

大司成　爲貞立　原志　節婦在舊宅嶴爲紹達妻楊氏立　增

石氏

通志略漢有石奮生建慶號萬石君武威徵音　始祖萬石君而下三十五世孫元遂檢校太保始居新昌氏族繁盛在宋三百年間故家文獻莫有能及之者　成化志

祠

慶雲祠祀始祖元遂在城三坊　原志　忠孝祠祀祖待舉在城六坊　永錫祠在縣東泉窩村　承啟祠在縣東泉窩村　奉孝祠在縣東溪東村　慶鶴祠在縣東溪東村　仰止祠在縣東溪東村　永順祠在縣東溪東村　鳳鳴祠在縣東溪東村　永思祠在縣東溪西村　尊親祠在縣東溪西村　承德祠在縣東溪西村　敦睦祠在縣東溪西村　六順祠在縣東溪西村　永錫祠在縣東溪西村　追遠祠在縣東溪西村　又祠在縣東黃壇村　奉孝祠在縣東百菊村　奉思祠在縣東青壇村　積善祠在縣東十字路村　慎德堂在縣東茅坪村　永順堂在縣東西山村　昭穆堂在縣東外小將村　繼善堂在縣東外小將村　光裕堂在縣東外小將村　孝思祠在縣東裏小將村　孝友祠在縣東裏小將村　永思堂在縣東坑裏村　三和堂在縣東坑

裏村

垂裕堂在縣東道墅嶴村

思源堂在縣東茅洋村

昌後祠在縣東茅洋村

崇本堂在縣東埠頭村

光前祠在縣東染里村

又祠在縣北藕岸村

墓

五代吳越間始祖檢校太保元遂葬沃洲平頂山

鎭東軍節度使防葬靈栢

刑部尚書待旦葬石溪金紫山

仙居令衍之葬楊坑大嶺頭

溫州知府牧之葬九巖

大常寺博士亞之葬梨木

朝憲大夫景衍葬高蟠

尚書開國侯公弼葬剡西烏榆山

侍御史公揆葬安仁鄉仁山

迪功郎公儒葬石溪

修職郎晝問葬會稽小江起福山

國子監丞延慶葬嵊剡源

隱士延翰葬寶福寺後山

處士揮祖葬石溪南山

福建提刑宗葬大嶺頭

修武郎悅可葬眞覺寺後

太常簿鏊葬臨海雲溪

編修斗文葬鼓山

孝子永壽葬三十六郡霧後山

原志

坊

三狀元

石氏公立

原志

呂氏

通志略以國爲氏炎帝之後也虞夏之際受封爲諸侯因氏焉河東羽音

本宋宰相端之後自青徙越宋大理評事億始居新昌自宋至今呂氏一族可謂最著者也

成化志

祠

大宗祠舊大理祠祀始祖億在城三坊

世孝子祠舊徵君祠祀四世祖琰九世祖升十世祖佩在城六坊

寺副祠祀祖眉陽與嶰谷郎泥天館

原志

宗子祠祀祖言在城六坊

世恩祠祀祖談在城六坊

名宦祠祀祖不用在

城三坊　忠孝祠祀祖九思在城三坊　鄉賢祠祀祖九成在城三坊　應辟
祠祀祖九曦在城六坊　永則祠祀祖繼櫰在城五坊　小宗祠祀祖瑾在城
五坊　郡伯祠祀祖仲㬙在城六坊　日齋祠祀祖仲暹在城二坊　紹恩祠
祀祖仲春在城二坊　永恩祠祀祖仲邑在城三坊　崇本祠祀祖鴻在城六
坊　萃和祠祀祖雁在城六坊　永錫祠祀祖鸛在城六坊　光裕祠祀祖鳳
在城五坊　芝山祠祀祖世良在城五坊　崇本祠祀祖中器在城六坊　懋
德祠祀祖世風在城六坊　優肅祠祀祖世弼在城六坊　昌德祠祀祖鷟在
城二坊　歸厚祠祀祖世舟在城六坊　昌後祠祀祖鳴在城四坊　太守祠
祀祖明稷　明忠在城六坊　慈孝祠祀祖鷗在城一坊　敬昌祠祀祖世風在
城二坊　祖德祠祀祖世龍在縣北黃澤村　永言祠祀祖新芬在城五坊
紹倫祀祠祖正音在城　五福祀祠祖玉涵在城三坊　敬一堂祀祖作鉞在
城六坊　維則祠祀祖作新在城六坊　克昌祀祠祖廷錦在城五坊　萃亭
祠祀祖佐興在城六坊　追孝祠祀祖滔在城三坊　綏祿祠祀祖嶷在城五
坊　昌福祠祀祖嶰在城五坊　世寶祠祀祖崇惠在城三坊　咸慶祠祀祖
和鋐在城五坊　贈君祠祀祖和鎢在城五坊　術省祠祀祖渶在城六坊
垂裕祠祀祖曾泰在城三坊　長祥祠祀祖周緒在城五坊　德厚祠祀祖徵
在城五坊　昌後祠在縣西壣頭村　奉思祠在縣西張家莊村　追遠祠祀
祖必賨在縣東甘棠村　承孝祠祀祖振憲在縣東甘棠村　光前祠在縣東
前岸村　又祠在縣東長詔村　秩祜祠在縣東橋頭村　奉思堂在縣東西
河村　思敬堂在縣東西河村　志德堂在縣東王村嶺　敦睦堂在縣東上

坑西村　德厚堂在縣東下坑西村　光裕祠在縣東曹洲村　敦睦堂在縣
東梅林山村　世昌堂在縣東舊塢村　明德堂在縣東溪下英村　維則堂
在縣東竺家衙村　追遠堂在縣東鄰竹村　繼序堂在縣東上疊石村　思
本堂在縣東查林村　恩公祠祀祖士惠在縣東查林村　崇德祠祀祖彥聖
在縣東王家莊村　承恩祠在縣西後溪村　又祠在縣北黃澤村　崇報祠
祀祖約之在縣北前梁村　仁二祠祀祖仁二在縣北前梁村　廷公祠祀祖
廷賓在縣北黃沙罌村　衍慶祠祀祖扶九在縣北藕岸村　正六祠祀祖湅
在縣北藕岸村　承慶祠祀祖遞在縣北藕岸村　正二祠在縣北藕岸村
餘慶祠在縣北藕岸村　世德祠在縣北藕岸村　篤慶祠在縣北萬石村
敦和祠在縣北萬石村　紹和祠在縣北萬石村　繼和祠在縣北萬石村
承和祠在縣
北萬石村

墓

始祖大理寺評事億以父由誠死節贅袁氏於新昌葬倉罌　贈都指揮集葬
杜潭　封初品官宜之葬四都王無愁　僉判冲之葬長籠　郡馬暹葬甘棠
孝子蒙葬龍巖　殿前都指揮定葬四都馬家坑　宣教郎琰葬陳巖　節
度推官大亭葬金庭鄉官山　司農卿秉南葬步頭　孝子升葬渡王山　孝
子瑚葬施家罌　訓導不用葬蘇師罌　行人九思葬長籠　隱士九成葬蘭
衍　九嚋永樂七年奉使閩廣荊蜀有功卒葬白茅長籠　教諭迪葬許家罌
興化知縣童葬蝙蝠庵　按察使昌葬長籠　侍郎獻葬西罌　訓導宗信
葬雪塘　耆隱存茂葬白茅　孝子好和同男贈倘書廷安葬小石佛西塢

尚書光洵諭葬皇渡封君合墓　餘姚大學士呂本七世祖鏞葬甘棠之原
福建漳州府通判繼櫰葬八九都三山　福寧衛經歷天章葬十八九都皇渡
街仙人側掌山　贈奉直大夫曾見葬三十八九都下坑　大理寺寺副新周
葬一二都礚下　贈四川慶符縣知縣仲易葬一二都陳巖單蹄山處士詢
葬洞裏坂　世舟葬石宕𡑞　原志　清兵科給事中爚葬葫蘆𡑞鳳凰山
徽寧道正音葬藍田頭　潛江縣令夏音葬蘭演　內閣中書岱葬石溪　薦
辟撫葬
天燭嶺

坊

秋官　為大川立　青瑣　都諫　經魁　為獻立　尚書　為光洵立　光
祿　為光泌立　文英　為初立　世科第　世封贈　為呂氏公立　登科
為捷立　外臺總憲　為昌立　兄弟公卿　為本與光洵立　賓興魁選
為訥立　十進士　呂氏公立　科英　為昌立　進士　為鳳立　承芳
為鳴立　大司馬　承麟為祖司馬公建　橋
梓棠棣聯芳　為鳳與鳴與廷簡立　原志

俞氏

通志略古俞跗之後
望出漢東河間　角音
唐末少師昱生稠為睦州刺史居於杭生珣拜奉議郎棄官入剡
居邑之五峯遂家焉自唐至今科第綿延可謂盛矣　成化志

祠

禋冬祠祀始祖剡令珣在城四坊　百歲祠祀祖傑在城東　義濟祠祀祖黯
在忠信坊即惠迪祠　節愍祠祀祖忠臣御史志虞在城四坊　特恩祠祀祖

用貞在城五坊　原志　孔安祠在城五坊　世德祠在城四坊　萃和祠在城四坊　樹本祠在城一坊　誠敬祠祀祖國振在城一坊　居易祠祀祖國寶在城一坊　連恩祠在城四坊　紹恩祠在城六坊　昌後祠在城五坊　繼恩祠在城四坊　宏三祠在城四坊　光裕祠在城四坊　經魁祠祀祖國俊在城四坊　繼和祠祀祖國和在城二坊　滋德祠祀祖國本在城一坊　繼品祠祀祖開泰在城一坊　承恩祠祀祖世昌在城五坊　孝德祠在城四坊　明德祠在城四坊　承慶祠在城五坊　大卿祠祀祖鏟在城五坊　建興祠在縣東王泗洲　光裕祠在縣東王泗洲　承啟祠在縣東王泗洲　又祠在縣東前岸村　思則祠在縣東長詔村　善慶祠在縣東靑壇村　貽慶堂在縣東上三涇村　繼昌祠祀祖潤在縣東胡卜村　世恩祠祀祖朝惠在縣東龍皇堂村　崇報祠祀祖希建在縣東眞詔村　追遠祠祀始祖侶在縣東董村新宅　維則祠祀祖蘊侯在縣東董村門樓裏　欽先祠祀祖希猷在縣東董村門樓裏　敬愛祠祀祖茂南在縣東淦坑村　又祠在縣東王罕嶺　六盈祠在縣南前汀村　四紅祠在縣南渡河村　又祠在縣南嶺頭俞村　又祠在縣西下意村　萃樂堂在縣西五都村　思孝祠在縣北蘭洲村　洽恩祠祀祖璲在縣北三透屋村　增

墓

始祖珣唐末拜剡令棄官居五峯遂葬騎龍斬闕　少卿公浙葬仙桂鄉諸侯山　通判公美葬九峯寺父壙之側　臨邛縣丞壽同隱士用怡俱葬五峯闘旗山　耆隱本原葬五峯蟠龍山　侍郎欽同父廷獻葬溪旁山　封君黯葬五峯山　倘寶司卿振英葬嵊縣延墓山　按察司副使振才葬眞詔山　左

布政使鐸葬四都盛嶴山　侍郎深葬四都巖嶴山　御史集葬五峯山　二十九都始祖侶葬飛雁落田山　眞詔始祖希建葬上徐後門東山庵　江油縣知縣應哲葬眉黛井養山　忠臣志虞諭葬三十三都竹岸黃官人山　耆德學祖葬城東五山飛鳳　耆德僧葬石溪風吹羅帶山　原志

坊

聯芳　為遠適立　光祿　為振鳴立　大寶　為振英立　同科三桂雙驄　為振才振英深立　祖孫父子兄弟進士　為鐸深集柔時歆時及立　春官　宗伯　為欽立　德門高義　為用直立　經魁　為振強立　世封贈世第　俞氏公立　父子方伯撥科　為鐸深立　進芳　為遠立　原志　父子忠孝　為志虞愼憲立　增

黃氏

通志略以國為氏陸終之後受封於黃子孫因以為氏江夏商音本出建甯之浦城五代間始祖範徙新昌其族最蕃衍矣　成化志

祠

大宗祠在縣西梅渚村　崇報祠在縣西梅渚村　永恩祠在縣西梅渚村　繼述祠在縣西梅渚村　又祠在縣西下三溪村　裕思堂在縣東靑札村　永則祠在縣東溪西村　永義祠在縣東十字路村　崇德祠在縣東寨嶺村　增

墓

始祖範葬黃家園　尚書度葬會稽太平鄉鳳凰山　勾轉推官兌葬遁山　隱士會之葬會墅天燈盞　隱士奇孫葬西門外上馬攀鞍　原志

坊

狀元　爲諶立　錦繡　黃氏公立

文昌　理學名臣　爲度立　原志

張氏

通志略以字爲氏晉之公族也秘笈新書黃帝孫

揮爲弓正觀弧星始制弓矢主祀弧星清河商音

盛橋始祖珣本邑令爲張南軒之後袁粵始祖杓先徙新昌卽南軒弟也高磜始

始祖公良本邑令長潭始祖鼎新本邑尉　成化志　中溪始祖質細深坑始

祖思誠原志　張家店始

祖元善宋大理評事　採稿

祠

太宗祠祀始祖珣在城四坊躍龍軒　原志　洽恩祠祀祖龍山在城一坊

承恩祖祀祖錫位在城一坊　綏福祠祀祖士壁在城一坊　歲禋祠祀祖謀

廷在城一坊　善慶堂在縣東下王村　志德堂在縣東下王村　德潤堂在

縣東西山村　孝思堂在縣東東隖村　百忍堂在縣東堰了村　燕翼堂在

縣東芹塘村　又祠在縣南長虬村　敬思祠在縣東拔茅村　又祠在縣東

前岸村　昭穆祠在縣東中溪村　承啟堂在縣東中溪村　又祠在縣西馬

家莊村　又祠在縣西元粵村　永恩祠在縣西元粵村　永思祠在縣西元

粵村　天恩祠在縣西元粵村　誠禋祠在縣西澄潭村　原志　又祠在縣

西張家店村　又祠在縣西麻家田村　又祠在縣西定坂村　又祠在縣西

長樂村　又家廟在縣西下張村　又祠在縣西磜頭村　綏福祠在縣北東

塢村　敦睦祠在縣北萬石

村　垂裕祠在縣北萬石村

墓

盛橋始祖琦葬仙桂鄉南隝　繼祖葬萬松庵　彬葬銅墻鐵壁一名螺螄吐罌罍　孝子觀僧葬虎隊嶺子給事中德規附　元罌始祖杓葬豐樂鄉桐樹罌高碑始祖公良葬官阡　長潭始祖鼎新葬十都龜巖　細深坑始祖思誠葬外山頭　原志　芝田始祖仕文葬飛鳳山　增

坊

亞魁　爲居仁立　躍龍爲居敬立　貞節張氏公立　原志　賢良方正　爲見虹立在山嘴頭村　烈婦　爲金玉妻潘氏立在長虬村　增

劉氏

通志略以邑爲氏帝堯陶唐氏之後受封於劉卽其地也彭城宮音居劉家山者始祖運富高唐州人宋上虞五夫務大使愛七松坡因家焉成化志居三涇者始祖仁忠爲宋太師　原志

祠

大宗祠在城三坊　成化志　發祥祠在城二坊　崇孝祠在城五坊　孝思堂在縣東東田村　創垂堂在縣東橋下村　維則堂在縣東上三涇村　增

墓

劉家山始祖運富葬下醴泉　御史忠器葬甘棠祖墓之右　三涇始祖宋太師仁忠擇地葬奉化縣三溪　原志

坊

柱史　爲忠器立　世科　爲忠器　原志文輝芳立　折桂立爲文輝立

董氏

通志略以字爲氏爲黃帝之裔孫隴西角音爲始祖剡令居善政鄉小將芹塘皆同族也　成化志

祠

思本堂在縣東雪溪村　追遠堂在縣東芹塘村　樂山堂在縣東平山村　維德堂在縣東溪下英村　隆昌祠祀祖雲鶴在縣東查林村　衍慶祠祀祖雲鵬在縣東查林村　海公祠祀祖海公在縣南賢輔村　河公祠在縣南瓦窰灣　又祠在縣西竹潭村始祖剡令遷居善政鄉葬奉化之西魏一子贇小將因家西岸再遷芹塘與雪溪同族

墓

武功烈士公健葬桐岡小隱　節義士旭葬平山　武畧將軍彥先葬二十八都低路　隱士莉葬三十三都蕨廚　原志

坊

節婦　爲尚信妻梁氏立在查林村　增

章氏

通志畧以國爲氏即彰國之後也　齊滅鄣子孫去邑爲章氏河間啇音始祖木紹興進士自閩始遷仙桂鄉後大理評事天與再遷醴泉村居梅湖者始祖澤民居硏頭者始祖子敏居斑竹者始祖耀皆木之後也　原志

祠

繼全堂祀始祖木在城四坊　永錫祠祀祖剡令文泰在城四坊　原志　后咧堂在城四坊　評事祠祀始祖天與在縣西醴泉村　原志　奉先祠祀祖世純在縣西醴泉村　永思祠祀祖廷端在縣西醴泉村　憲副祠祀祖敏在縣西醴泉村　百歲祠祀祖士渤在縣西醴泉村　金鐘祠祀祖景昭在縣西醴泉村　正氣祠祀祖棠在縣西醴泉村　紹志祠祀祖櫕在縣西醴泉村　世德祠祀祖棖在縣西醴泉村　令尹祠祀祖泰亨在縣西醴泉村　敦本祠

祀祖咸亨在縣西醴泉村 垂裕祠祀祖明庵在縣西醴泉村 務本祠祀祖
宗魯在縣西醴泉村 尚濟祠祀祖梅先在縣西醴泉村 永世祠祀祖世甯
在縣西醴泉村 明卿祠祀祖宗彰在縣西醴泉村 孝思祠祀祖士淪在縣
西醴泉村 顯合祠祀祖逕在縣西醴泉村 景福祠在縣西三溪村 成德
堂在縣東白石村 又祠在縣東拔茅村 崇報祠在縣東澤嶺村 崇
德祠在縣東澤嶺村 又祠在縣東息坑村 繼承祠在縣東嶺根村

墓

醴泉始祖經葬獨山 教授衡民葬嚴壆 給事中良民葬磕山 處士文華
葬磕山 孝子薵葬西山頂 惠州同知以善葬盧家地 按察司副使敏葬
後溪石柱巒 教授廷端葬沙溪 政和知縣國舜葬葛藤巒子教諭時附
梅湖始祖澤民葬十八九都小毛橋 硑頭始祖子敏葬四都嚴壆 元剶令
文泰葬蘭演山 大同巡檢世卿葬章家山 子夢傑葬嵊縣花田西石坂
教授士榮葬章家山 斑竹始祖耀葬十八九都干坑 子迪功郎源靜葬金
家殿
原志

坊

解元 爲以川立 都諫 爲良民立 文奎 爲廷
端立 凌雲 爲衡民立 進士 爲士渤立 原志

袁氏

通志略以字爲氏亦作轅爲
舜後陳胡公之裔汝南羽音
始祖元汝陽人宋咸平進士
來令新昌遂家焉 成化志

祠

永思堂祀始祖元在縣東西山村　原志　馨德堂在縣東西山村　懷德堂在縣東西山村　積善堂在縣東西山村　六仁堂在縣東西山村　奉先堂在縣東西山村　福慶堂在縣東上塘山村　增

墓

始祖元葬磕山十世孫西山三友附　洪武間應經明行修徵士良弼葬下莊成化間冠帶鄉賓蓉葬石山頭　原志

陳氏

通志略以國爲氏周武王封胡公滿於陳其後遂爲陳氏爲潁川徵音

居前山根者始祖顯梁開平二年由青州來丞新昌因家爲居平湖者始祖菁與鄞通譜　成化志　居磜頭者始祖聖江州人孫孟誠自剡徙新昌　原志

居細坑者始祖爌居大坑者始祖亭進居孟莊塢者始祖昌發　增

祠

忠烈祠祀始祖聖在城四坊　大宗祠祀祖耕樂在城四坊　忠節祠祀祖邑令埜在城二坊　養拙祠祀祖養拙在城四坊　德壽祠祀祖仁山在城四坊　敬先祠祀　聖訓建　原志　旌孝祠祀祖南山在城一坊　積慶祠祀祖珍軒在城一坊　寧遠祠祀祖逸堂在城一坊　淳厚祠祀祖坦齋在城二坊　兩峯祠祀祖兩峯在城二坊　崇德祠祀祖冠成在城三坊　世德祠在城三坊　皆福祠祀祖岐山在城四坊　品福祠祀祖樸庵在城四坊　五福祠祀祖桃源在城四坊　桂芳祠祀祖國相在城四坊　綏成祠祀祖大士在城四坊　承德祠祀祖大儒在城　繼述祠祀祖耕莘在城四坊　濳德祠祀祖四愛

在城四坊崇報祠祀祖南坡在城四坊奉先祠祀祖古趣在城四坊德厚祠祀祖一敬在城四坊永和祠祀祖應妻在城四坊祿昌祠在城四坊宗子祠在城四坊慶德堂在縣東梅林山村鳳吉堂祀祖亭進在縣東大坑村由天台遷此追遠堂在縣東地頭村務本堂在縣東地頭村五福祠祀祖安一在縣東蟠松村崇本堂在縣東尖坑村福壽祠在縣東蟠松村善慶祠祀始祖昌發在縣東孟莊塢村由台邑左溪遷此承緒祠祀祖鳳山在縣東唐家平村陳鋆祠在縣南回山村又祠在縣南西丁村成安祠在縣南袁家村又祠在縣西澄潭村又祠在縣西楊梅山村又祠在縣西碸頭村又祠在縣西黃婆灘村又祠在縣西上旺村又祠在縣西燕窠村又祠在縣北黃澤村淸德祠在縣北麻車村又祠在縣北藕岸村

增

墓

前山根始祖顯葬南門外鄭家塘稽山書院長飛熊葬石溪南山平湖始祖菁葬家邊二世開義塾祖葬東山庵雷葬顧雲庵硑頭始祖孟誠葬瑤宮天聽山細坑始祖郡馬燠與郡主趙氏合葬柿部坑原志淸翰林院庶吉士榮燮葬大嶴底鶴地增

坊

兄弟登瀛爲堯獻立儀鳳爲孝輌立

徐氏

通志略以國爲氏皐陶之後也元和姓纂伯益之後也東海商音

居山背者始祖富宋大理評事成化志　居東山者始祖世祿　原志

祠

永思祠祀先世祖元洎世祿元瑞裔孫稀忠建　餘慶堂在縣東鐘井村　承慶堂在縣東鐘井村　集慶堂在縣東板橋村　懷遠堂在縣東山南村　重慶堂在縣東山南村　又祠在縣東后岸村　世慶堂在縣東山南村　積厚堂在縣東藝頂山村　崇本堂在縣東上徐村　又祠在縣西上湖村　五福祠在縣西東旺村　又祠在縣北黃澤村　增

墓

山背始祖富葬徐村　郎中志文葬安仁鄉余家山　東山始祖世祿葬東山嶴　原志

胡氏

通志略以國爲氏胡公滿封於陳其後亦爲胡氏元和姓纂以謚爲姓安定羽音　始祖璟仕吳越爲行軍司馬始居邑之胡卜植梅十里因號梅溪成化志　明洪武間始祖原遂自天台遷南鄉白王殿前　採稿

祠

垂裕堂祀始祖璟在縣東胡卜村　孝子祠祀祖剛在縣東胡卜村　德昌祠祀祖端任在縣東胡卜村　敦裕祠祀祖士良在縣東胡卜村　祥裕堂祀祖金柱在縣東胡卜村　德裕堂祀祖端睦在縣東胡卜村　慶餘堂祀祖復寅在縣東胡卜村　光裕堂在縣東竹岸村　承裕堂在縣東大平頭村　光裕祠在縣東柘樹巒村　紹裕祠祀祖文二在縣東楓樹下村　元瑞祠在縣南殿前村　垂裕祠在縣西溪西村　又祠在縣西後山嶴村

始祖行軍司馬璟與其子深葬七星峯下孝子明葬苦竹山 原志

坊

左司諫 爲汭立 飛黃 爲鈛立 原志

何氏

通志略以國爲氏唐叔虞裔孫韓王安爲秦所滅子孫分散訛以韓爲何氏廬江角音始祖茂唐輕車節度使始家新昌居學宮之左族姓蕃衍世稱望族 成化志

祠

慶源堂舊節度祠祀始祖茂在城一坊 鄉德祠祀祖鑑在城一坊 原志

德興祠祀祖希泰在城 追遠堂在縣東逐步村 孝慈祠在縣東蕉坑村 百祿祠在縣東蕉坑村 世德堂祀祖守信在縣東孫家田村 慶福堂在縣東中浦村 慶流堂在縣東下梁村 慶餘堂祀祖希方在縣南上任村 慶恩堂祀祖國一在縣南上任村 孝思堂祀祖檠在縣西東井村 紹慶堂祀祖穰在縣西東井村 孝慈祠在縣東溪東村 又祠又家廟在縣西溪西村

文行祠祀始祖承裕在縣東東莊村

墓

始祖茂唐輕車節度使葬何家園 宋袁州司理增及子魯葬梨木何家樣大理寺評事葬蓮花心 長樂令夔葬皇渡 明贈尚書遵道及子贈尚書彥廣葬虎隊嶴 尚書鑑諭葬拔茅封君合墓 處士洪葬鶴頭山 隱士棚歸佑葬瓦窰山 簡齋文葬飛鳳山

坊

聯芳　爲鑑錫立　方伯　春宮太保尙書　飛騰　進士　繡衣　均爲鑑立

王氏

通志略以爵爲氏天子之裔也所出不一故王氏之族最爲蕃盛云長潭始祖迥贈信國公錦村始祖諭爲燴之從弟王家衕始祖鋐自姚江爲縣主簿因家焉醴泉始祖公顯居南山左紆者同出僉判王之純後孫德明無嗣以楊轟孫羸老繼焉　原志

自紹遷新始祖元益　增

祠

大宗祠祀始祖元益在城二坊　原志

慶餘祠祀始祖迥在縣西山頭村

永思祠祀祖之純在縣南南山村

思恩祠祀祖捨有在縣西石演村

慶遠堂在縣東結局山村　又祠在縣東黃壇村

永思堂在縣東瑯坑村

追遠祠祀祖承廉在縣東碇嶺脚

垂裕祠在縣南官塘村

永思祠祀始祖噲在縣南南山村

奉先祠在縣南南山村

聯恩祠在縣南黃渡里村　又祠在縣西廟外村

奉先祠在縣西山頭村　又祠在縣西澄潭村　又祠在縣西裏王村

追遠祠在縣西山頭村

繼思祠在縣西後溪村　又祠在縣西五都村　又祠在縣西大林下村　又家廟在縣西王高坪村　又祠在縣西後金山村　又大宗祠在縣西左紆村

永言祠在縣西瀨磯村　又祠在縣西小泉溪村　又祠在縣北梁家莊村

崇報祠在縣北蘭洲村

明德祠祀祖文鈇在縣北渡王山村

令德祠祀祖德晟在縣北渡王山村

永思祠祀祖紳在縣北前梁村　又大宗祠祀始祖言在縣北渡王山村

濟德祠祀祖文

鎈在縣北渡王山村長潭始　祖迥葬嵊縣鳳凰窠　侍郎　夢龍葬禮義鄉蛾眉山　平章　爚葬上虞葛仙鄉　提舉華甫葬會稽之趙湖　居錦村者始祖直葬楊坑靈公嚳知縣端葬拔茅　居王家衙者始祖鈜葬　六都楊梅山　居下醴泉者始祖公顯葬縣北象山　南山祖勝寶葬竹石塘　居三溪者始祖噲淳祐元年爲本邑令因家焉葬旗峯山　居渡王山者始祖台州知府言葬後門山　原志　結局山始祖葬螃蟹山飛鳳爲環

墓

坊

立　原志

童氏

通志畧以名爲氏顓帝生老童其子孫以王父字爲氏雁門宮音遷紹始祖桂元太定間慈谿縣舉人任會稽教諭居山陰昌安坊其後子姓繁衍科第連緜十六世美斯紹泰昆仲來此經商遂家焉爲邑望族

墓

美斯紹泰葬北郊外太公廟後荳園巒　建中葬北郊外梁家井後東旺坂松樹山　邦昌葬南郊外蒼嚳嶺

翁氏

通志略漢有翁伯唐有翁義恪鹽官商音

祠

大宗祠在縣東黄壇村　增

墓　始祖魁二葬黃壇敎諭玭葬吟詩洋　原志

坊　興賢　爲玭立　原志

余氏　元和姓纂以國爲氏由余子之後代居陝州下邳商音

祠　大宗祠　在縣北黃澤　增

朱氏　通志略以國爲氏本邾也邾既失國子孫去邑爲朱氏沛國角音

祠　大宗祠祀始祖新昌令玭在縣東王渡街　餘慶堂在縣東烏石坑村　奉思堂祀祖天德在縣東沙溪村　增

墓　宋縣令朱玭葬讓里　原志

吳氏　通志略以國爲氏周太王之子太伯與弟仲雍之後延陵羽音

祠　鄉賢祠在縣東方泉村　明禋祠在縣東方泉村　奉先祠在縣東方泉村　報本祠在縣東方泉村　石塔祠在縣東銅坑村　遡源祠在縣東銅坑村　萃玉祠在縣東銅坑村　茂林祠在縣東銅坑村　崇德堂在縣東平山村　又祠在縣東缸窰村　世德祠祀祖守龍在縣東丹坑村　至德祠祀祖進宗

在縣東赤巖村　燕翼祠祀始祖融在縣東生田村　奉先堂祀祖學思在縣東開口巖村　維則祠在縣北鸕鷀村　至德堂祀始祖元之在縣東劉門塢村　樹德堂祀始祖元之在縣東嶴裏村　增

墓

居疊石者自青齊徙新昌始祖中丞濟葬三十都白竹今不知其處　忠臣觀葬磕山　居縣祖處士承八葬一二都鹿角西　孝子希忭葬下金山　居桃墅塢者始祖元之葬上黃院　原志

倪氏

通志略以國爲氏即郳氏也避仇改爲倪　千乘宮音

祠

善慶堂在縣東埠頭村　增

甄氏

通志略虞舜陶甄因以爲氏　中山徵音

墓

始　祖千十四居彩烟之巖泉葬龜山　布政完葬蒼驪山　原志

坊

冲鵬方伯　冲霄爲完立　原志

孫氏

元和姓纂以字爲氏衛康叔之後也　樂安宮音

祠

愛日堂祀始祖千壹在縣東孫家田村
仁德堂祀祖融在縣東生田村　增

墓

孫家田始祖千壹葬
沙溪巖頭山　原志

潘氏

通志略以字爲氏爲楚之公族元和姓纂周畢
公高之後子伯季食采於潘因氏焉滎陽羽音
唐明州刺史譽之後始祖唐翰林學士義
緋自青州徙居新昌爲今之鉅族　原志

祠

敬義祠舊學士祠祀始祖義緋在城五坊潘家橋　孝子祠祀祖養拙在城五
坊　待清祠祀祖處士音在城六坊　宮保祠祀其祖贈宮保公　聯恩祠在
城六坊　邑博祠祀始祖嚞在縣東儒嶴村　原志　報本堂在縣東裏大坑
村　承啟堂在縣東桐樹園村　崇本祠祀祖日明在縣東嚴家山村　思敬
祠祀祖士恩在縣東嚴家山村　明德祠祀祖士惠在縣東嚴家山村　評事
祠在縣南官塘村　又祠在縣西下潘村　光裕祠在縣北鐵項山村　崇報
祠在縣北藕岸村　存著祠祀祖珍聖在縣北丁家園村　又祠
在縣東拔茅村　繼逑祠祀始祖希閔在縣東橫板橋村　增

墓

始祖義緋翰林學士葬四都王文疇　宋尙書來葬護嶺　處士音葬南州飛
鳳山　隱士律葬拔茅　縣學生仕廉葬虎隊嶺金釵山子璫附　贈國子監
助教鉉葬羽林琴山　贈太保禮部尙書淮葬七都蜈蚣山　贈太保禮部尙
書孝子憲朝葬石橋頭獅象把門山　贈尙書日升葬天台輔相寺山　尙書

晟御塋在天台柘溪　處士最葬嵊縣蓮花山　隱士竟葬南明飛鳳山　太學生景葬三十八九都觀音坐蓮臺山　贈知縣暑葬六都上馬山　冠帶鄉賓日宣葬鸕鷀山　原志　宋江山令倫葬渡王山大塘巎　宋進士授翰林博士驥葬陳巖猛虎山　元邑博士嚞葬陳巖猛虎山　義士珍聖葬石頂嶺脚　增

坊

榜眼　大司成　大學士　兩京尚書　均爲晟立　經魁　爲溫立　繡衣　爲沬立　原志

錢氏

通志略以官爲氏顓帝之後也彭城徽音　始祖宏祖台州人來爲邑令因家焉

祠

大宗祠在縣西山嘴頭村　又祠在縣北黃澤村　增

墓

始祖宏祖葬五都錢家塚　原志

曹氏

通志略以國爲氏文王子振鐸之後秘笈新書同譙國角音　始祖潭慈溪人爲新昌尉因家上坑西　次子幼宗徙居欽村成鉅族焉　原志

祠

大宗祠在縣北欽村樹德堂在縣東曹家村增

墓

居上坑西始祖潭葬黃罕嶺次子幼宗徙居欽村葬蓮花山曹州學正宏葬蟠龍山原志

楊氏

元和姓纂以國爲氏唐叔虞之後秘笈新書或曰周景王之後弘農啇音隋榮王白肇基彩烟六世廷梧遷天台十四世乾返彩烟子少二居上宅少三居下宅爲今鉅族　探稿

祠

思存堂祀祖信民在縣南下新宅村　原志

大宗祠祀始祖漢太尉震在縣南長塘裏村　燕翼祠祀祖懷塘在縣南長塘裏村　百歲祠祀祖愛山在縣南長塘裏村　清德祠在縣南長塘裏村　麗澤祠祀祖宗賢在縣南長塘裏村　惇厚祠祀祖希討在縣南后畈村　西河祠祀祖杉在縣南回山村　光裕祠祀祖東山在縣南回山村　清白祠祀祖仰嚋在縣南回山村　啓迪祠祀祖修齋在縣南回山村　西華祠祀祖西華在縣南回山村　思則祠祀祖西山在縣南回山村　東泰祠祀祖東泰在縣南回山村　崇德祠祀祖蒼庵在縣南回山村　澤後祠祀祖瀠亭在縣南回山村　孝友祠祀祖安山在縣南夏里村　永思祠祀祖養源在縣南夏里村　半巖祠祀祖半巖在縣南夏里村　百歲祠祀祖淡庵在縣南夏里村　成志祠祀祖一齋在縣南擇陽村　遵四祠祀祖湖塘在縣南肇圖村　厚齋祠祀祖厚齋在縣南上楊村　名節祠在縣南梅渚村　又祠在縣西大古彥村　增

墓

始祖隋榮王白葬歷岡三渡之原民爲立白王廟及夫人韓妃廟祀之　都御史信民葬彩烟山上王山　隱士居葬下路陳金山　原志　宋侍郎轟葬天姥山五葉蓮花　尚書容葬嵊烏巖淸水塘胡嶺之麓　上宅祖頤軒葬白茅坑金釧山　創居回山村希杉葬回山岡後西河　吳越大理評事下新宅祖乾葬長塘裏查林之原　明府楊廷燮葬天姥山黃龍背印　增

坊

都憲在下新宅村爲信民立　原志　昇平人瑞在回山村爲一百二歲相稱立　節婦在肇圃村爲其嵯妻盛氏立　增

唐氏

通志略以國爲氏一出陶唐氏之後一出叔虞之後秘笈新書左傳唐成公國於祈陽今唐州是也晉陽徵音

始祖文成由嵊遷棠洲　採稿

祠

培德堂祀始祖文成在縣東棠洲　報本堂祀祖德齊在縣東王家巖村　靜嘉堂祀祖原祿在縣東眞詔村　又祠祀祖道德在縣東上蔡嶴村　增

墓

棠洲始祖文成葬唐婆嶗山東僉事方葬棠洲月角山　眞詔始祖原祿葬下姥山　增

周氏

通志略以國爲氏黃帝苗裔后稷棄之後汝南角音

始祖文祥本邑令因家焉　原志

祠　光裕堂在縣東管家嶺村　繼述堂在縣東管家嶺村　德新祠祀始祖文祥在縣東王家莊村　又祠在縣西礜底村　又祠在縣西葫蘆塢村　增

墓　始祖縣令文祥葬縣北七里施家坑孫訓導綜附其居彩煙者萍鄉知縣彝葬塘灣　原志

裘氏　通志畧以邑爲氏衛大夫食邑於裘因氏焉或云本求氏改爲裘平陽宮音

祠　垂裕祠在縣東雅坑村　增

求氏　通志略以名爲氏本仇氏避難改焉元和姓纂本裘氏改焉平陽宮音始祖獻中居盛橋後遷棗園　原志

祠　大宗祠在縣南燮頭村　增

墓　始祖獻中葬七都胡意山　知府琰葬七都大屛山　原志

婁氏　通志略以國爲氏邾婁子孫以婁爲氏譙國商音

祠　永則祠在縣東朱部村　增

金氏 通志略以名爲氏金天氏之後彭城角音

祠 大宗祠在縣西社圃村崇本堂在縣東溪口村增

任氏 通志略以姓爲氏黃帝之子一爲任任氏東安宮音

祠 大宗祠在縣西西山村增

墓 始祖迪功郎修葬二十三都大坑任家塚原志

孔氏 通志略以字爲氏出宋閔公之後魯國角音

孔子五十五世孫克先由婺州永康遷於綠葱子希聿明初遷彩煙山採稿

祠 大宗祠在縣南井堂村增

李氏 通志略以官爲氏皐陶之後初爲理氏後改理爲李氏隴西徵音

祠 大宗祠在縣西坑下村

又祠在縣西後彥村

坊應奎爲思爵立

許氏通志畧以國爲氏炎帝之後姜姓與齊同祖高陽羽音

祠追遠祠在縣東拔茅村槐陰祠祀始祖盛槐在縣東龍皇堂村增

趙氏通志畧以國爲氏嬴姓少皞之後與秦同祖天水角音宋太宗子元佐之後賓州知郡岀自衢遷邑城第五世可竹遷彩煙之西嶺採稿

祠大宗祠在城三坊小宗祠在城三坊積善堂在縣東大市聚懷德堂在縣東茅坪村琢玉祠在縣南西嶺村積慶祠在縣南直嶺村欽一祠在縣南西嶺村又祠在縣西廟前地村樹德祠在縣西廟前地村增

墓始祖進士良竣葬石溪岳家山安溪始祖岀葬菱湖五山潮陽鎮撫可蘭葬馬家坑西嶺始祖祚葬十四都九蟠龍原志直嶺始祖承高葬渡河下靑山增

蔣氏元和姓纂周公第三子伯齡封蔣子孫氏焉樂安商音

祠 大宗祠在縣新東門外后岸村　增

沈氏 通志略以國爲氏春秋有沈子蔡滅之子孫因氏焉元和姓纂周文王第十子聃食采於沈因氏焉吳興宮音

祠 大宗祠在縣西澄潭村　增

顧氏 通志畧以國爲氏夏商之諸侯也武陵羽音

祠 大宗祠在縣東上祝村　增

蔡氏 通志畧以國爲氏文王第五子蔡叔度之後濟陽徵音

本宋狀元齊之孫始祖居厚吏兵二部侍郎始家拱辰門蔡山陰　原志

祠 積慶祠祀始祖居厚在北門塘　原志　又祠在縣西下黃婆村　增

墓 始祖居厚吏兵二部侍郎葬白洋之原　武功大夫佐史葬蔡鼎男台州錄事參軍宏附　袁州司戶麟葬蔡家灣男溧陽令行之附　必榮葬北城內永思庵人稱神仙塚樹木森蔚子孫世守之　御史用強葬礚山　原志

戴氏 通志畧以國爲氏即戴城也爲宋人所滅子孫因爲戴氏譙國徵音南宋青州團練使質由黄巖南塘遷居彩烟山　採稿

祠 大宗祠在縣南下山村　增

貝氏 元和姓纂古有賢者貝獨坐今吴越多此姓清河宫音始祖祐青州人宋理宗時爲麗澤書院山長始遷新昌葬仙桂鄉之油燭坑　原志

墓

謝氏 通志畧以國爲氏炎帝之後周申伯受封於謝因氏焉陳留商音

祠 餘慶祠祀始祖正法在縣東祝家廟村　增

盛氏 元和姓纂以國爲氏周同姓國也汝南羽音始祖符工部尚書居學東盛橋後遷龍巖七世孫儒譽遷嶺頭山權遷西金山　原志

祠 燕翼祠在縣南後樹村　尚書祠祀工部尚書符在學宫前　增

墓 七世祖儒譽葬張莊山 原志

祝氏 通志畧以國爲氏黄帝之後也或云祝史之後以官爲氏太原商音

祝氏系出彭祖至侯光受周封居太原祝邱傳至興遷浦江長陵爲一世十四世希彬由浦江遷嵊上朱村十七世時章始遷邑西山嘴頭村二十一世潮清又卜居城中

祠 大宗祠在縣西山嘴頭村 增

墓 遷新祖時章葬畧橋坑龜山田穴 居城祖潮清葬球山坪

竺氏 通志畧本天竺人後漢歸中國而爲竺氏東海徵音

祠 追遠祠祀始祖維善在縣東丹坑村 悅公祠祀祖成悅在縣北蘭洲村 介福祠在縣北蘭洲村 又祠祀祖允宜在縣北蘭洲村 誦芬祠在縣北白楊樹嶴 增

墓 蘭洲始祖宋監察御史中丞允宜葬磨亭山 原志 子泰之葬楊家塢 明甯海令志順葬龍山之原 增

竹氏 通志畧以國爲氏孤竹君爲成湯所封東海徵音

墓 丹坑竹氏始祖簡葬象牙山孫陝西都事思孝附　原志

薛氏 通志畧以國爲氏黃帝之孫禹封奚仲爲薛侯因氏焉河東徵音

祠 仁公祠在縣東藕岸村　增

葉氏 通志畧以邑爲氏楚沈梁諸食采於葉因氏焉舊音攝後世與木葉同音南陽羽音

祠 長春祠在縣東曹洲村　增

墓 始祖仁葬鼓山之西　原志

上官 通志畧以邑爲氏楚王子蘭爲上官邑大夫因以爲氏天水羽音

祠 大宗祠在縣東王家庫村　增

新昌縣志卷六

新昌縣志卷七

大事紀

晉

元帝卽位會稽剡縣人於井中得一棧鐘古文有云會稽嶽命果如郭璞占（晉書郭璞傳剡錄作徽命文瀾閣鈔本作嶽命府志金石則稱會稽徽命攷詳金石志蓉臺評本）鐘井在新昌縣東三十里（古今圖書職方典）元帝爲晉王（晉書郭璞傳與剡錄誤稱瑯琊王府志從之）使璞筮遇豫之睽璞曰會稽當出鐘以告成功上有勒銘應在人家井泥中得之繇辭所謂先王以作樂崇德薦之上帝者也太興初果於井中得一鐘璞曰棧鐘告成於會稽瑞不失類出必以方豈不偉哉（郭傳本文）

六朝

齊武帝永明間山賊唐寓之作亂賴剡令張稷保全縣境剡錄稷字公喬吳郡人少有孝行由外兵參軍爲剡令會賊唐瑤作亂率厲縣人保全縣境梁書張稷本傳

案山賊即山越詳三國志賀齊傳及唐書栗鍠事亦越勾踐之後自秦置會稽郡仍自立君長漢擊閩越仍散於山谷間至吳孫氏始平胡氏通鑑注謂在奉化西南即此瑤即寓之所云保全縣境當兼新地而言

唐

高祖武德四年平李子通剡錄以剡縣立嵊州及剡城縣八年廢嵊州及剡城以剡縣屬越州唐書地理志

案平李子通與析置剡城同在一年當時浙中州縣並無更

改獨此改置必有原因高似孫於李事下註有鄭言平剡錄一卷是必於此中一二事較詳明天一閣范氏蒐羅較廣已無其書餘則概云未見鄭與高同爲鄮人在宋時或猶見其完本唐書藝文志註所紀裘甫事或亦如後人著錄取其最詳一節而言安知其首尾本末不序及李事幷建州原因惜今均未見以事勢論之其所析置之剡城必兼及今新境矣

代宗寶應元年八月台州袁晁反案本紀作鼂列傳及新書均作晁往來剡邑原災異志陷浙東州縣廣德元年三月丁未袁傪破袁晁之衆於浙東舊書本紀新紀則言廣德元年三月丁未李光弼及袁晁戰敗之與此少異四月光弼遣將擒晁浙東平目綱晁本鞭背吏擒賊有功負衆其衆以反新韓說傳建元寶勝以建丑

爲正月新李光弼傳積衆二十萬盡有浙江之地御史中丞袁傪再討奏王栖曜與李長爲偏將連日十餘戰生擒晁收復都縣十六授浙西都郡兵馬使舊王栖曜傳同時李光弼部將張伯儀功第一擢睦州刺史新張伯儀傳左衛率李自良從討晁積閥至試殿中監新李自良傳左武衛中郎將柏良器亦以部民隸浙西豫平晁其後潘獰虎胡參分據小傷蒸里又擊破之新柏良器傳擒僞公卿數十人州縣大具桎梏謂必生致闕下袁傪曰此惡百姓何足煩人乃笞臀逐之國史補

案此役實分二路一自西入由光弼主之故通鑑卽於元年言光弼遣兵破晁於衢州大小必非一戰張李柏諸將是也

一必由東入袁傪與王栖曜所謂連日十餘戰是也晁自台東出分前後軍師亦自東入台當日必會師於剡中此地爲要害劉長卿和袁印中詩明言破賊後軍過剡中山兼上太尉（原注即光弼）詩云剡路除荆棘王師罷鼓鼙農歸滄海畔圍解赤城西蘭渚催新幄桃源識故蹊已聞開閤待誰許臥東溪諸句惜傪無傳（傪在全唐詩傳中有詩二首僅言其官御史中丞兵部侍郎亦無籍貫）皇甫冉亦有和云兵連越徼外寇盡海門西旌旗廻剡嶺士馬濯（一作躍）耶溪諸句

德宗貞元十四年十二月明州將（舊書作明州鎮將）栗鍠殺其刺史盧寶以反（新德宗紀）鍠誘山越作亂攻陷浙東州縣（通鑑胡注云明州山越今慈溪鄞縣南界奉化西北）

界山民也十五年二月庚辰舊志在乙未新紀在四月浙東觀察使裴肅帥台州兵平之自紀平賊一篇上之新裴休傳號平戎記舊傳

案舊傳肅以越州刺史兼團練使而用台州兵亦分兩路入明於此必有戰事惟平戎記今已失傳

宣宗大中十三年八月懿宗卽位十二月浙東賊帥仇甫攻陷象山官軍累敗進逼剡縣有衆百人浙東騷動觀察使鄭祇德遣討擊副使劉勍副將范居植將兵討之通鑑新書懿宗紀稱浙東人仇甫王式傳稱甯國賊紀傳互異通鑑考異云實錄作仇甫今從平剡錄平剡錄爲鄞人鄭言所作當更切近次年正月乙卯浙東軍與甫戰於桐柏觀按卽金庭觀詳寓賢傳范居植死劉勍僅以身免乙丑甫陷剡縣開庫募壯士衆至數千人時二浙久安人不習戰甲兵朽鈍見卒不

滿三百祇德更募新卒綱目　遣子將沈君縱嘉泰志作鏦　副將張公署原志署作著嘉泰會稽志并誤鄭爲鄒　望海鎮將李珪舊注鎮即今定海縣地原志作圭　將新軍五百人擊甫二月辛卯戰於剡西賊設伏於三溪之南而陣於三溪之北壅溪上流使半涉既戰陽敗走官軍追之決壅水大至官軍幾盡三將皆歿通鑑志稿孤陣廟在三溪即當日戰地歿於此故民爲立祠不知當日何以東西倒置明邑侍郎呂獻有詩　於是山海諸盜及他道無賴之徒四面雲集衆至三萬小帥有謀畧者推劉暀勇力推劉慶及從簡甫自稱天下都知兵馬使改元羅平鑄印曰天平

案此爲甫據剡縣統有新地之始

懿宗咸通元年三月鄭祇德累表告急通鑑　以王式爲觀察使綱目　浙

東軍大破甫於南陳館賊自黃罕嶺遁通鑑　六月王式擒甫至京師新唐書懿宗紀

初鄭祗德求救於隣道浙西遣牙將凌茂貞將四百人宣歙遣牙將白琮將三百人赴之祗德饋之比常多十倍而宣潤將士猶以爲不足請土軍爲導以與賊戰竟不能遣士民各謀逃潰朝廷知祗德懦怯將遣武將代之夏侯孜曰西班中無可與語者前安南都護雖儒家子可使也三月辛亥朔式入對通鑑　懿宗問方畧對曰第與臣兵寇不足平左右宦要皆曰兵衆則餽多當惜天下費式奏盜若猖狂天誅不亟決東南征賦闕矣寧得以億萬計之乎二者孰利帝顧左右曰宜與兵新王式傳　乃發諸道

兵授之甫分兵掠衢婺州不得入又掠明州分兵掠台州破唐興己巳甫掠上虞焚之癸酉入餘姚東破慈溪入奉化抵寧海據之分兵圍象山案象山前年被陷是年已反正復圍之所過俘其少壯餘老弱者蹂踐殺之及王式除書下人心稍安甫方與其徒飲酒聞之不樂劉暀謂宜引兵取越州憑城郭據府庫遣兵五千守西陵循浙江築壘以拒之得閒則進取浙西過大江掠揚州還修石頭城而守之遺劉從簡以萬人循海而南襲取福建則國家貢賦之地盡入於我終吾身保無憂也進士王輅在賊中略謂如孫權所爲乘天下大亂故能據有江東今中國無事不如擁衆據險爲萬全策甫猶豫未决通鑑式發自光福里第麾幟皆東靡獵

獵有聲喜曰是謂得天時矣式傳四月乙未式入越州賊別帥洪師簡許會能降使帥其徒爲前鋒與賊戰有功官軍少騎卒通鑑閱所部得吐蕃回鶻遷隸數百發龍陂監牧馬用之式傳諸營士卒及土團子弟得四千人使導諸軍分路討賊宣歙將白琮浙西將淩茂貞北來將韓宗政土團石宗本等自上虞趨奉化解象山之圍號東路軍又以義成將白宗建忠武將游君楚淮南將萬璘師本軍與台州唐興軍合號南路軍令曰毋爭險易毋焚廬舍毋殺平民以增首級俘獲者皆越人也釋之癸卯南路破沃洲寨甲辰拔新昌寨破賊將毛應天進援唐興五月辛亥破賊於寧海昭義將跌跌戣斷賊入明州之道諸軍與賊十九

戰賊連敗不能支義成將高羅銳綱目無高字克寧海收逃散之民得七千餘人王式曰賊衆必逃入海命羅銳軍海口以拒之望海鎮將雲思益等遇賊將劉從簡於寧海東賊棄船走山谷得其船十七盡焚之甫率其徒屯南陳館下衆尚萬餘人浙東軍大破之賊自黃罕嶺遁通鑑胡注館在甯海西南嶺在奉化西北讀史方輿紀要亦言嶺在新昌縣東五十里奉化縣西北其地深險度嶺則平坦四十里入於剡城與胡注均同一地名勝志謂在王會嶺未知何據斬首數千級賊委棄繒帛盈路趹跌戮令士卒敢顧者斬六月甲申賊復入剡式趣諸軍圍之諸軍失甫不知所在義成將張茵獲俘將苦之俘曰賊入剡矣苟捨我我請爲導從之後甫一日至剡壁其東南府中聞甫入剡大恐式曰賊來成擒耳命趨東南道諸軍會於剡辛卯

圍之賊城守甚堅（通鑑）其女軍亦乘城擿礫以中人三日凡八十三戰賊雖衂官軍亦疲甫佯言乞降式曰賊懲甕休耳謹備之果復三戰（平剡錄府志所云據沃洲寨當在是時）六月庚子夜裘甫劉暀劉慶從百餘人出降遙與諸將語（通鑑）伺我軍之懈將潰圍焉諸將設伏營前甫離城數十步伏兵疾走以伺之甫遽甚不知所爲遂成擒（平剡錄）壬寅甫等至越州式腰斬暀慶等二十餘人械甫送京師（通鑑）斬於長安東市（見聞錄）剡城猶未下劉從簡帥壯士五百突圍走諸將追之大蘭山（胡注奉化縣西北有大蘭山在越州分界）從簡據險自守七月丁已諸將攻克之（通鑑）從簡走入天台界爲其黨所殺（胡注）浙東郡邑皆平（舊懿宗紀）

案見聞錄稱甫堅守剡時式誘降許奏以金吾將軍用其將劉暀以爲不可比及越果械手組頸甫言既降何用是爲左右告以法行且釋爲言及斬暀等暀顧謂甫曰君竟拜執金吾乎一如明胡宗憲於汪直故事且言殺降不祥李廣所以不侯也平剡錄爲曲筆通鑑攷異以爲甫在剡時勢已窮蹙式不必以計誘或者謂他將爲之其實式凡事皆謀定後戰練兵簡馬無不胸有成竹其始三策中一以賊聚穀誘飢人先賑貧乏以離散之一不置烽燧以擾士民一使懦卒爲侯騎使賊至即知爲洞中覈要及後在越於餘姚民徐澤之專魚鹽慈溪民陳瑊之冒縣令皆窮其姦嘗謂甫竊發不足畏

惟巨猾不可恕尤爲得政本之言原志言甫竄寧海時式給以黃罕嶺可入剡甫果由黃罕嶺入遂敗擒之意在張皇式謀併前後爲一時事未免過甚然當日斷海口水道外實扼重兵於此得免流竄則事勢灼然

僖宗光啟二年杭州刺史董昌大敗劉漢宏之衆 舊僖宗紀 漢宏走台州 新書漢宏本傳

初漢宏據越州自稱留後 舊五代史錢鏐本傳以台州賊劉文寇明州爲揚撰所敗其黨杜宗據奉化亦爲平嘉鎮將黃晟所執見吳越備史 又攻杭州爲董昌所敗遣兵七萬瀕江而屯昌使錢鏐胥濟襲破之漢宏屯黃嶺發銅獠攻昌鏐出富陽橫擊諸營多潰去漢宏大沮是年劉軍列艦西陵謀胥濟襲昌俄與鏐遇

鏐俘賊五千漢宏羸服走鏐率諸將次越自趨導山破其將韓公沅於曹娥埭進屯豐山漢宏走台州鏐執其母妻於屯台州杜雄執漢宏昌命鏐斬之新書漢宏本傳

案杜宗劉文迭次由台州出寇於前漢宏之逃亡六百人由此退竄於後錢鏐自導山出曹娥埭掠豐山仍復自此追躡則新之被兵首尾垂七年必酷且久

昭宗乾寧二年以錢鏐爲浙東招討使擊董昌通鑑新書昭宗本紀是月庚寅授之　昌遣裨將崔溫蕙屯石侯九國志十國春秋備史同新五代史董昌本傳有陳郊無崔蕙　鏐遣將顧全武率衆擊破之斬溫蕙九國志十國春秋全武本傳

昌杭州臨安人始隸土團軍即新書王式傳所言討甫以爲導者　擢石鏡鎮將刺史

路審中拒不得入即自領州事鎮海節度使周寶因表爲刺史既破漢宏兵益彊獨昌賦外獻常參倍累拜檢校太尉同中書門下平章事爵隴西郡王（新書昌本傳） 自爲浙東節度使越州刺史表鏐代已爲杭州刺史又立威勝軍於越州（舊五代史錢鏐本傳） 益兵城四縣自防以卯年卯月卯日卯時反國號大越羅平（新書昌本傳與仇甫相同五代史鏐傳無大越字） 建元天册（新書昌本傳五代史吳越世家傳作順天與新史不合舊史亦作天册） 僞命鏐爲兩浙都將（舊五代史鏐傳鏐以狀聞） 鏐移書讓昌昌不聽悉兵三萬攻之昌懼獻錢二百萬犒軍且待罪鏐還表於朝復討之傳城而壘昌又求解昭宗遣中人李重密勞師除昌官爵（新書昌本傳） 明州黃晟亦移書規諭昌昌不從（吳越備史與十國春秋同）

按董昌討劉宏漢在前領越州在後傳皆互爲先後當日明州已爲黃晟所有顯與昌背惟杜雄劉文在台必與昌通氣所屯之石侯云有香巖等名今亦未知何地其必以此爲要衝無疑焉

四年溫又遣裨將湯臼等守石城全武自西陵趨石城與臼遇大戰石城東斬首千餘級臼僅以身免九國志十國春秋顧全武傳備史言守石城者幷有永甯袁邠爲全武顧再思所破按原傳明言同袁邠分守餘姚昌遣將徐宣袁邠全武潛師斷其要道俟軍半過橫山擊之或非一時事併而書之徐宣新五代史作徐詢顧再思或即許再思永甯亦當有訛誤備史忽稱石城去越三十里而妄加一山字謂即今山下石城里此說尤謬山陰東北三十里之石城山當時尙爲昌腹地全武安能於未及西陵之前橫入一旅錢氏於當時尙附會若此不知當日地勢餘更可知昌所用諸將徐詢湯臼袁邠等皆庸人不知兵遇全武輒敗新五代史錢鏐傳

三月明州刺史黃晟

亦遣指揮使梁從昭應鏐通鑑昌兄子貞驍勇善戰全武等攻之逾年不能克新五代史錢鏐本傳昌誅舊唐書本紀明言是年四月壬午新則五月丁未其實舊五代史錢鏐傳言四年新史亦明言逾年是則次年爲信新書言昌被全武所沉與舊史之斬首以獻新史之自投水死亦微有不合兩浙士庶叩帝請以鏐兼杭越兩州改威勝軍爲鎮東軍鏐既兼鎮海鎮東二鎮舊五代史錢鏐本傳如越州受命還治錢塘號越州爲東府新五代史錢鏐本傳郡志亦稱東郡

按鏐始由昌起當日與爭雄長者無如昌擊昌之役先奪昌氣者實在石城一役觀其下嘗言王三面受敵與人爭利當時必以杜雄尚在台州黃晟尚在明州而且湖州有李繼徽衢州有陳岌睦州有陳詢溫州則丁章處州則盧約必各地醜德齊不相統攝詳黃潤玉黃晟子爾肅家傳言當日形勢幷可補五代史註所未及自此一戰懾之

其後於此所以特設耑治之張本歟太平寰宇記謂由溫州無館驛而設亦是一證

五代

梁開平二年按是年即吳越天寶元年舊五代史吳越世家稱自署官屬僭大翔百僞之號但不改年惟年譜列寶正六年一號意必爲其後人在宋皆顯達而詳之李氏兆洛紀天寶爲吳越紀元未知在何時吳氏歷代各人年譜則明以是年爲吳越紀元未知何本即吳越天寶元年吳越王錢鏐始析剡東十三鄉縣新昌治石牛鎭原志

按當日明言十三鄉迄今未知其界址惟有割台分嵊之說赤城志於次年改唐興爲新興意或於次年同時實行槪以新字取義亦未可知其志稿今尚稱壽昌在縣北五十里自新昌立縣後改屬新昌則當日必割及台地矣所由悔橋桃洞仙釋諸遺蹟反互相標榜不知當日建設之原始必駐重

兵於此意固有在彼不在此者唐許渾早發天台中巖寺度關嶺至天姥吟詩星河半落巖前寺台志稿寺作戍雲霧初開嶺上關全唐詩上一作外是唐世自咸道之後始置戍於此必舊屬台無疑

婺寇馮輔卿陷邑虔劉其民邑人董彥光率衆拒戰於松木嶺擒斬之原災異志并詳人物志武功傳均云元至正年間事松木嶺即蘇木嶺讀史方輿明言在縣東北九十里劉萬戶董彥光破馮輔卿於此爲五季時事與志不合及武功何茂傳言仕唐爲吳越輕車節度使時婺州坑賊連結台溫山寇聲勢張甚茂帥師討平之旋師討溫嶺餘寇出險道爲所害似即指輔卿之亂而言未知何以不合

按此係五季吳越時事顧氏祖禹所言與原武功志已有明證董彥光同一人松木蘇木同一地率衆擒斬同一事特不知何爲主帥劉萬戶又爲何人吳越時事既無可徵元史紀傳亦並無輔卿事茲於記中定爲五代時事於傳仍分疏之

以存疑

石延翰父愉仕錢氏爲吏部尚書兄延俸爲司空（原鄉賢隱逸志）皆應辟用極貴翰獨恥仕强藩隱居沃洲白雲山後贈白雲先生（十國春秋）

按原志鄉賢武功門同時有胡景者（原人物明胡剛傳景作璟）爲錢氏偏將與統軍使張筠趙承泰同取福州陞行軍司馬兼尚書退居新之胡卜種十里梅花自號梅溪爲忠簡公銓始祖同一肥遯但吳氏春秋稱翰爲明州人以原鄉賢封贈志證之翰祖父昉且以子愉貴得加太保則始亦土著新邑山水塊異間氣是鍾風雨雞鳴意各有在歐陽公於五代時所以獨取一

行勝於四相潭之附富文惆悵溪之壽劉阮與他邑斷斷相爭如西施賀監者多矣且石在宋時爲邑中望族故特書之

晉高祖天福五年吳越析剡縣地置新昌縣一統志

按是年已爲吳越錢元瓘在浙之六年與晉本紀相符相差二朝戊辰至庚子計二十九年而後及此者意其初必尚與剡縣相交錯茲後清理其疆界歟

宋

徽宗宣和庚子方臘起爲亂入邑焚民居殆盡邑人董公健率鄉兵禦之原災異志是年爲宣和二年宋史童貫傳起於先此元年十月泊宅編青溪寇軌言三年或始猶王輔等匿不以聞至此始達賊黨密布公健密授方略聚兵萬人遂破賊焚寨斬首級以千計不

待王師竟復故邑原鄉賢忠節志

臘睦州青溪人自號聖公僭元永樂於此年十月不旬日聚衆至數萬東南大震宋史童貫傳　越州剡縣魔賊仇道人台州呂師囊方巖山賊陳十四公等起兵據台溫諸縣越守劉韐厄於仇賊賊遂攻破剡新昌上虞三邑青溪寇軌按諸賊各號與宋史傳同惟仇作讐且有蘭溪靈山賊朱言吳邦蘇州石生歸安陸行兒皆合黨應之惟言破睦歙衢杭諸州掠新城桐廬富陽諸縣不及此三邑豈上年已復至此復破歟王彌大青溪弄兵記亦云三年裘道人偕霍城富用賊年號竊劇東陽新昌等八縣悉爲賊應觀宋史所言破六州五十二縣戕平民二百萬賊氛所熸固不止此數州縣或有既破而旋棄不能攝守耳土人尚相傳方亂亟時梁洞主爲之應後爲其婿姚董二人所刺殺梁衆復起爲難殲之戕棒巖語詳古蹟戕棒巖下未知即仇黨羽否　既而王師討剡西賊起公健爲先鋒以數百兵當數千衆賊咸奔北後因勢孤援絕遂自殺原志忠節本傳　三年二月童貫羅模水陸並進臘乃宵

逼諸將劉延慶等相繼至盡復所失城宋史童貫傳

三月史瑤押張思進統制河東兵二千六百人至分討台越青溪弄兵記通志列後一年辛丑事言宣和中方臘寇縣石悅可率鄉兵平賊以功遜其兄久可授剡縣階承信郎悅可攝新昌階通直郎原志作修武郎於辛丑與史同語詳人物傳

四月王淵部將韓世忠擒臘宋史韓世忠傳與童貫傳言方臘事合徽宗本紀列四月與此相差

四年三月餘黨悉平宋史童貫傳

按邑之被難史未明言原志稱公建後贈武功大夫汝州團練使子亦各授官石悅可兄弟且以功分攝令事必互爲策應自後屢被剽掠卒未失守者類由公健一人之力歟當日分討剡西之師誠未知主兵爲誰宋史言劉延慶子光世自以一師入衢婺意即此時殆猶有主客之見在不可謂新無

人也

高宗建炎二年八月杭卒陳通謀叛潛約邑魔寇盛端才董閏天台余道同日舉事浙東安撫使翟汝文討平之（原災異志）

按宋史帝紀於先一年八月甲午朔書勝捷軍校陳通作亂於杭州執帥臣葉夢得殺漕臣吳昉王甲命御營統制辛道宗討通丁丑以龍圖閣直學士錢伯言知杭州節制兩浙淮東將兵及福建槍杖手討陳通庚辰降榜招諭杭兵九月壬辰夜辛道宗兵潰於嘉興縣辛丑陳通刦提點刑獄周格營殺格執提點刑獄高士疃十月甲子知秀州兼權浙西提點刑獄趙叔進入杭州招諭陳通丁卯以王淵爲杭州制置盜

賊使統制官張俊從行丙戌淵俊誘趙萬等悉誅之十二月辛酉王淵入杭州執陳通等誅之高宗時尚在揚州與王淵本傳相符仲文本傳於欽宗朝已以越州刺史兼浙東安撫備綜顛末均係前一年事張俊本傳同是年亦言平蔣和尚於蘭溪次年破秀州賊數萬縛斬徐明並未言及台越及魔賊姓名一字意者當時外患既廹内亂又亟軍校之變各地蠭起行在文告必多散佚如此亦不勝書後此一年爲建炎三年帝如越州又幸明州方議航海避兵禁卒張寶譚煥等百餘輩至欲殺呂頤浩帝至自御介冑彎弓中二人詳載三朝北盟會編及筆錄與小紀而本紀僅言執寶等十七人斬之各傳亦不詳當日之簡畧可知淵既誅其魁其孽或係此年得之仲文自平亦未可知也

孝宗乾道八年壬辰以楓橋鎮置義安縣淳熙元年甲午改置新昌續通典

按楓橋鎮今爲諸暨地明有巡檢一員是楓橋曾改爲新昌也并附識之

度宗咸淳元年二月邑人王爚拜簽書樞密院事閏五月同知樞密院事兼權參知政事二年拜參知政事三年知樞密院事兼參知政事辭免官乞奉祠休假皆不許最後乃授資政殿學士知慶元兼沿海節度使宋史王爚本傳度宗本紀無之宰輔表則書元年四月壬戌除簽書樞密院事閏五月進同知樞密院事兼權參知政事二年四月丁亥以病免兼樞密五月甲寅除參知政事三年正月壬辰進知樞密院兼參知政事六月己卯除資政殿學士兼後官同月戊戌特授榮祿大夫　十年是年七月恭帝卽位　十一月丙戌以王爚爲左丞相並兼樞密

使（宰輔表與續通鑑同）

恭帝德祐元年二月甲子賈似道上書乞遷都乙丑下公卿議王爚言已不能與大計遂去（宋史本紀）三月乙亥除王爚左丞相兼招撫使（紀與宰輔表同）四月丙辰詔依文彥博故事間日入朝進少保督諸路軍馬授觀文殿大學士浙西江東路宣撫招討使（宰輔表續通鑑與傳同）七月壬辰罷十二月戊申薨輟視朝二日（表與傳同）

按史稱賈似道督師江上以國事付王爚章鑑陳宜中蓋取其平時素與己者爚宜中聞其敗乘勢蹙之既而二人自爲矛盾續通鑑又惜其不能協謀以濟大事然傳稱其清修剛勁似道歸台葬母道過新時獨不一見且數其喪師誤國之

罪始降詔切責其言何亦矛盾至是歟爚登第數十年不幸處此時局使如其請自行督師假以宣撫招討等職募忠義明賞罰未始無可爲奈用之不耑不久即去人之云亡邦國殄瘁自是以後或遁且降由此觀之有宋宰輔一表雖謂自新昌終之其可也語詳人物傳

宋末元兵追二王急天台民徐某拒於邑之關嶺既而兵入天台屠兩邑盡滅徐氏之族原災異記天台志稿徐某即副尉山逕人齊召南言徐氏宗譜稱副尉名常惠府志入孝義傳元兵破臨安宋幼主由慶元南奔元分兵經天台趨甯海邀之副尉率兵阨險於關嶺宋主浮海而去元兵怒從別道抵台邑害徐氏男女少長皆盡惟幼子爲乳母先出在姻家得免鞠於王氏因冒姓王至子始復三傳至文肅公善述乃大顯當是一人惟未言官宋官制副尉有禦武從八陪戎從九等階

按此當亦德祐初元正二月事二王自婺至溫入閩明見宋

史未嘗過台越昔人已詳辨之所云二王或別有宗戚間道從亡鄉民不知因相傳告或由范文虎追躡至婺時召楊鎮以王還楊亮節負王徒步匿山中時輾轉失道因而過此亦未可知其將除巴延外（即伯顏）諭下明越等州者爲虎帖木兒（元史虎都本傳）統兵攻浙東者爲參知政事阿利罕左丞董文炳（元史阿利罕傳續通鑑作阿樓罕）文炳本傳則明言張世傑奉吉王昰據台州（是時當稱益王史蓋仍舊言之）文炳進兵所過禁士馬無敢踐履田麥曰在倉者吾既食之在野者汝又踐之新邑之民何以續命（此新邑當非專指新昌而言即謂新爲台越要道或嵊指新於字義亦近似）文炳諸將先俘州民又下令曰台人首効順於我我不能順有故世傑據之其民何罪得免者數萬

口至台州世傑遁文炳本傳是則已爲德祐二年在正月以前文虎之追自婺而還又二月以後文炳由台至溫或有此事不爲無據

邑人吳觀陳兆熊同在稽山院謀據越城奉宗室趙節使圖恢復事覺兆熊力戰而死弟羆彪虎子圭巴姪墦坑數十輩皆被害觀被執終不屈原人物忠節志

按此當系端宗景炎元年即元至治十三年所云宗室今雖未知其名以宋史忠義劉士昭傳證之云是時方大軍駐紹興福王與芮從子孟松謀舉兵事泄被執至臨安云云似即此時然非節使若是年趙孟壘以宗正監軍復明州亦見宋

史士昭傳似可稱節使又非越州亦難臆斷

端宗景炎二年丁丑即元至元十四年地以繫年因此事尚爲宋響應故變例書之凡有二朔別記甲子以下準此 玉山悍夫有欲逞者約五百輩爲亂浙東宣慰使陳恬從卒百餘自福建至邑躬出招諭死之原災異志 邑人陳兆熊子壎獨留新昌痛父死難屏居讀書聞宣慰使死卒其宗人赴援憤激決戰皆歿於敗兵嶺原志兆熊附傳嶺在縣西五里元史懷都傳言使討平台慶叛者戰於黃畬嶺按今敗兵嶺側有黃畬嶴似即一地原名宦志又稱恬字慶甫祠在城隍廟側有俞浙碑記詳古蹟金石二志中

按原名宦志陳傳所稱婺寇即玉山悍夫與災異志必同是一事陳壎傳所稱距其父死難尚未三年所云憤激決戰似起義報復一流當時宋帝尚在閩陳傳云自福建來則又似

宋臣語意殊乏明晰及讀元史陳祐本傳同一河南籍是恬卽祐也是年爲浙東道宣慰使並非自福建來且言時江南初附軍士俘獲溫台男女數千口悉還之未幾行省榷民商酒稅祐曰兵火之餘傷殘之後宜從寬恤不報祐檢覆慶元台州民田及還至新昌值玉山鄉盜倉猝不及備遂遇害是又同一事恬之與祐字形偏旁相似而音義實遠何竟訛誤至此獨怪非熊之於壎何竟如晉稽康之有紹唐杜讓能之有曉殆猶甚之誠未知當日事勢若何喪亂之餘人各有志或難以常理論然趙氏之浙自此亡矣

元

世祖至元二十六年二月婺寇楊震龍入邑焚官舍民居署盡達魯花赤火魯思密及千戶崔武德拒戰於長潭敗績武德死之三月初六日賊黨唐仲寇仁安鄉思密拒戰於五峯嶺斬獲甚衆震龍餘黨復聚思密與戰於葫蘆嶴又令嵊兵於東陽討平之兩縣以安原災異志火魯思密原名宦志有傳天台志稿則言鎮龍爲甯海人有衆十二萬或因先陷東陽故稱婺寇元史世祖本紀則直書台州賊聚衆甯海僭號大興國次年三月甲子則鎮又作震紀元編言僭號安定元百官志縣遣達魯花赤一員千戶在諸路亦分上中下三階

按元史世祖本紀是年三月僅言寇東陽義烏浙東大震不言新邑諸王昂吉爾岱時謫婺州討破之台州志亦不言崔武德戰事或以其始起事時一係守土之臣一係始階武職史皆畧而不書至次年三月甲子餘衆尚剽浙東元史世祖至元二十七年

本紀厥後始平是否及於新昌亦未可知其實續綱目於先一年至元二十五年夏四月即書江南盜起已有浙江民楊應龍各擁衆萬餘等語時浙江行省蒙固岱行樞密副使雲丹密實舊作丹的迷失蒙固岱傳作博羅哈思密皆已出討至是年餘衆尚據數邑新所以得保者思密力焉天台志稿言爲王甕吉䚟浙東宣慰使富弼所討破未知何據

成宗大德三年正月命中書左丞行浙東宣慰使哈喇䚟採水晶於石厂山下獲一藏計一萬一千三百七十四斤懸崖題字遂名爲題字巖詳新增金石志

按史哈喇䚟傳以至元十二年從伯顏渡江語詳前紀二十六年已授此官至此崖上所書當已十二年甯海舒氏閬風集謂

至元十六年其邑樟林卽今樟樹已有旨鑿取且守以兵茲原文云自甯江之樟林至新昌之石厂山其役諒非一次沃洲小紀亦必非一時卽此首尾二月中勞擾逼迫且若此而猶云有道之所爲其不爲宋宣和之睦州明嘉靖之義烏亦云幸矣

順帝至正年間方國珍據邑以亂原災異志

國珍自至正八年十一月起續綱目續通鑑長編均一作谷珍因國諱名谷珍宋濂神道碑無國字元史本傳黄巖人草木子作甯海人傳稱其販鹽浮海爲業是年有蔡亂頭者行剽海上有司發兵捕之怨家告其通寇國珍殺怨家遂與兄國璋等入海率衆數千人刦運艘擾海道七修類稿蔡亂頭剽刦海上方乃爲國宣力而總管焦鼎納蔡賄反黜其功方忿曰蔡能亂我不能耶遂叛吳國倫所作事略姚淶所作方傳並同嘉靖志言黄巖風俗貴賤等分甚嚴其父伯奇恭事田主國珍不悅漸不禮於田主釀酒以俟田主之至醢其屍於酒甕州遣巡檢來捕遂殺巡檢入海爲亂其說互異元

史泰不花傳國珍爲蔡亂頭王伏之讐則郎氏類稿可信惟多一王伏耳是年六月江浙行省參知政事朶兒只丹討之兵敗爲所執既而國珍遣人從朶兒只丹走京師請降參議樞密院事歸暘曰非眞降也必討之以令四方時朝廷方事姑息卒從其請元史歸暘傳泰不花傳乃可見只丹丹作班授定海尉明方國珍本傳兄弟皆授以官國珍不肯赴勢遂橫十年十二月復入海燒掠沿海州郡泰不花傳十一年正月命江浙行省左丞孛羅帖木兒討方國珍順帝本紀泰不花遷浙東道宣慰使六月孛羅兵敗被執反爲國珍作辭上聞秋七月遣大司農達識帖木兒今譯作達什特穆爾國珍兄弟皆登岸羅拜不華今譯作白哈而哈胡史袁珙傳作泰花欲襲殺之達識帖木兒曰我受命招降爾欲擅命焉乃止泰不花傳十二年三月國珍復

劫其黨下海入黃巖港台州路達魯花赤泰不花率官軍與戰歿於澄港閏三月命江浙左丞答納天里討方國珍順帝本紀本傳作三月庚子續通鑑長編同八月國珍攻台州續綱目也忒迷失與福建元帥黑的兒擊退之順帝本紀劉基天妃廟碑同十一月命江浙左丞帖里帖木兒總兵討國珍順帝紀明史劉基傳時爲元帥府都事議築慶元城以逼賊國珍氣沮宋濂王君墓碑象山王剛甫以慶元學錄攝東門巡檢司事六年盜畏不敢登岸皆是年事方正學集以剛甫爲台州學錄十三年正月方國珍復降三月命江浙左丞帖里帖木兒江南行臺御史左丞答納失里招諭國珍順帝紀十月以國珍爲徽州路治中不受命續綱目十四年四月以江浙參政阿兒温沙行本省右丞浙東宣慰使恩甯魯爲江浙參政總兵討方國珍九月國珍執元帥也忒迷失黃巖州達魯花赤宋伯

顏不花知州趙宜浩以侯詔命順帝紀遂據台州月山叢談國珍攻台州久不下有漁者九人常夜從水關出入乃就國珍獻計一夕漁者使數人於西門放火官兵趨救之又數人密從東門斬關入城遂陷進士潘省中折以大義前御史喜山起兵均不克死十五年春王剛甫去官東門破宋濂集國珍奄至慶元納麟不能禦劉基慶元築城記納麟哈喇以中奉大夫爲浙東都元帥即舊宣慰使治先一年十一月爲浙東道肅政廣訪使國珍入城謁納麟陽尊事之敬止錄囚慈邑令陳麟攻殺昌國州達魯花赤高昌帖木兒搆死禿堅府志州判傅常先被害亦是年事七月國珍使其將李得孫襲破溫州九月爲溫人岷岡王子清梢溪都事劉公寬所襲國珍兄國璋至溫與子姪明善文舉共助防守溫州府志十八年事十六年三月國珍復降以爲海道運糧戶順帝本紀敬止錄誤在十四年十七年三月又爲參知政事順帝本紀時天下已多故所在守將各自爲計元史石抹宜孫本傳國珍盡有慶元台溫之地益强不可制

（明史方本傳）浙東西郡縣殘破，獨邁里古思保障紹興，境內晏然。江浙省臣乃承制授行樞密院判官，分治紹興。會國珍遣兵侵據紹興屬縣，欲率兵往問罪，先遣部將黃中取上虞，中選將益兵。御史大夫拜住哥與國珍素通貨賄，憤邁里古思擅舉，恐其生事，使人召至私第與計事，命左右以鐵鎚殺之。黃中乃率其衆復仇，以告於張士誠，士誠遣其將守紹興（元史石抹宜孫傳、輟耕錄。戊戌十月邁里古思出兵與國珍部將馮萬戶鬬，不利，駐軍東關，單騎奔還。戊戌已在次年，爲至正十八年，與鄞邑嘉靖志所稱十五年乙未十月邁里古思出兵曹娥江以圖慶元，爲國珍所敗而還，未知何據）。國珍侵上虞，以曹娥江爲界（於越新編）。十八年，國珍以兵攻張士誠，七戰七捷，會士誠降元，乃罷兵（明史稿方本傳、秘閣元龜政要。士誠乘隙托丁氏往來說合，結爲婚姻，兩境之民稍息，似係後事）。十一月，士誠以江浙行省樞密副使呂珍鎮紹興保越錄國珍開治於慶元進太尉江浙右丞賜衢國公印嘉靖鄞志十二月朱元璋既取婺州改爲甯越府遣使招諭國珍明史太祖本紀使主簿蔡元綱鄞志爲儒士陳顯道原人物志邑人趙可蘭亦以是年奉使或同行不止一人一事耳國珍謀於其下姑示順從藉爲聲援以觀變十九年正月國珍遣使奉表進黃金五十觔白金百觔文綺百匹太祖復使孫養浩報之十九年三月國珍以溫台慶元三郡獻於明且遣次子關爲質太祖却其質厚賜而退之明史太祖紀方傳同關一作完朱彝尊謂完一字亞關養浩時官鎭撫郡志謂副使典籤劉辰鴻猷錄言辰初至國珍飾二姬貽之辰却不受遂慚而退鄞志載使其屬張本上書言國珍魚鹽負販向因怨家搆誣逃死海島迫於自救而已今聞親下婺城撫安浙左願效奔走如錢鏐故事歲貢百金以給軍資云云九月國珍築餘姚城凡九里十月畢功高明州城記其將劉仁本於次年庚午建雩詠亭集甌越來會之士四十二人修禊事號續蘭亭會見羽庭集十月元授江浙行省平章政事

續綱目郡志列十二月誤明亦遣使拜國璋福建行省平章事以疾辭明史本紀與方傳同國珍名獻三郡實陰持兩端明史本傳二十年正月夏煜自慶元還具言國珍懷詐狀明復遣浙東行省郎中楊憲往諭竟不省明史太祖紀與楊憲本傳有專利一方中懷叵測等語猶爲元漕張士誠粟十餘萬於京師方本傳二家攻戰不和糧竟不至庚申外紀十二月明復遣夏煜以書諭太祖本紀國珍詐窮陽爲惶懼謝罪方本傳二十一年三月以金寶飾馬鞍獻太祖復却之二十二年二月苗帥蔣英等殺胡大海持首來奔國珍不受自台州奔福建方國璋守台邀擊之爲所敗被殺太祖本紀與方傳同大海傳入台州在十九年紀則系十八年元史石抹宜孫傳則又在次年柔橋文鈔引方國璋神道碑苗軍據婺州其將王保等殺渠帥出奔過仙居國璋往諭被害保等間道出新昌我軍追弗及則苗亂之首爲王保非蔣英其後奔新昌非福建與明史不合二十三年方

明善據溫州屢侵平陽樞密判官周誠德被執不屈遇害兄嗣德以平寇功陞浙江參政亦爲明善所拘（溫州府志）月餘周氏舊卒童環逐明善以東陽附於處州將胡深（嘉靖鄞志周嗣德作周與嗣明史胡深本傳則又言溫州豪周宗道聚衆據平陽爲明善所逼逐遂以城池來歸）遣兵擊敗之遂攻下瑞安（胡深本傳）二十四年春深自進兵溫州明善懼與國珍謀歲輸銀三萬兩犒軍實乃命班師還鎮（明史胡深本傳嘉靖志同）國珍截娥江屯札於通明堰增築上虞城至十三里（上虞縣志）二十五年九月元以方國珍爲淮南行省左丞分省慶元（順帝本紀）二十六年九月國珍爲江浙左丞相其弟國珉姪明善並爲平章政事（續綱目）國珍保境自如（明史本傳）

按方氏起事七年前尚未登陸其入台州在至正十四年迨

十五年始據明州襲台州皆未入越一步史亦未明言其年月元史於邁里古思傳猶稱紹興境內晏然自如原志所稱據邑以叛者以意逆之當在十七年邁里古思未殉節之前所言侵略紹興屬縣時終爲越婺所扼其踪跡並未至新昌或由其部下別將據之惜未詳其姓氏邑人章廷珪傳稱至正十二年方國珍欲據邑廷珪與弟廷璋集義兵防禦以功授萬戶（原人物武功本傳）豈先此數年賊別部已窺伺不果入如石抹宜孫傳所稱東陽賊抑自後爲明所授之官則此年不宜先稱亦一疑案然自此十餘年邑人董旭以與邁里古思善其後爲語言文字且被戕害（原人物忠節本傳）當日之殘虐橫暴槪

可想見自來寇賊未有若是之久者由後追論直謂之據邑以亂也可

順帝至正二十七年丁未即朱元璋吳元年凡有二朔均以甲子系之後準此四月吳王移書數方國珍十二罪七月復責軍糧二十萬石續綱目鈍翁稿均作二十三年又移書云云互相先後九月命參知政事朱亮祖攻台州明史方傳亮祖率馬步舟師數萬明史朱本傳駐師新昌遣部將嚴德破平關嶺山寨進攻台州鴻猷錄與讀史方輿紀要同德官太平衛指揮是役戰歿於台州追封天水郡公明史濮英傳

按是時山寨必多亮祖既特駐大軍累日德又臨陣被戕必有劇烈之戰事可知惜今無考天台志稿言嶺有朱葉二侯廟有司新任必致祀朱似即永嘉侯亮祖葉

或卽靖甯侯琛從征明州時過此後皆以黨誅後人念其功故爲立廟抑或卽德而爲轉音之誤亦一疑案

明

惠帝建文四年九月燕王棣論靖難功封伯者十一人明史成祖本紀唐雲以都指揮封新昌伯世襲指揮明史張信傳附

按此新昌未知或在江西否據文義論之則雲不知何許人其於浙最久似卽今新邑

世宗嘉靖二十年三月乙巳賜沈坤等進士出身有差明史世宗本紀邑人潘晟以一甲第二名及第原選舉志幷傳歷官至武英殿大學士本傳

按七卿表穆宗隆慶四年十一月晟任禮尙六年三月致仕萬歷六年三月又任禮尙八年十一月加太子太保十二月

致仕十年六月乙巳以前官兼是命未及任罷宰輔表言未及任神宗本紀則稱尋罷晟爲張居正座主又素授馮保書保强張居正薦之爲御史雷士楨王國給事中王繼光所劾罷命下甫五日晟亦難進易退中途疏辭明史張居正本傳及保傳與通鑑同王國傳又有同官魏允貞給事孫煒牛維炳張具思等四人

蓋其時言路已分黨派至如此之烈云

三十四年乙卯冬倭寇九十餘人入邑焚民居吏民逃竄原災異志作己卯嘉靖年無己卯當以字形相近而誤遂築新城民賴以安堵原城池志

邑舊有城周十里原城池志元末城廢原藝文志呂光洵記先此三年倭患起知縣萬鵬相時勢首議築城邑人呂光洵以光祿卿艱歸在籍力主其議潘封翁昇俞參議則全相與協謀遂築今城計長一千

三百七十四丈高一丈四尺闊二丈四尺原城池志則稱厚一丈七尺與此稍異按潘尚書新城記始於壬子爲嘉靖三十一年與志所言合原名宦萬鵬傳稱島寇自台州奄至掠縣市屯醴泉由浦口至清風嶺鵬率官軍掩殺之則先此三年已被倭患豈前此三年爲大股此則零星散匪故止九十餘人其焚掠更甚耶新城記則又言歲甲辰窮寇爲戚元帥所困與明史戚繼光本傳所言三十六年倭遁又掠台州事通鑑三十五年由紹興轉掠數事皆互有先後不同乃自台取道至邑邑令萬鵬聚兵力拒之則又在次年爲嘉靖三十五年呂記言巡撫梅林胡公玉泉趙公據史則趙即文華於是年二月督視海防非巡撫胡即宗憲是年亦尚巡按巡撫則李天寵其所序官殆由後追記之其稱竣於甲辰呂記亦言是年落成於丁未尚未朞年直與壬子所謂匝月告成者相去

四年豈壬子始議未決或於舊城略加修葺至是又有寇警始於次年重行提議故新城於丁巳始竣寇且不一至而城亦屢築始成耶連類書之殊欠明晰當時本邑人記本籍事且親其役必較詳確尚且如此則石牛鎮古跡自更不可知矣

福王弘光元年乙酉卽淸世祖順治二年以有二朔故以地繫年加甲子以系之　六月北師至越使臣直至溫台魯王監國於台州越中起義諸君子敦請臨戎八月抵越州浙東紀略

夏五月二十三日甲辰弘光帝被執先一日癸卯馬士英以太后至杭州六月乙卯潞王監國於杭州甲子分守甯台紹道于

穎上疏請誅馬士英北兵至杭州潞王率羣臣以降弘光實錄鈔十五日知紹興府分巡甯紹台道于穎海東逸史東南紀事本傳穎金壇人辛未進士再起知紹興府按察副使分巡甯紹爲截江計後所加官與實錄又不同議曉士民欲劃江而守力不能支乃解印去遁跡河曲北使遂直至溫台浙東紀略河曲今未知何地閏六月初九日穎通餘姚鄉紳熊汝霖孫嘉績又移書定海總兵王之仁期以十二日舉事會稽義士鄭遵謙將大舉初九日適北來餘姚知縣黃之如以築路爲民猝斃嘉績兵遂起十一日遵謙斬北太守張憹知縣彭萬里十二日穎出蕭山擒北知縣陳瀛浙東紀略與逸史同東南紀言瀛時爲安撫使憹則通判署守事是日爲壬辰明故兵部員外郎錢肅樂亦起兵在甯波定海總兵王之仁石浦游擊張名振以海上兵應之

聖武記與鮚埼集俱同十三日北師以榜至潁執之焚其榜盡驅西岸之船而回分軍駐橋司等處浙東紀略與海東逸史同十四日嵊縣亦有好義者偕僧衆十餘人以起嵊邑人裘尚爽盡殺之與其黨自募一旅以起二十一日庚子台州紳衿士庶共推擁魯藩監國二十五日越中大老及起義諸君子具疏敦請監國臨戎乃發台州浙東紀略南疆繹史則言是月戊戌當爲十九日蕭樂亦遣舉人張煌言奉書赴台州迎請蓋已先七日所云七月卽會師西興誤八月初三日乃抵越州二十五日大會西陵定沿江防守汛地九月初八日定連戰十日之約至十四日無日不戰無戰不勝十一月築壇於冠山絕頂山在蕭山長河頭相傳爲吳越王卜葬得吉地拜方國安爲大將總統諸營江干諸將與扈從諸臣前後封伯者三十餘人挂將軍印者一百五

十八十二月十五日監國復涖蕭議分門奪入乃以二十四日水陸競進兩面深入陷中北佯敗引方兵徑進以一枝截之其軍前精鋭不得出後無救援下流熊如霖猶躬親督戰北亦狼顧脅息南兵殺傷更多江上軍聲爲之大沮遂不復言陸戰浙東紀略

按是年新雖無事俞威遠起義亦未知基於是年否然鼎革之交言人人殊故特著於篇以誌原始且自北師直入溫台之後各師迎請監國以前皆取道於本邑志雖未言而往來驛騷必已不支

魯王監國二年丙辰是年爲唐王隆武紹武兩元年永明王永歷元年卽清順治三年地以繫年年以紀事如明臣金堡言江北不知有

弘光江南不知有永歷故變例書之史與志同例究有異者此也以俟後之論定江干潰卒數萬掠縣而過焚官廨民居幾盡合邑奔散原災異志

春正月監國歸越稱魯元年浙東紀畧與紀事同南天痕各紀傳或言於前一年十二月回越不合　五月亢旱久不雨江水僅及馬腹二十日滿洲都統圖賴從貝勒博洛後晉端重親王　次杭州二十七日率將士策馬徑渡江廣十餘里人馬無溺者分兵縱擊國安軍盡潰棄戰船擁魯王遁走台州滿洲名臣傳與碑傳集馮培所撰端重親王各傳同東華錄原疏亦言此日東南紀事言越三日是月小建當已晦日逸史則直書丙子朔紀略又言於是夜已追至蒿壩互有不同　六月二日追兵至紹興張國維收散卒追扈及至黃石橋國安斷所過橋用馬士英計將執王以降會守者病王得脫自江門入海東南紀事與逸史同通鑑輯覽稱在六月初一日蓋爾時兩朔不同　初四日北兵至暨陽馬

士英匿嵊縣大巖山中數日出降北盡殺其兵於林中令之台招降方國安國安已竄至黃巖其姪元科欲盡殺將士妻妾決死一戰北兵已鈔出後路士英適至爲先容國安出降元科亦降（浙東紀略）

按此潰卒志雖未明言主帥何人其必爲方軍無疑所謂擁王保台者顯係其揚言故諜詞據此及王既脫走則方馬必失望因而分行馬在嵊既稱數日則斯時方必先在新可知如原志所云奔散猶爲倖事不觀紀畧所言是月江上未潰時已散其將士家屬於船及入台所謂將士家屬者何自來其子女玉帛直新產耳方受築壇之拜而一生經畧舍殺掠

逃遁外無一長技元科欲戰亦一囈語劉翼明每謂王翊軍惜不移戰江上其時如此則明安得不亡而方之肉又豈足爲新民食乎

清

世祖順治四年丁亥卽魯監國二年魯王入閩連陷州縣我兵守浙者抽以赴閩於是甯紹遺民爭從山寨聖武記魯王在閩中先後復三府一州二十七縣海東逸史張國維傳言王走台州航海當日實由間道赴閩故國維未及從遺守東陽未嘗至台明甚南天痕同餘姚王翊結壯士十八人起於四明之下管奉魯王年號浹旬得千餘人東南紀事王翊本傳先是與慈溪諸生王江連名上書監國請募沿海義勇自效師甫集而王航海二人遂頓兵四

明之杜嶴以爲聲援海東逸史王江本傳浙東潰兵散走山澤率以布裹首號白頭兵臨安茅瀚汪涵首以五百人入四明山屯於杖錫寺山民苦輸饟夜半焚寺無一免者及翊至軍令明肅見者皆悅遂招老砦休兵求將簡練東南紀事王翊傳渡海至舟山說黃斌卿攻甯波夏許爲內應爲降紳謝三賓告變夏等謀洩斌卿至甯波後期斂軍退翊遂入四明結寨於大嵐居之紀事與逸史傳同號大嵐洞主南疆繹史當是時浙東之師雲起自甯紹以至台處所謂山寨多相望也逸史王江傳

按俞新昌必起於是年相傳靑陽寺即其府第起義時恐波及宗人先焚宗祠燬譜牒採稿傳乃稱其素爲寬厚長者東南紀事

謀定後動必非倉卒烏合者可比翊之忠烈後先亦依新昌爲多特詳著其原因於此

五年戊子卽魯監國三年邑人俞國望聚衆南洲山中結聯上虞王完勳會稽陳天樞嵊縣謝子佩東陽趙塲鼻等流害遠近原災異志春王翊入上虞殺攝令戰勝而臥大兵夜來急還襲城翊出走三月再破上虞走其知縣得縣印東南紀事王翊本傳浙東震動逸史誤以再破爲次年己丑事四明山寨記則明言是年幷殺攝印官爲一時事官兵欲平山寨以翊爲的鮚埼亭集王侍郎碑檄四明村落自相戰守殉節諸臣事迹提督合甯紹台之師由四明淸賢嶺入翊敗喪其卒四百人王侍郎碑御史馮京第間行至四明與翊合軍守杜嶴提督乃調浙西兵合團練爲導遂破杜嶴

翊依威遠將軍俞國望（逸史與東南紀事山寨記同翊傳則專言爲團練所破）乞國望之兵間道入杜嶴擊破團練官兵失團練亦出山（王侍郎碑）翊隨道收兵至萬餘人（東南紀事）

按四明山寨記言會稽則王化龍陳天樞台州則俞國望金湯東南紀事王翊本傳蕭山有石仲芳會稽有陳天樞王化龍台州有金湯俞國望奉化有袁應彪吳奎明陳天樞傳又有天目姚志卓台州志稿則明言新嵊余書素東陽倪北山金湯台州西鄉李和尚皆互有異同逸史張國維傳乙酉十月連戰十日俞國榮直抵張灣取其軍械而歸是否即國望抑係新籍昆季行均未可知附見於此按山寨記稱各軍均

擄掠暴橫天台志稿亦言沿村燒燬惟記稱王翊四明寨獨否逸史王傳亦稱惟平崗張煌言東山李長祥且耕且屯獨不擾民但以一隅之地而抗大軍數日之餉而延累歲兵刧之慘古今同之於此何尤

六年己丑卽魯監國四年六月定西侯張名振復健跳所七月壬戌王次健跳所遣使者拜山寨諸營官爵十一月王移蹕舟山以參將府爲行在海東逸史

按國望授威遠將軍東南紀事王翊傳與山寨記同先一年事蓋由後追書之必於是年及後乃封新伯昌

七年庚寅卽魯監國五年九月俞國望擁衆破縣焚官廨民舍

掠殺百姓無算原災異志逸史王翊傳言三月破新昌於監國本紀則言是年七月取之自相歧異至此似宜以本志爲較信合下觀之自明

是年正月乙卯朔王在舟山三月王翊來朝拜右僉都御史理四明山寨事合國望陳天樞之師復新昌東南紀事本紀與翊本傳同劉翼明亦出屯嵊之東坑同復新昌東南紀事劉翼明本傳天樞視火藥焚而投水翼明迎謂曰得不死否天樞曰兄但急入城理戰守無憂我月餘而死天樞傳亦言四明山左右推翊爲盟主天樞則自爲一部其前敗田雄兵當亦與國望同時北越餘姚拔滸山即虎山紹甯道梗翊本傳翊進兵部尚書逸史魯本傳諸師議大舉將取舟山惡翊反內地乃分二道都統金礪出奉化提督田雄自餘姚合擣大嵐東南紀事王翊傳山寨記列九月聖武記作四明山誤係於次年八月蓋因次年七月事相同而并書爲次十一月破杜嶴兵部右侍郎馮京第死之海東逸史本紀則書於是年傳則誤在次年春與紀不相合

翊避入海猶大治海舟期身往崇沙而以南事委龔明從東陽義烏收合金衢嚴豪俊順流下錢塘（東南紀事翊本傳）總督陳錦先此一年十一月調浙閩總督至是疏陳進勦舟山機宜謂舟山及各山寨負固者皆以擁戴魯王爲名水賊登岸則山賊爲接應山賊初被勦則入海以避兵鋒交通閩粵侵犯蘇松爲數省之大害臣已多方貲訪盡得舟山情形及追兵路徑分三要上陳（滿洲名臣陳錦本傳）詔錦與金礪田雄等先勦山寨以除內顧用鄉民爲鄉導（聖武記）軍帳彌漫三十里游騎四出諸將多請降或四竄翊屢戰不能抗以親兵入滃州（王侍郎碑是年已進尚書全氏蓋即其原官書之）

按是役志言九月記傳所稱則八月其定謀即在來朝之三

月由翊主之陳劉佐之非止國望一人也或翊既入而令國望與翼明守之或先國望攻入而翼明及陳劉以兵會之惜未詳其失守月日如此焚刦其必攻拒至經月之久可知傳稱其兵以新昌烏銃著名爲田雄所畏意亦在是時至志所言大兵追竄當在十一月同時分路破杜嶴前後或次年春事翊即入海俞必與相終始云

八年辛卯即魯監國六年正月己卯朔王在舟山秋七月官兵以三道下滃州翊以事急復入山中招兵（王侍郎碑與東南紀事本傳同）所留諸將降殺且盡陳錦合軍攻舟山定西侯張名振等奉王先出奔閩海（東南紀事魯本紀）二十四日大星墜地野雞皆鳴翊爲團練軍執

於北溪過奉化賦絕命詩八月十二日清師畢集定海陳督訊之翊坐地上劉之源（時爲都統見陳錦本紀）射之中肩田雄射之中頰金礪射之中脇不動如植貫木扼其吭始仆（東南紀事翊本紀）翊自被執後降將張天祿出崇安馬進寶出台州（南疆繹史是必由新出台）田雄金礪乘潮出海（田雄本傳）九月丙子名振先奉王搗吳淞以牽掣之（繹史）及還城遂陷乃奉王赴厦門（海東逸史次年壬辰正月癸酉朔定西侯張名振大學士沈震荃兵部右侍郎張煌言遂扈王至厦門以終志以地繫年浙既不爲王有以後即不分疏）國望亦終沒於海濱（原傳）

按威遠之歿於海濱是否即此年抑或後從亡在金門時誠難臆斷但魯王在浙一日則新亦一日明之新也自此則已故詳著於稿謂爲威遠年譜也可謂爲監國實錄也可使竟

其志則吳淞不阻風團練不反噬東南半壁當爲明留一線亦儻來之事雖謂威遠至今不死亦宜

聖祖康熙十三年三月福建耿精忠反廣布僞劄煽惑人心不逞之徒所在蠭起（國史漢名臣李之芳本傳）八月庚子浙江總督李之芳奏逆賊犯紹興六月陷溫州八月下黃巖山賊乘機破仙居台州郡東南爲賊據（碑傳集石雲惠獻貝子福喇哈本傳）新昌縣陳大典乘間出奇殺賊全城（東華錄）是時甯海象山新昌餘姚賊紛起（東華錄提督塞白理疏奏全台錄謂其與賊有約自甯之台故遲其行當未必然）九月曾養性趨台州水陸十萬都統周雲見勢危急欲棄台州回守新昌台道楊應魁力爭而止賊又破處州紹興亦煽

動台州數困困敗岌岌不可保福喇哈傳固山貝子以寧海將軍偕大將軍和碩康親王督師至杭州分兵由紹興進發而嵊縣土匪所在皆是貝子授文武方畧留兵一千先擊於縣城再分擊於北鄉再會擊於沿江復以計襲於西鄉擒斬招撫兩月而靖十一月貝子師至台州貝子本傳十五年悉定紹台溫處之地凡大小之戰百餘得府縣城寨百五十六斬其文武僞官九百六十五人王昶寧海將軍惠獻貝子功德碑

按原職官志縣令陳大典三韓人由康熙癸卯二年舉人膺十二年癸丑任時當閩變王師絡繹邑乏居民多方招集鄰氛薄城卽力擊之賊遂解散是莅事甫及一年卽値此變其

時賊中最著名者嵊縣盜胡雙期府志期作奇言舊在獄餓數日有大鼠銜餅與食獄卒曰爾必大貴耿逆倡亂雙期倚勢攻刦後逃入海實即雙奇新之梅溪人歷官至潮州守備語詳本傳中與降將羅萬里等共於七月受僞將軍曾養性劄分立名號其同據大嵐者土寇魯朝集爲總兵褚子白爲都督逆臣曾養性傳其循剡溪而上沿途刦殺者爲僞總兵俞鼎臣僞巡撫王茂公等其屯金衢之交者爲僞恢疆伯王國斌抗拒桃花嶺者爲僞都督徐尙潮平浙紀略除叛降溫州總兵祖宏勳黃巖總兵阿東泰象山副將羅萬里外固山貝子本傳幷象山志如紀畧所言紹郡奸民聞風煽惑亦羣起應之稱爲都督以下至僞會應侯各擁衆數千連營結寨刦掠富室繼則窮民鄉城村鎭無一寧處嵊及上虞新昌之賊且

直抵博古嶺敗守備於班竹菴以圍郡城寧郡援兵至始散掠他邑當日之氛燄可知提督塞白理方以斷絕餉道爲憂（東華錄原奏疏）台人丁邦彥嘗在杭獻策於固山貝子謂天台新嵊上通省會下達溫處乃台郡咽喉糧餉必由之所貝子果用其言直趨台州後平甌閩亦盡如其言（台州志稿）新昌爲入台之咽喉其得以保全城邑者惜未知其奇計安出信如是也則陳之功又豈僅在一邑哉

文宗咸豐十一年粵西洪秀全踞金陵遣其部將侍王李世賢由皖入浙四年乙亥陷金華四出剽掠連陷蕭山破紹興十月新昌民楊增齡潛結諸暨何文慶爲變新昌遂陷（東華錄與平定粵匪紀事同）

道光中秀全倡邪教聚黨數萬蔓延東南各行省咸豐初破湘郢沿江東下自稱天王號太平天國分擾南北李世賢入金華後四出剽掠鄰郡惴惴浙東所恃者總統張玉良提督饒廷選總兵吳再升先後潰勢益張（節平定粵匪紀事）邑人楊增林者（官書作增齡　邑之彩煙人初應童試以事與生監七人鬨其父出金啖縣令令不受語詳循吏傳中訟不直擯不與試增林積忿捐職銜咸豐初元縣糧浮收銀色遂聚衆懾官官懼議息益恣肆）向與諸暨何文慶通聲氣及是謀內應世賢支部某適扼於諸暨之包村定計出新嵊以鈔後路（平定粵匪紀事）十月初七日嵊城破官吏相率去城守陳非熊猶率西山民袁建生等百數十人守陴苦援絕恐軍器爲賊得分給民兵而去（採稿）初九夜其黨徒舉火達旦初十日午前城遂失守匪自嵊來（邑人俞明經炯日記　採稿則言自東陽來）

分札衙署祠廟其目水大王梁佩書將入台爲台民所拒相持於關嶺天台志稿台僧兆松嘗先斬馬隊二人衆鼓噪從之當即是時退至城與何文慶合遂分二支文慶自上虞入餘姚范汝增偕邑人某自陳公嶺出陷奉化鄞縣志合過嵊時適營將張某統兵至新界紀律甚整部下有掇民地蘿蔔生啖者即斬以殉惜探稿失其名俞氏鴻逵石城紀事詩註張觀察敵壎於城陷日援兵適至爲賊敗回觀察行軍有紀以衆寡不敵去未知即此否積饑不能戰遂爲所截降殺二三百人張某退回省垣賊遂據此以爲東道主聯絡台婺支應寧紹若傳舍然明經日記十一月二十二日屯匪主客約萬餘三千守城數千至甯波途經剡界嶺被燒非止陳公嶺一路與寧志稍異又有一股自東陽經玉山向天台又有一股自嵊城上陳公嶺宿孫家田次日向奉化去意即范汝增十一月初七八二日北郊三透屋民拒賊遂致合村與王姆店均被焚蓋是時勒索尚只在城外附近彩煙各鄉據地勢以守緣嶺結砦雖有殺傷被難尚少語詳忠節傳

穆宗同治元年春王正月東南二鄉起義攻城不克民多死之二月台民助攻又不克夏四月中外諸軍克復寧波逃寇自剡界嶺回竄過邑城賊亦隨去秋八月嵊賊兩次入城皆不守閏八月始復據城十月由嵊寇率以去四出劫掠民多被難採稿

是年賊踞城已三月民多抗義不屈東南各鄉民團起合議奪城正月二十二日東鄉劉國來王乾能唐賡颺俞朝槐及張學彪沐英等率衆至分道攻新舊東門僧元妙首於舊東門突陣鋭甚賊見心慝急飾一裸體婦女騎馬出衝元妙前元妙揮刃斬之仍納刃於鞘見爲女首方一驚賊目陳清詔急從而下衆刃叢集皆爲手格賊盡仆益團聚圍之元妙刀以血汚未及拔

竟爲所醢國來乘怒格殺數十人亦被醢而南鄉兵竟後至王朝能身中七鎗與其衆急自新東門退賊亦懼東鄉民勇不敢追採稿國來三坑人忠義錄誤作國宋元妙臨海人先住東鄉雲峯菴精少林拳術傳授甚衆聞其兄道明亦爲僧技更勝嘗試運氣術其兄適浴并噀盆水起離地數尺元妙則必以手畧持其兄髈石十數皆中裂如鑿元妙則僅五六而止此役聞亦待其兄未至而殞邑人至今猶痛惜之在彼教中尤爲傑出得六祖正宗以格於傳例附詳於此明經日記亦謂此役實由南鄉不救故有此敗浙江忠義錄則言攻西門被醢者楊鱣飛及弟小桐戰死西鎭廟者爲俞守廉徐上林兄弟二人死於長潭者爲徐金庭靑嶺者爲王志翰黃婆嶺儒嶴者爲甄招九潘興護田潭者爲陳義川二十七日各鄉建議合勦殺賊數人而死者爲固山陳壽亭是否後此五日又爲一役記與稿不同二月天台人疊來助攻多至三千餘復攻新東門陣歿潘天星梁文老等三百數十人台民無恙亦敗去殉難時著名者七人一爲梁文老上球人忠義錄作才林錄又作金林朝林未知孰是餘如潘天星爲桐樹園人呂蘭芝爲下坑人徐銀坊爲山南人明坊爲西河人錄皆未及採稿又謂台民怒供給不周至有掠械以去者明經日記是月十七日已受賊賄故佯敗二十四五六三日更番來助亦如是夏四月賊忽

鷲嶺城遂空俞日記列十七日志稿言三月二十八日俞氏石城紀事詩註云是月十六日賊以台寧既復鷲嶺去及四月二十六日賊目賀某由奉邑至沙溪生員唐賡颺據嶺立寨與賊相抗賊分三路上勇士俞朝槐開礮轟擊又手舉抬槍發五六響賊中有一健者亦如之傷數人唐正國中彈死事詳忠義錄賊終有所憚而去其築寨於寨嶺朱母嶺者團總爲生員俞鳴鳳鳴鶴兄弟股匪自新入寧海或寧海返新皆爲殺退莒溪一村得無恐其練法亦較詳統帶則俞秀文吳熾昌二人團佐則張慶豫等五人分帶則劉奕等十一人後亦入城與汪令防堵事聞奬翰林院待詔等職銜有差案此即平浙記畧所稱三月十七日約會新昌民團攻城斃百餘賊二十四日復往圍攻城與賊三四萬相持兩晝夜斃黃衣賊目八餘不計數似即此又新昌紳士孫善松募勇助攻餘姚亦在是時至宋慶彪一役在二十五日則由王興杞率民團三萬餘復與新昌民團攻克縣城轟破東門一鼓克之擒斬六賊酋此爲第一次克新昌云云　先是賊由邑出陷奉化入寧波脅從益衆游擊布興有及弟良帶礮船在定海獨完好各官吏皆往依之江北岸租界向與賊約毋相侵犯及是以事忤自招守勇一隊象山鄭惟椿率之鄞縣舉人陳政鑰遣使與結詣定海請兵再以外兵應鎮海附貢生

李渭等亦同時響應破鎮海附城賊壘何文慶出走降其副遂壁三江口是月十二日惟椿首攻和義門英兵繼進礮及其夆不能支開西南二門分路竄新昌洪楊小紀　訓導鄔明經咸豐六年任詳職官志時回奉化籍亦同諸義師分路進勦賊一股自陳公嶺回竄邑中諸暨陳朝雲及張仲友號勝義軍追躡至諸暨志朝雲爲古塘人以四月包村不守轉戰而退至六月始應寧波募仲友亦其村人明經日記稱克復寧波系官軍同大嵐山民兵舴艋兵船所破十三十四二日寧屬逃匪自剡界嶺孫家田回十六日與眞詔署戰宿沙溪次日遂盡去惟在嵊者未退朝雲則以土音相同書陳爲鄭六月初六日過剡界嶺向寧波去七月初自寧旋止金庭觀中元屯晉溪二十一日入新昌八月初四日扎寨阮廟初七又入城初九夜兵潰初十黎明至拔茅十二屯華堂十六屯黃澤二十五還守陳公嶺按此即諸暨志本傳所云處州千總李文玉邀與來王陸順德戰於茶坊嶺不利還攻陳公嶺朝雲力戰受傷殞其選鋒王逢春陳長余寅朱雲生等百餘人所言皆符合　戰不利陸衆又由黃罕嶺出合兵二萬餘陷奉化時邑城之免寇甫將四月

守令亦時至八月嵊寇三次入城皆無所掠官吏盡遁其外來一股燒掠黃澤湖頭一帶及後一股由拔茅大市聚竹岸小將而至日行數十里閏八月十一日忽分二支一支由赤巖過開口巖一支過王家厂至黃罕嶺忽退回十二日復據邑城採稿列初五日明經日記言八月入城者凡三次一十二日一二十三夜一二十九日則又爲自嵊西來即後入城者閏八月初五至拔茅初七至竹岸初十至小將至十一始分股其自黃罕嶺回即在陸衆陷奉化之後故即回而據城時勢適合平浙紀略言初五日東陽嵊賊竄至新之儒嶴亦與嵊西一路尙符至云初七日繞由新之青壇初十日至小將蕉坑等處未知即此股否所云勦擊未知所謂自是四出擄掠義民多死之其山背則自鐘井及上下坑一帶守僉判嶺西山及梅林山一帶守同坑嶺兩砦皆破傷徐英兆殺袁大有及庭顯曹永泰梁孝順王明忠皆未入忠義錄周象春命子守隘既退猶偃渡救臨溪婦女百餘人詳義行傳十月初五日子時城匪拔營連嵊積寇同時向白楓嶺去俞明經日記明經名烔篤厚好學此爲避難時自書絕筆尙能端楷如此其行誼可知惜以後無攷案此即平浙紀畧嗣後新昌復

爲賊踞是月初二日謀從烟山會墅嶺二路夾攻天台爲劉焞所擊敗王邦慶由烟山追抵班竹賊聚衆城中初五日約會新團寅刻齊集攻城緣山脚梯而登連斬執旗數驍賊邦慶亦攻破東門兩路殺入賊勢不支由西北兩門分竄嵊諸暨民團陣亡三十餘人傷五十餘人初七八二日乘勝攻嵊合勢偪之賊懼而遁於是再克新昌云云惟所云沿途復被團截殺多賊拔出難民與採稿所言稍符如以東鄉而言西山袁建生是月戮匪二三十名其逃竄刦掠之賊截於朱母嶺白鶴崗者動以百十計數尤過之餘在西南各鄉必亦不少然非皆是月是日事

按是年職官志官凡四任五月汪八月江十月王十二月徐所謂克復者亦二次一在四月一在十月其先莅後避者亦惟有汪江二令散見各傳中餘則似並未赴任官出賊入賊出官入攻守則一任民自爲所由至今採訪無從指實蓋天下之太平久矣始自乾隆征緬後當時已云報銷無成數功狀可知本記例以官書爲經惟此則官報如彼土著見聞如

此特變例爲比附之雖冗且贅弗恤焉

十一年保甲之令下彩烟鄉民訛言起與紳士爲難六月脅衆圍城官吏勦殺之逾三年始平採訪稿

彩烟在十五都乾隆時設巡檢未知廢於何時環村四面皆山其地饒沃足自給居民梁盛楊趙爲大族先是有周姓者年老無子葺數椽於山麓以奉佛教遂無主名爲周公菴鄉紳以地離城較遠議於此設塾以課子弟獨盧氏欲據爲已有故靳之積訟累年不能決至是令下卽設編查局於新市場盛氏祠因之造謠一吠百應謂生死婚嫁皆須報雞鴨魚蛋皆須捐王成繼者故從賊楊增林之舊部也增林亦彩烟人後在他邑就獲官書作增齡語詳前記事平後尙强梁其鄰人鄭架

子素精拳術號召徒衆日以排解博義俠名盛國治者爲其戚財產較裕以與紳士有夙憾慫恿起事借此發難四月某日率其黨丁銀根等數十人直入編查局毁之書手孫水老匿册不交自樓擲下竟爲丁手刃乘勢折毁局董等七家刼掠一空知縣王嘉瑞到任甫五月聞變遽請兵以大逆不軌上聞詳文中有燕山大王以國治爲元等語都司袁先至村爲所欵知府龔家雋亦至邑入都司語猶豫未決王鄭偵知之計以衆怒懾官事諧則借此作調人稱雄鄉里不諧亦可諉首惡名且習見楊增齡前此聚衆鬧糧官與議息事意亦良得於是鳴鑼脅衆盡行否則毁其房屋無奈於六月初一日定期圍城聚至數千人其逕至城下者不過

十數人時適酷熱臨近乘凉在棋盤巖大佛寺徬徨不敢進間有以竹竿作鎗擔囊於肩冀入城後有物可攫以歸者愚蠢之態可掬也省委王之翰李詩時以兵駐城龔府意尚欲招安苦計無所出李詩以兵出西門勦殺數十人衆盡退竄回提標大兵又至直逼其鄉分扎保應廟回山梁氏祠三處年餘獲丁銀根等皆梟示國治在逃後其產入官架子病死戮其屍成繼追緝於孝豐縣解省正法外又有盧姓一人相傳請王命時天尚未明刑後有白眚自頸出燈燭盡滅浙撫楊昌濬矍然曰吾在軍有年未見有如此者會前邑令石玉麟以六年任八年去至此當以事復回復回署以寬免脅從請繼任戴枚并請卹被毀各家每事尤持平民

因呼爲戴青天撤兵還民始靖

按此以細故興大獄蔓延至數年之久歷守令三任一如同此年中黃崖山案詳莊諸選錄似亦有刼運爲之使當日理曉情諭一良有司力耳曷至此極

德宗光緒二十六年三月台匪入城連刼店鋪十九家飽掠而去採稿

台在浙最瘠而生齒較繁易流爲匪類鄰近寧紹諸邊邑尤被其害自光緒乙酉中法戰釁起彭玉麟任粵防時已暮氣謬以其頭目金滿爲可用招撫以去其黨益艷之浙防亦亟未及顧內故匪患益熾當日撫提主兵者皆湘人新募數營而浙事已

平縣難遣散分提標量地駐紥新邑承平久僅有防汛枯窳無用當道分撥湘勇營哨數十名駐武廟其實主客參半已失老湘營初制類與土人不相安先是二月守令亦以事上達提督怒撤其兵回是月二十八日適隍廟會期鄉民入城貿易者踵相接台匪遂混入中起事縣令某先已得信不速設法防制僅撥民壯一二十名守門勢已無及竟任其搜括揚長而去擊斃工夥二人邑紳某以當時情形函知當道與縣令呈報不符密查得實某令遂因以去官說者謂此役於吏治兵政已爲世變之一班

宣統帝三年九月賊首周永廣入城戕典史董人俊紳民以計誘

至城外東嶽廟焚而攻之其衆敗竄後遂入東陽採訪稿
永廣台之東鄉人故無賴積案不一是月湖北起事已五旬各省響應浙亦岌岌知縣蔣嘉淦聞信先已遁台匪王烏皮者在獄已有年稔知虛實素與周永廣通二十一日夜永廣糾其徒衆數十百人越關嶺黎明入邑城警察所在東門觀音堂聞鎗聲卽走匿典史董人俊時在民舍爲所縛害之遝入縣署焚頭門及東廂房舍首刼監獄烏皮出與謀訪城中紳富名將按戶搜括時縣學校已被掠有告之者曰紳富此時已逃避其貴重物亦藏匿苟事搶掠所得幾何且初起事亦宜以美名相號召爲今計不如以兵勢懾之使自出貢獻沿途得軍費則利大且

倍永廣與其黨遲疑久之外雖張白幟而僞示猶以復科舉減賦稅爲詞其蠢莽可知時已向午其衆夜行至此已饑甚會有傳負肉肩酒已供給於東嶽廟者永廣遂出就食王烏皮喜甚着皮靴彳亍復入城思與城紳論犒贈數呂某憤殺之遂閉城防營哨官廖炳南先由武廟出在北門民舍偵知匪已出城遂登城發鎗民團百餘人亦隨上永廣食甫半閉門作死拒計相持移時胥役王鳳獨挺身出寘簞以火油負而縋城下焚其門燄立熾衆從之王鳳中鎗斃兵亦殞二名賊始驚散分路逃竄斬殺二十餘名傷亡無算此役也以方張之燄使由此四出詎惟新邑之害得此一衂或亦天奪其魄云

由此觀之自唐至明鼎革之變動輒有事新之於浙猶蜀之於天下誠巖邑哉策曰百里之地掣千里之命傳云前車之鑒卽後事之師阮氏文達嘗謂作地志者須記大事此物此志夫

新昌縣志卷七

新昌縣志卷八

職官表 新昌有縣自後梁開平二年始按即吳越天寶元年

吳越

陳顒原作縣丞

按十國春秋百官表吳越有令有主簿有尉無丞其爲首任無疑玉篇云丞者繼也當時或以古文義書之亦未可知

宋

原攷宋置知縣一人秩田六頃俸二十千丞一人秩田四頃俸十五千主簿一人秩田三頃俸十二千尉一人主學一人秩俸皆同簿增置忠翊郎巡檢一人承信郎監酒稅一人

按諸縣有望緊要上中下之分太祖建隆三年始用朝官或參用京官幕職見宋朝事實差選人曰令見雲麓漫鈔開寶三年千戶以上加簿尉神宗熙甯四年二萬戶以上加置丞哲宗崇甯二年大小縣並置丞甯宗嘉定後小邑不置丞見通考新邑有丞則爲上邑可知

惟後彩霞等三巡檢無攷

縣令	縣丞	主簿	教諭附原志
張公良有傳太平興國中任按宋史楊大雅傳以光祿寺丞任新昌恐江西地府志或誤 袁元汝陽人咸平初任後家於磕山 唐白景德間任 王噲嘉祐元年任有傳 葉均嘉祐七年任有傳 詹恭玉山人嘉祐間任 任子弼			按即主學誤宋史職官志止有府教授無縣學官令佐皆得兼之多以管勾學事繫銜或由有司延聘不歸吏部銓選故宋史不載惟朱子舉柯翰狀照對縣學缺直學一員趙興鑒長洲學記眉山宋楚材舉縣主學是其後雖有官亦不常置決非教諭

朱珉青州人有傳

石悅可本邑人由人物志傳補入

陳橐宣和中任有傳

唐大受括倉人紹興元年任

林安宅紹興十二年任有傳

虞以良錢塘人紹興二十八年任

史浚鄞人淳熙四年任有傳由鄞志補

錢宏祖台州人嘉定年任有傳

李結紹興末任

汪得中鄞人原作履道府志亦誤由鄞志補入

何清卿紹興壬子任

丁壔 晉陵人淳祐中任至嘉熙中尚在見宋刻白碑有傳

趙時佺 玉牒人寶慶中任

王世傑 寶祐元年任有傳

周傳 寶祐四年任有傳

汪得中 注詳下

張珣 開慶元年任有傳由墨莊漫錄補入

袁喬

謝在抒 景定甲子任

吳以佐 通志作君佐錢塘人

楊愿 後遷郡判官志稿由府志補入

孫子祥 未知何年任

咸淳元年任
趙師同以上二人均咸淳間任修築東堤由評本補入
應俊咸淳間任
楊大雅由宋史補入府志亦書之當時江西已改新昌未知孰是

史賀鄞人浩五世孫

戴嚞四明人咸淳末任
徐紞由陳宣平耀倉補入

元原攷增置達魯花赤兼諸軍奥魯勸農事一人秩田二頃月俸鈔十有八兩縣尹一人秩與達魯花赤同主簿一人秩田一頃五十畝月俸鈔十二兩丞一人秩田一頃月俸鈔十二兩典史及尉皆一人月俸米八石鈔十兩教諭一人月俸二石鈔十兩

縣尹 丞缺

偰祈

王福

火魯思密 有傳以上三人舊稱達魯花赤

曹德新 進士至元二年任

田實 開州人

主簿

張璉 山東人

蕭化龍 婺州人

劉不花 大名人

李濟 饒州人

史賀孫

李德 曹州人

尉

信桂

劉子傑

郭居敬

蘇康鈞

曹寓

王貞

典史

李世吉

張智

趙淮

范義

吳俊亨 杭州人

劉澤

楊大亨淮人進士至元二十九年任
李璠進士大都人
完顏從忠女直人至元任建學校增立二十齋
王光祖由俞浙陳宣尉碑記補入
蔣謹鎮江人
史瑰西華人
朱惟忠高唐人

張秉彝漢人
唐林平江人
徐元平江人
白茂宜興人
梁裕汴州人
耿誠深州人
高翰湘州人
廉鑄大都人
吳元魯通州人
蕭將仕

唐孝祖
郭亨
李從訓
宋居敬上虞人進士
費良能
李忠
師紹先
阮鉉保定人
張鼎新南昌人進

辛大用
呂從義
李春
吳澤諸暨人
李毅
王顗
馬天驥
侯章江陰人
趙裕淮人進士
趙瑞溫州人

李拱辰有傳
李廷衍
孫好直常海州人
吳時森杭州人
金鎮徽州人進士
張思訥濮州人進士
王綸開州長垣人
徐容信州人進士
吉植膠西縣人
王爚

尹守約

士家於長潭
袁居敬有傳

鮑文嚴州人
毛文瑞衢州人
徐世榮建州人
趙岳處州人
陶浩宜州人
陳垢常州人
邵信餞州人
曾唯
余必榮徽州人
胡澄湖州人

郭璠
張鼎
王世忠
梁國樞
朱貞

冷復高郵人
洪丁台州人

教諭附

潘起邑人
俞受邑人
應詠道
林時中杭州人

狄處仁邑人
俞公炳邑人
吳大同上虞人
吳天雷諸暨人

戴現台州人
鄭玲永嘉人
陸時舉諸暨人
朱成子剡人

王遇釆剡人
方夢開閩人
管景中台州人
潘一雷邑人

李幸仙居人
董康孫杭州人
黃棟台州人
葉載采台州人
葉德之處州人

鍾合會稽人
許敏眞定人
金萃台州人
顏應歡昌國人
劉文鼎婺州人

舒叔獻甯海人
張泳涯婺州人
陳衍越州人
程良眞溫州人
陸可伊溫州人

宗明義婺州人
趙嗣照溫州人
王應及台州人
徐有立上虞人
陳仲初邑人

明原攺制置知縣一人正七品月俸七石有五斗丞一人正八品月俸六石有五斗主簿一人正九品月俸五石有五斗典史一人月俸二石教諭一人訓導二人俸廩皆三石按職官志主簿下已無尉學職則增設訓導二人當亦無定員彩霞善政等三巡檢無考

知縣	周文祥有傳 賈驥有傳 明福洪武十六年任 劉彬直隸江西人有傳 馮吉直隸上海人有傳 石鎔宣德元年任 牟正初
縣丞	莫如能有才幹崇學校 劉衷直隸興化人有傳府志無
主簿	曾彥有傳 於仕進由府志補 郭讓永樂年任衆縛之去事見留續志
典史	鄒端江西豐城人有傳

鍾篪宣德三年任

雷益望江人復姓朱正統年間任

黃聰山東武城人有傳

毛鸛長垣人有傳

黃著吳江人有傳

李楫上杭人有傳

樂經淮陽人有傳

王進

唐學湖廣麻城人舉人成化間

譚昇景泰中任由府

志補

吳清

趙浩成化中任由府

李堂成化十五年任

冀銘成化十五年任

任
唐夔有傳
程傳直隸績溪人舉人成化間任
楊琛直隸宜興人進士弘治間任
芮思直隸宜興人進士弘治間任
姚隆有傳
薛文易福建懷安人舉人列

志補
汪琦弘治年任

府志堂作鎧
任志成化二十年任
李盛之弘治元年任
周聰弘治五年任以後尚書何鑑令耆民石茂玉以冗員奏裁

鄭延光
石昂弘治五年任
葛清
卜筮江都人有傳

女志俞鈊妻王氏傳作文或

黃銘福建蒲田人進士

毛震直隸太倉人有傳

曾時有傳

涂相江西南昌人進士正德十三年任

佟應龍有傳

曹祥直隸太倉人有傳

姜地江西鄱陽人有傳

侯祖德詳下丞

陳珪正德中任

王冲正德中任二人均由府志補列

郭森山西人

侯祖德有傳

聶雄

劉瑞爵 廣東人舉人嘉靖二年任
曹天憲 有傳天姥寺碑嘉靖二十九年任與傳稱二十一年不合無攷
宋賢 有傳
何孟倫 廣東新會人
卓爾 福建長樂人有傳天姥寺碑三十年任
張載
吳希孟 二人皆以議修築東

王中羽
姜操 嘉靖七年任
胡廷瑞
郭珂 江西新城人歲貢有傳
魏廷輔 應天府高淳人嘉靖十九年任
廖淳 湖廣監利人嘉靖二十二年任
劉昇 華亭人有傳

趙祿 山東德州人嘉靖二十二年任
朱禧 上海人有傳
劉曙 廣東高要人嘉靖二十九年任

堤著由評本補入
萬鵬有傳
林應采福建莆田人名宦碑作棨
張汝南廣西臨桂人舉人嘉靖三十六年任
刁彶直隸寶應人四十一年任僅六月
蕭敏道江西人有傳
李之達江西人有傳

唐濟美江西安遠人貢生嘉靖三十二年任
方仁江西靖江人吏員嘉靖三十七年任
顧正傳南直華亭人嘉靖三十八年任
林士弘廣東瓊山人歲貢嘉靖四十年任
張彩武進人吏員嘉靖四十四年任

孫仲仁直隸和州人嘉靖三十二年任
李烱邵武人嘉靖四十年任
張若虞福建莆田人嘉靖四十四年任
姜啟文江西餘干人隆慶三年任
危子儀建甯人有傳

謝廷試福建人有傳
田琯福建人有傳
劉廷蕙福建漳浦人庚辰進士萬歷九年任
錢達道南直蘇州人
羅紹旂廣東人舉人
朱希禹南直蘇州人歲貢
王明嶅由重修大成殿碑記增
鄧允吉廣西全州人舉人

楊遇春南直甯國人有傳
徐璃南直華亭人監生萬歷二年任
黃佐江南鉛山人歲貢萬歷五年任字子才
王鉉
張軒二人均由府志補
張一英

朱琳字朝慶直隸當塗人吏員萬歷四年任陞吏目
吳源字本之直隸人吏員萬歷七年任
汪林
劉涼豐城人二人均由府志補入
楊致中
張遂志
富好禮

王新民詳下丞

蔣正元廣西灌陽人歲貢有傳

傅偉湖廣孝感人舉人

陳則采福建同安人舉人

李應先福建晉江人舉人有傳

鄭東璧江西玉山人舉人陞梧州府同知原在李前依府志改

萬言揚湖廣孝感人陞南直

閔維忠

林尚澄

王新民萬歷癸丑任系四十年

胡一相

王繼元吉安人泰昌中任

葉世賢黃州人天啓中任

宋大統江南人

陸徵昌府志作元昌

王家光

施盛府志在陸前

劉日剛江西人天啟中任

黃施聰

王道煜

御史
王璧芳福建同安人舉人原列女王茂芳妻梁氏傳無芳字見許本
朱仁臣江西進賢人舉人有傳
胡靖共北直人貢士
蕭學書廣西人舉人府志作道書
楊應禎湖廣鄖陽人貢士
毛呈錦湖廣鄖陽人貢士

王子明天長人崇禎中任
李世宦興化人府志作世官
陳文俊江都人
周于豳江南人貢士
蕭露湛湖廣人

周大受崇禎中任
張士榮徽州人
徐漢中濟甯人
胡來順黃岡人
金廷亮休寧人
余國順江西南昌人
黃貞

張騰先四川綿州人有傳

武鼎升南直金壇人舉人

萬霈圻南直宜興人有傳

甘露南昌人

梁光烈肇慶府人

王繼元以下籍貫均由乾隆府志補入名次亦各未徵有不合紀年無從考證

教諭

俞亮邑人洪武初任由評本增

訓導

章廷瑞邑人元舉人洪武初年任

呂不用邑人有傳

何友諒邑人

陳文中邑人洪武己未任

王安永樂間任有傳
周彝邑人有傳
葉明成化十五年任
饒仲謀
李寅成化二十年任
譚尚賓
韓鎮
沈霆
陳良猷晉江人
許淵有傳

郭元亮天台人
戴珣成化十五年任
莫旦吳江人由經魁成化十三年任有傳
黄芳
陳日淑莆田人
黄潛
朱鉞崇明人
李翔江西人
許效賢莆田人有傳

趙任餘干人

周坤有傳

伍鎰臨川人歲貢嘉靖二十七年任

段求本廬陵人舉人嘉靖三十二任

陳祿福建人歲貢嘉靖三十三年任補傳

吳晟東鄉人嘉靖十七年任

吳紳徽州人嘉靖十八年任

徐憲高郵人有傳

陳良材湖廣人嘉靖二十三年任

張守仁山東人嘉靖二十四年任

孔學周合肥人嘉靖二十七年任

李文學上海人嘉靖二十九年任

李裕福建人嘉靖三十五年任

劉瑱清江人嘉靖三十八年任

余經桐城人有傳

錢用商吳江人舉人嘉靖四十二年任
李祝廣西人有傳
宋大經山東高唐人歲貢
王一化直隸泰興人有傳
徐漢字德章衢州人歲貢萬歷四年任
金激杭州於潛人歲貢萬歷九年任

尤琢無錫人嘉靖四十二年任
譚機萍鄉人有傳
董轄泰州人隆慶元年任
吳朝翰臨川人隆慶三年任
朱綬綿州人隆慶五年任
陳棟昌化人隆慶六年任
戴邦玉廣東大浦籍海陽人歲貢萬歷年任
羅九敘廣東乳源人歲貢萬歷八年任
徐英衢州西安人歲貢萬歷九年任
胡牧松滋人歲貢

張光宇蘇州人舉人萬歷十八年任

張昊萬歷二十三年任

鮑芷萬歷二十五年任

李良果萬歷三十年任景甯人歲貢

戴于逵萬歷三十四年任

周時禮萬歷三十八年任

應世虞台州仙居人舉人萬歷四十五年任

張捷河南人舉人天啟元年任

張斗樞湖廣武陵人歲貢萬歷十八年任

彭宣萬歷二十三年任

張本蘭萬歷二十五年任

王芬萬歷三十年任

毛思聖萬歷三十四年任

呂一機淳安人歲貢萬歷三十八年任

王禮萬歷三十八年任

謝承命湖廣人萬歷四十五年任

李文選萬歷四十五年任

王光祖四川人歲貢天啟元年任

陸懋功 嘉興平湖人舉人天啟五年任

毛尚文 嘉興秀水人歲貢崇禎二年任

高其昌 杭州臨安人舉人崇禎六年任

呂之節 衢州龍游人

李之鵬 金華蘭溪人歲貢崇禎十五年任

臧士英 湖廣長興人歲貢天啟五年任評本稱後升知聊城縣事

王啟佐 湖州人歲貢天啟五年任

吳世哲 湖州人歲貢天啟六年任

蔡孔鑄 江西南康人歲貢崇禎二年任

徐朝偉 處州遂昌人崇禎二年任

趙賢藩 金華東陽人歲貢崇禎六年任

葉明昌 雲南人歲貢崇禎六年任

王丕顯 華亭人歲貢崇禎十一年任

林鳳竹 寧波慈谿人歲貢崇禎十五年任

劉惟澤 安慶人歲貢崇禎十六年任

清會典知縣一員正七品縣丞一員正八品典史一員未入流至雍正時俸外有養廉等名目宣統初年陞知縣至五品學職教諭一員正八品訓導一員從八品康熙四年按縣大小裁十五年復設彩煙巡檢題名無考

知縣

仇從心 由東華錄補入

趙重煦 山東平原人貢士陞溫州知府

佟徹奇 遼東人府志徹作允

胡悉甯 有傳

謝昌緒 見列女志由評本補

李葆官 山東人舉人

縣丞

王永桂 句容人順治中任

王永祚 順義人

拓宗聖 華州人

典史

王龍斗 遼東人順治中任

葉英 錢塘人

陳大道 有傳

朱學孔陝西南鄭人貢士

胡世則順治十年任有傳

鄖金馬江南無錫人貢士

俞居辰有傳

劉作櫟康熙八年任有傳

陳大典康熙十二年任有傳

梁朝柱湖廣孝感人進士康熙二十二年任

羅巽秀雲南人

張宏有傳

王居敬保安州人貢士

齊國士康熙中任有傳

朱啟運康熙十年任有傳

楊士杰河南光州人歲貢康熙二十二年任

許建勳山西絳州人貢監康熙十四年任二十四年升任知縣

潘琦大興人康熙十二年任

嚴三省河南人

陳家棟江南人

原志於此缺一頁以下教官嚴有德等五員接府志因之亦誤書此五人於劉子烈前原志如此者甚多

許建勳詳下丞
吳家瑜以府判署四十三年任採稿由陳其越釐增
陳陸虬江南吳江人
朱錦旗下人
鄭養民旗下人
易乘江西廣昌人
王沛懋山東諸城人
唐覺世貴州湄潭人康熙五十五年任由關廟碑補

府志亦失檢
劉子烈
程集
葉成業
張麟書

粘拱斗福建晉江人

李之果直隸任邱人舉人康熙六十一年任

葛大樑福建侯官人舉人雍正六年任

徐志定山東人生員薦辟雍正九年任

許藎臣福建侯官人舉人雍正十年任

丁聲萁福建人進士雍正十一年

眭章煥

李孔堂府志誤作孔黨

任

張人崧由採稿補入並有傳

程有成江南華亭人進士乾隆元年任

嚴際盛乾隆三年任由止水廟匾

增額

任大受山西孝義人進士乾隆四年任

楊居午河南人舉人乾隆九年任

曹鎣廣西桂林人舉人乾隆十一年

張仁陝西人

張君希岳池人乾隆五年任

任

嚴正身雲南人舉人乾隆十九年任

楊名捷貴州人舉人乾隆二十二年任

興福滿州正白旗人乾隆二十五年任

裴六德河南原武人舉人乾隆三十一年任

王永恭湖北人進士乾隆三十六

任紹烜以後缺裁

年任

陳世瑛山西平定人舉人乾隆三十七年任

蘇耀直隸東光人乾隆四十一年任

鄧鍾岱山東聊城人舉人乾隆四十九年任

喬嵐由採稿增

任澤和光州息縣人進士乾隆五十七年任以上見府志

秦時英

李大章嘉定人乾隆三十七年任

鍾正宸贛縣人乾隆五十四年任

楊汝潼四川人乾隆五十七年署

以下志稿亦云無從查考

貴昌

李芝青

楊際泰進士雲南人

涂日曜

莫景瑞安定人嘉慶五年任

李品鎬江西人嘉慶七年任有傳

徐杰嘉慶九年任

白蕚聯由採稿增

陳銘進士嘉慶十七年任

張邦棟進士湖北人道光元年任

呼鳴鳳四川人

孫欽若 進士，山東茌平人。有傳。

馮格

朱元亨 由千佛巖記補入。

丁昌穀 監生，江蘇人。

陳高 道光五年。

章邦彥 由採稿增。

詹璈 由採稿增。

色 亡其名。

邴 亡其名。採稿稱於二十六年勸賑有功。

徐之鑑副榜咸豐年任
顧德恒監生江蘇人
楊詩益監生湖南人咸豐十年署
程陶成採稿作有成
劉濬廩貢
張元健進士
李道融
徐志鑑採稿由武廟碑補
汪鑑字子方同治元年五月署
江允中字竹溪同治元年八月署

李志秀直隸人咸豐年任

王喜福字東生同治元年十月署

徐勳字翰甫同治元年十一月署

王聯元字松樵同治二年六月署

沈澄煜字心臺同治二年八月署

蔣正坤字蓉棠舉人同治二年十一月署

楊正觀字小瀛進士雲南太和人同治三年八月署有傳

嚴思忠字懷白舉人江蘇丹徒人同治五年四月署

高維琳同治元年十一月署

吴文榮同治二年七月署

舒綬江西人同治三年十月任

石玉麒　字康侯同治六年七月署十二年六月復署

虞慶瀾　字暎溪同治八年正月署

李世基　字肇卿優貢安徽人同治八年五月署

朱和韻　字伯詩同治八年十一月署

李肇增　字冰叔附生同治九年七月署

王嘉瑞　字雲和同治十一年三月

談培基　同治七年二月署

俞鍾麒　同治七年八月署

徐嘉楨　同治八年九月署

徐桂生　同治九年署

署

戴枚字幹庭附貢同治十二年八月任

朱廷樑字疊肯光緒二年九月署

鮑國琦字稺韓附貢四川人光緒三年九月任

錢鍾麟字紫雲光緒五年七月署

趙惟喻字漁衫光緒五年八月署

劉庭芬字藻卿廩生江西人光緒六年八月任

姚錫恩江蘇人同治十一年九月署光緒六年三月回任

言琳光緒五年十一月署

吳守植

王成治

黎宗淦字小蒿監生湖南人光緒八年四月署

楊正暉字晴皐監生湖南鳳凰廳人光緒九年二月任有傳

曾壽麟舉人湖南人光緒十三年由山陰兼理

張輔元安徽人字耕雲光緒十三年五月署

王貽信號復初江南上元人光緒十四年十一月任

喻秉彝

賀寶忠湖南人光緒十一年任

錢鍾麟 江蘇人字紫雲光緒十五年八月署

朶如正 雲南人字玉衡進士光緒十六年署

濮文曦 舉人江南溧陽人字幼笙光緒十七年任

徐光翥 江蘇人光緒十九年署

趙登詒 舉人字士瀛江蘇人光緒二十年十一月代理

許國瑞 監生字榴仙江蘇人光緒

二十一年署
張彬字笠漁江蘇人光緒二十二年署
侯瑧森字緯辰江蘇無錫人優貢舉人光緒二十三年任
楊葆光字古蘊江蘇人光緒二十九年署
汪晉字桐侯監生江蘇人光緒三十一年代
蘇耀泉號朗亭甘肅人進士光緒

上官承憲光緒二十五年任
董人俊光緒二十六年任宣統三年爲賊所害語詳大事記

三十二年署

華尊訓 字琴舫江蘇金匱人監生光緒三十三年九月署

劉承均 字達生江蘇靖江人拔貢宣統九年三月署

以上見志稿

蔣家淦 字鏡涵江南元和人舉人

按各邑志例於令佐代署者多皆未列此則年代睽隔較遠志稿亦取有聞必錄之義甯詳無略今亦未便刪去惟先後年次與事實或有歧異非得碑版實有證據者概難更正

教諭

沈元旭 慈溪人順治中任

訓導

朱奕軒 恩貢烏程人順治五年任有傳

葉英錢塘人

杜煒錢塘人

沈大觀海寧人康熙中任

姚廷璧仁和人

蔣琳玉

汪繼熿

陳正宸

徐涵暘

朱徽

張夆之

嚴有德歸安人歲貢順治十一年任

潘三極歲貢分水人順治十七年任

潘可選康熙七年任有傳

王樞歲貢江山人康熙八年任

張君照康熙十年任有傳

王世耀

韓孔將武義人

李生佳嘉興人

倪瑞錫

項璟

毛紹猷

周夢仁錢塘人舉人

姚廷元湖州人舉人

翁以江錢塘人舉人乾隆四十七年任

孫謀

錢光瀛

姚宗樞

李邦耀

鄭宗璧

陳令恭

王榮岐

朱天機

洪枰拔貢臨海人乾隆三十三年任

王官錢塘人舉人乾隆四十八年任 以上府志

陸以誠拔貢海鹽人乾隆五十一年任　以上府志

應澧海鹽人嘉慶五年任

徐士駿副貢仁和人道光二十三年任

封左垣舉人海寧人道光二十七年任

胡錫土舉人永康人咸豐三年任

張第附貢錢塘人同治二年署

項其琳青田人嘉慶五年任

余鏗拔貢龍游人

鄭邦型舉人西安人道光十八年任

張錦江舉人仁和人咸豐六年署

鄔明經舉人奉化人咸豐六年任

蔡瑞桐廩貢秀水人同治四年署

陸春林廩貢天台人同治五年署

王瑞庭廩貢臨海人同治六年署

翁錫祺舉人金華人同治四年九月任

朱鳳毛拔貢義烏人光緒二年署

吳椿廩貢歸安人光緒四年署

嚴大魁恩貢秀水人光緒四年任　以上志稿

薛鴻文附貢海寧人同治四年署

周璜舉人臨海人同治五年任

張鑑廩貢象山人同治十三年署

洪炳煒歲貢淳安人同治十三年任

沈玉林附貢德清人光緒八年署

王瑞庭廩生臨海人光緒十年署

朱廷元副貢秀水人光緒十二年署

李廷鴻舉人鄞人

曹鶴年舉人秀水人

張翼

徐福昌附貢以上志稿

戴日華副貢奉化人

民國職官表

縣公署

元年分

民事長梁國元邑人

民事長孫熺祿海鹽人

執法員王士楨總務科潘士模民政科石鍊均邑人

知事傅巖紹興人

民政科長高尚杭縣人　科員陸良臣杭縣人

財政科長呂衷謙邑人　科員沈沛紹興人

教育科長陳鳳鳴邑人　科員陳恭藻邑人

元年至二年分

知事童建侯甯海人二年五月十八日卸事

參事王迪甯海人　執法員胡河陶甯海人

民政科長詹尙謙建德人　科員楊中權建德人

財政科長楊黼廷科員潘士模呂壽松均邑人

教育科長俞恒童晏球科員石如璧均邑人

二年至三年分

知事吳本鈞杭縣人二年五月十九日任事三年八月二十三日卸事

幫審員畢錦元建德人　徐銘澤壽昌人　黃雄江蘇人　王文枏

民政科長吳光鼎杭縣人　科員章培杭縣人　王行仁天台人

財政科長易珣　姚維垣　科員席德輝　均紹興人

教育科長張炘　天台人

三年至四年分

知事宋承家　江蘇崇明縣人，三年八月二十三日任事，四年八月二十一日卸事

承審員何嵩生　福建興化人　清理積案委員黃迺剛　崇明人

總務科長李省吾　江蘇丹徒人　科員王志鵬　江蘇崇明人

財政科長孫邦俊　科員王德鴻　均江蘇崑山人

民政科長周麐章　江蘇崇明人　助理員蔡政　邑人

四年至五年分

知事唐玠　四川三台縣人，四年八月二十一日任事，五年八月一日卸事

承審員趙延頫建德人　沈宗周上虞人
清理積案委員張知競四州人
政務科長陳塝四川三台人　科員樊健青田人
財政科長王吉蔣將均紹興人　科員吳光榮湖州人

五年至七年分

知事金城紹興人五年八月一日任事
專審員邵懋棠紹興人
總務科長謝南阪七年四月兼任民政科長　科員朱其煒均紹興人
民政科長周德澘紹興人七年三月改委為承審員
財政科長魯家瑜科員孫長齡均紹興人

教育主任兼縣視學呂振文邑人

五年八月改委朱其煒爲民政科員婁繼高爲總務科員呂振文專任縣視學十二月呂振文辭職改委陳恭鼎邑人爲縣視學兼任教育科長

六年八月添委許肇梅天台人爲民政科員

七年七月委魯良紹興人爲財政科員

警察署

張珩嵊縣人民國元年委稱署長九月後改稱所長改分署長爲所員

薛壽彭紹興人黄澤分署長邢啟周嵊縣人長潭分署長後調黄澤所員

鄭子馨嵊縣人黄澤所員童葆初義烏人長潭所員

彭名溢湖南人大聚市所員

沈衍箕溫嶺人四年委稱警佐　樊健青田人五年委警佐

張文郁諸暨人六年委警佐

監獄署

呂少巖邑人　章琳謨甯海人　李晟杭縣人　程傳綏杭縣人

新昌縣志卷六

新昌縣志卷九

選舉表

評本言周制賓興之典於鄉曰秀士升於司徒曰選士升於國學曰造士詔於王而論辨於司馬曰進士三年則大比考其德行道藝而賓興之蓋考察非若後代之考試也春秋多世卿戰國尚談士選舉之制廢不復講漢有孝廉茂才兩科皆出於州郡辟舉自左雄議諸生試家法文吏課牋奏加課試於薦辟遂爲考試之權輿隋開皇中置進士科唐有明經進士兩料皆士子投牒自進不由鄉里察選而進士尤重宋仍唐制分經義詩賦以試進士其時南宮得第曰進士而推恩士子十五舉以上不第者亦賜出身曰特奏名進士自外舍升內舍自內舍升上舍德學俱優不待試而出身曰免省進士亦曰釋褐進士以及博學宏詞皆以進士名之又有鄉貢進士漕貢進士則猶今之舉人也元以經義試進士不立明經科明因之而取士有四科曰薦辟曰歲貢曰舉人曰進士而流俗相稱謂舉人曰孝廉貢生爲明經失其義矣國朝鄉會兩試仍用舊制遇有覃恩特開慶榜是以得人爲尤盛萬歷志及原志均自宋始茲特由志稿并評本所增訂縷列之如左

唐

唐之科目由學館者曰生徒由州縣者曰鄉貢有秀才明經進士及明法明算明字等科歲舉爲常至天子所自詔則爲制舉

進士

梁瀚 評本稱開元年間字師林仕青州刺史按志誤作翰並誤作漢乾祐年據梁氏家乘訂正又按梁氏家乘東晉之末有名翰者字士華仕兵部郎中非青州刺史且是時並未有進士科原省志於六朝齊時亦稱有朱仕明爲剡人舉秀才未知即新産否俟考

五代

梁國璋 評本稱漢乾祐間進士字叔文仕兵部侍郎見家乘

俞承休 志稿稱五代時舉明經長安觀察使銀青大夫縣府志俱作宋景德中今按俞氏家譜改正年分無考

石渝 有傳　石渥 梁刑部尚書　石延倖 字光遠吳越國司空右丞　胡公霸 吳越吉州刺史以上均本志稿

宋

薦辟

宋史選舉志制科無常科所以待天下之才傑

進士

原志稱據舊志併佛塔題名記錄

鄉科

原志兩浙運司秋試嘉熙初置安吉紹興兩院

	太宗	眞宗
	太平興國	咸平
太祖始置賢良方正能直言極諫經學優深可以師法詳嫻吏理達于教化凡三科開寶八年詔諸州察民有孝弟力田奇材異行文武材幹年二十至五十可任使者具送闕下景德四年增置博通墳典等九科仁宗初又置書判拔萃等四科	**潘懇** 太平興國中主德化教陞大理評事	
		陳捷 咸平二年己亥孫暨榜仕吉州教授評本稱舊志書咸平於咸淳後誤按評本又有石待問亦是年進
類試又嘗增紹興解額時與者不能盡考亦據舊志併佛塔題名記錄入		

景德	天禧

士勅授殿中丞賜名瑩宋史待問爲太常丞未知卽此否且四明報恩院碑記亦云道守此邦異於他土其非浙產明甚

董遂良 景德二年乙巳李迪榜舊志軼評本據錢惟演寶相禪寺碑記補

石待旦 有傳

胡仲元 仕著作郎評本由通志補

以上二人天禧三年己未王整榜始見通志所稱新昌人好夸誕誤傳失實或亦有之其實通志於宋時選舉原有

仁宗

天聖　景祐

俞伯深　天聖中舉學行六合縣長

潘來　天聖中舉賢良銀青光祿大夫　尚書

潘耒　天聖中舉遺逸太平州通判

缺略不獨新邑爲然

石待舉　待旦弟有傳

石待致　待舉弟推官

石元之　待旦長子天聖五年丁卯王堯臣榜省府志同評本志稿以待舉元之列下景祐元年未知何據

吳賢　天聖五年丁卯王堯臣榜仕江西鹽鐵轉運使有政聲

石亞之　待旦次子景祐元年甲戌

寶元　慶歷

張唐卿榜通志列慶歷二年評本由公弼遺譜改正

石溫之　待旦三子寶元元年戊寅呂溱榜通志作景祐五年評本改正

石牧之

石衍之　待舉子

石象之　有傳慶歷二年壬午楊眞榜以上石姓三人由評本補入並見宋紹興府進士題名第一碑當時袁說友作記謂起於慶歷二年前乎此者考諸登科記則鄉里不載

皇祐　嘉祐

故不書

袁轂　同上榜仕祥符丞見通志縣志轂作穀

梁佐　慶歷六年丙戌賈黯榜由宋府學題名碑補

王醇　由題名碑通志補

石麟之　仕太常丞按太常丞乃皇祐元年榜眼及第縣志作嘉祐二年誤今由宋題名碑訂正以上均皇祐元年已丑馮京榜

石景淵　象之子

陳信　嘉祐五年由評本增志稿入仕

英宗

治平

石深之衍之弟按舊志在景淵前今依題名碑次以上均嘉祐二年丁酉章衡榜

籍章安縣丞

袁轂仕處州知事舊志載元祐六年今依通志嘉祐六年辛丑王俊民榜

黃兌通志次梁興後今依宋題名碑字德師時年十

梁興四尚王清公主拜駙馬尉仕太常左丞紹興初同岳武穆破金會太行忠義兩河豪傑屢敗金兵功績具載國史墓盤山寺後浙江通志是年有黃譏至熙甯

梁興治平三年

神宗

熙甯

石景略 深之子別院省元字仲謨第授杭州司戶歷奉議郎縣志誤作治平四年前於景略鄉科書治平五年誤甚 石景衡 衍之子仕知常歙二州縣志作治平六年按治平無六年誤府志於二人失錄通志失景略今並依題名碑補正以上均熙甯六年癸丑余中榜	十年又特奏其說非也今不從　以上均治平四年丁未許安世榜
石景略 熙甯五年壬子鄉試解元評本按袁說友宋紹興府學進士題名第一碑序云石公景略以文學冠春官石公延慶以進士中宏詞石公轍以奏恩恩擢魁名據此則景略非惟秋試解元且春試會元矣惟舊志書進士於治平四年書鄉科於治平五年今按題名碑景略成進士在熙甯六年癸丑則鄉科治平五年亦熙甯五年之誤矣蓋治平五年戊申改	

元豐

潘信 元豐中舉明經大理寺評事

何雩 元豐中舉明經大理寺評事出判永州評本與志稿異未知何據

黃諶 原志列熙甯十年特奏名狀元有傳評本稱熙甯年間又有釋褐進士丁載仕樂清令年分無攷

石景術 衍之子元豐二年己未時彥榜按舊縣志作元豐五年新府志失錄今由宋題名碑補正

黃詔 由通志題名碑補

石景衎 衍之子仕員外郎 以上均元豐五年壬戌黃裳榜

熙甯五年壬子乃鄉試之年年在治平未嘗有五年也

哲宗

元祐　紹聖　元符

梁構 佐孫元豐八年乙丑焦踏榜由題名碑補按元豐間又有免省進士丁職青田令年分無考

石公輔 賜名公弼元祐六年辛未馬涓榜一作涓評本言衍之孫原名公弼與原志同原志是年又有袁轂評本明鄞人不錄

梁休泰 紹興元年甲戌畢漸榜興子字伯陽仕宏文館博士遷平章政事出守興元軍

石端中 元符三年庚辰李釜榜通

徽宗

崇甯　大觀

志府志誤作端平今由題名碑舊縣志改正

石彥和 崇甯二年癸未霍端友榜景略子知衢州通志誤作衢州通志是年有姚棐忱姚過二人皆嵊人誤載新昌今刪之

石端誠

潘彬 仕平陽主簿通志誤入會稽今從舊縣志改正以上均崇甯五年丙戌蔡嶷榜

石公恕 大觀三年己丑賈安宅榜通志是年有過卓今考田劉二志並題名碑俱不載從刪

政和　宣和

石公揆 景術子侍御史累疏彈秦檜罷相

朱聰 見田劉二志題名碑作朱常通志常諸暨人或別一人舊志無考

梁有嚴 字公謹舊志作友嚴在拾遺門今由梁氏家乘補以上均政和二年壬辰莫儔榜

梁仲敏 構子仕諫議大夫由題名碑補

石嗣慶 象之曾孫仕通判

高宗	
建炎紹興	
石慶紹興元年中博學宏詞科明州教授按府志補	
梁仲寬構子建炎二年李易榜 石襲慶改名延慶嗣慶弟兼中博學宏詞科按石公弼書與公輔石延慶書襲慶與前石待問賜名塋仍書待問皆依宋紹興府學題名碑紹興二年壬子張九成榜 石公轍公弼弟知江州仕至大宗正是年特奏狀元 石師能紹興五年乙卯汪應辰榜	梁有矜字公恤仕大理評事舊志軼由家乘補以上均宣和三年辛丑何渙榜

象之孫榜眼及第仕丹陽丞

梁仲廣 構子

石謷 字子重仕太常主簿知南康軍按太簿之祖避方臘亂徙居臨海試籍仍新昌以上均紹興十五年乙丑劉章榜

梁永年 紹興十八年戊辰王佐榜字子遠仕崇安令遷精膳司主事按舊志軼由梁氏家乘補

石邦彥 紹興二十四年甲戌張孝祥榜仕福州通判

孝宗

隆興

章木 紹興二十四年甲戌張孝祥榜題名碑失載依舊志一作沐並見長興志按通志作沐又通志章木平陽人又見長興志進士表俟考

吳達道 字繼英仕徽州節度使

許從龍 紹興二十七年丁丑王十朋榜知州見舊志題名碑

石斗文 樞密院編修

黃度 謚宣獻按題名碑注兵部尚書宋史本傳禮部尚書

乾道

章天與 乾道四年舉遺逸大理寺評事

俞亨宗 舊志軼由題名碑補

朱處仁 題名碑失載依舊志補

以上均隆興元年癸未木待問榜

黃庶 修職郎題名碑失載依舊志補

呂應舉 仕迪功郎以上均乾道五年己丑鄭僑榜

石宗昭 公揆孫書問子書問以父蔭補官銓試第一乃通志載書問進士科於寶祐元年誤矣

梁文 字彥俊仕高州刺史遷左丞出仕直華文閣

呂應舉 乾道五年按莫志書鄉科於呂應舉名下注乾道五年考五年己丑乃春試非秋試之年拾遺門又於呂應舉名下注宋進士三字咸以成進士之年注於名下宜入進士表

呂渙 乾道八年按八年亦春試之年俟考

淳熙

鎭沅州以上均乾道八年壬辰黃定榜

石朝英 淳熙二年乙未詹騤榜是年特奏名進士呂惟用鄉舉人太學呂通評本見舊志

黃庚 隆興觀察見舊志由評本增

梁汝明 字緋英仕禮部侍郎朱子相與友善手書大學一帙贈之梁氏子孫至今珍藏焉舊志軼由家乘題名碑補以上均淳熙八年辛丑黃由榜

黃邁 度子仕迪功郎淳熙十一年甲

光宗紹熙	甯宗慶元
辰衢經榜 石宗萬宗昭弟書問幼子仕至兵部郎中 黃克仁詔曾孫舊志軼由題名碑通志補以上均淳熙十四年丁未王容榜 潘方紹熙元年余復榜舊志軼由題名碑補	石宗魏仕建昌教授 王夢龍仕至戶部郎中 石宗玉景衍孫按舊志書王夢龍
呂頤之淳熙十三年丙午鄉試解元由評本增	梁簡之慶元四年評本言梁氏家乘簡之祖墓在取磨嶺有丹桂一本覆墓而東

嘉泰

前今依宋題名碑爲次當時有長興人同榜同姓名者見浙江通志
以上均慶元元年乙卯
鄒應龍榜

呂冲之 仕南康軍僉判
石孝溥 宗昭子按舊志書呂冲之前今依題名碑爲次
以上均慶元五年己未
曾從龍榜

楊轟 仕至禮部侍郎
袁一之 仕縣令按舊志書楊轟前今依題名碑
以上均嘉泰二年壬戌傅行簡

向若春夏特發一枝子孫必有瑞應慶元四年仲春丹桂一枝盛發至秋簡之鄉試中式其靈驗若此時稱爲靈桂墓以比石氏靈栢墓云

	開禧	嘉定
榜	黃庭 度弟仕池州教授 黃廡 度弟原志入元福建參議評本稱甯宗開禧元年以從事郎任湖州長興縣主簿見葉水心集並錢大昕長興縣志職官 梁簡 仲寬孫舊志軼由題名碑補 以上均開禧元年乙丑毛自榜	呂堯仲 嘉定四年辛未趙建夫榜題名碑失載今依舊志 石繼喻 原志列嘉定四年特奏名狀元豁長子仕宣義郎

湖北運幹題名
碑軼仍舊志

石大亨有傳嘉定七年甲戌袁甫榜按是年又有袁甫石宗旦二人通志明言鄞及餘杭當已入籍評本所云祖籍可省

袁行之嘉定十年丁丑吳潛榜仕太平府教授

王祖治嘉定十三年庚辰劉渭榜仕至端明學士兼樞密院戶部尚書卒賜祭葬有御製詩

王爚嘉定十三年庚辰劉渭榜有傳

理宗

寶慶　紹定

章德榮寶慶元年舉人才任長樂令

石正森嘉定十六年癸未蔣重珍榜舊志十五年主管建昌軍仙都觀賜緋魚袋通志無正字是年上舍釋褐進士呂若霖紹定二年己丑特奏名進士呂全之評本見舊志

梁大受紹定五年壬辰徐元杰榜仕至刑部侍郎

楊國英仕台州錄事參軍

王華甫有傳

端平　淳祐

呂秉南有傳按四人並見宋題名碑舊志呂在王前今依題名碑記爲次以上亦均紹定五年壬辰徐元杰榜

俞公美有傳原名瑞端平二年乙未吳叔吉榜

袁灝舊志軼由題名碑補嘉熙二年周坦榜淳祐元年特奏名進士呂遵仕國子學錄呂邁授迪功郎

王燦

王祖直舊志軼今由題名碑通志

寶祐

補

何正己 題名碑失載仕台州教授長興令按長興縣志職官表亦失載依原志書之以上均淳祐十年庚戌方逢辰榜

章一新 寶祐中中博學宏詞科授校書郎擢講官

呂岳 評本言籍福建祖籍新昌按宋刻寶祐四年登科記共進士五百餘人一甲一名文天祥字宋瑞習賦時年十九二甲陸秀夫謝枋得是以其書有神靈呵護至今尚存於許氏鑒止水齋前後細閱僅呂岳一人籍福建新昌舊志於呂岳下載有嶸湍峻嶨嶫續似孫洪

章一新 寶祐三年

開慶

俞仁裕 開慶中舉茂才任長安尉

黃仁靜 官至朝奉大夫致仕見葉

齋等九人登科記並無其名又按紹興府學題名碑併呂岳無名蓋文獻不足莫且於成化間掇拾家乘誤以鄉貢漕貢爲南宮進士耳今從刪另列鄉科門

趙良埈 宗室仕瑞州軍判以上均寶祐四年丙辰文天祥榜是年博學宏詞科進士

章一新 授校書郎

俞浙 有傳

潘時晦 舊志失時字且書俞浙前

景定

俞長孺 水心集有傳

呂徽之 有傳

今由題名碑補正

袁同 題名碑失載依舊志以上均開慶元年己未周震炎榜

吳觀 有傳

陳非熊 試六師大振天聲賦

吳大順

以上均景定元年庚申

王煓 仕萍鄉令舊志列吳前府志二人皆失載通志誤書咸淳元年今由題名碑訂正景定三年壬戌方山景榜一作方嵩

張晟 景定二年

度宗

咸淳

胡宗銓 志稿銓作鈺 薦實錄校閱官

梁一方 舉學行仕南安府教授

陳埜 咸淳三年舉才能異等科授承事郎即任本邑據書傳補 以上均咸淳中

何夔 宋末間貢常山令

潘文虎 彬曾從孫

俞湘 公美猶子

呂淵 冲之曾孫 字溥堂

袁儒

趙炎 刑部員外郎按浙江通志失載潘呂趙三人舊縣志以潘呂俞趙袁爲次今由宋題名碑次之府志失載潘文虎以上均咸淳元年乙丑阮登炳榜

石余亨 見題名碑

袁範 見舊志以上咸淳四年戊辰

王林

楊衍祖

黃秀發

俞夢鯉

楊昭祖

王于桂

袁子高

王仲國

吳夢捷

黃元簡

陳文龍榜

袁應春　仕龍興教授見通志舊縣志誤淳祐十年

袁桂　見宋紹興府學題名碑　按新昌舊志此年有呂煥呂傳呂源呂修呂浩呂範呂六人名書二袁之間皆書淳祐十年而呂氏一榜六進士牌坊又書王龍澤其爲咸淳十年無疑乃考之題名碑僅袁桂一人其爲傳會可知應另列鄉科門以上均咸淳十年甲戌王龍澤榜

俞公弼

呂源

袁應桂

朱安宅

袁桂

呂浩

黃興全

俞　子

丁棨祖

呂煥

王模
袁應椿
潘台輔
王三端
王元春
俞揚
袁居易
俞藻
呂修
呂傳

潘似孫
丁壽祖
呂范
潘本
按上三十四人並登咸淳九年癸酉鄉科見千佛巖佛塔題名

進士補遺 評本稱科分無考者

石晝問 銓試第一
潘起 本學教諭
俞受 本學教諭

石祖文 銓試第三仕知甯國軍
俞公愷
呂元之 三舉於鄉賜第仕宣義郎

俞彬
潘一雷 本學教諭
俞公柄 入元仕本學教諭

何正行免省進士
以上進士榜均由評本增節
黃飛
張漢英
石塤
何雩明經科仕大理評事出判永州

武進士

呂定有傳
石公輅宣和三年武舉狀元府志作淳熙年由志稿增
潘勝淳熙四年江淮功軍陞殿前都虞侯由志稿增
梁邦禁仕經略使有傳志稿稱景定年間時事不符當必有誤
石子潚嘉泰元年敕授義郎由志稿增

鄉科

科分無考者因原志入

何增
潘銓
潘鉅
潘鐘
何聖輿
呂一龍

呂惟通
袁宋 志稿入元評本言以上十二人均宋鄉貢

潘用文
袁應午 志稿入元今兩存之

袁居實
何正祥

拾遺

張仍 賢才秘書郎
石待聘 衛尉寺卿原在後今改前
胡楝 義烏縣教諭
徐一山 御史
徐午 僉判探稿午作銘
徐誠 教諭

何湜 仕至江西行省參議
呂旉 宣差使
梁友嚴 志稿稱元豐中刑部郎中
徐標 迪功郎探稿標作彪
徐鉅 制幹
徐上 訓導

石祖文 銓試第三知甯國軍
丁宇之 郡馬
徐富 大理評事
陳榮 瓊州安撫司帥幹
徐小五 學諭
徐元傑 學諭

石孝隆 廣德州知州
石寘 秉議郎
潘伸 秘書監丞
何文厚 主簿
章師汾 參政
董玉成 山東副使
葉仲彝 兵部主事
葉思方 同知原志葉作黃
吳容 丹陽主簿
石待用 任大理評事遷衢尉志稿

石德廣 滄州知州
俞松茂 督府經歷
潘良器 員外郎
黃淮 嘉興知府
章如琳 憲副
丁宜民 知縣
葉仲彰 萊州通判
金子中 州判官
俞聰 安撫使按僉譜名維聰孝宗時爲荊湖南路按撫使

石景立 福州知州
石允常 河南參議
潘恩 樞密檢校
潘騰 右班殿直
章子英 州判官
趙思範 陽山縣丞
葉景一 吉安知府
董均質 同知
吳蘊中 州判官
俞志林 府同知

據本傳補

石邦哲有傳

梁友敦原志言鄉貢仕承事郎評本稱政和間舉賢良方正家乘作有敦

徐攀龍仕武甯縣教諭今由陳本集增

以上年分無攷均由志稿增

陳德秀嘉定間國史檢閱官

章立夫行人原志作中夫

以上拾遺諸人均由志稿訂正

盛符紹熙間天姥鎮過使檢校工部尚書

章可衡京州衛經歷原志章作袁

鄭克寬評本稱寶慶時人奉議郎爲呂宜之撰墓志見呂氏譜

封贈

呂集以子定贈郡指揮使

呂琰以子元之贈朝奉郎

黃仁靜以子度贈朝奉大夫

俞君澤以子公美公浙累贈朝散大夫

潘恩以子來贈朝請郎

王迥以曾孫爚贈太子太保信國公

石待聘以子象之贈光祿卿

潘子廣以孫來贈朝奉郎

呂瑾以子冲之贈承奉郎

潘清以子勝贈都虞侯

王夢得以子爚贈太子太師衛國公

呂惟通以子秉南贈朝散大夫

王應辰以孫爚贈太子太傅魯國公

封蔭

王槻知松江軍

王榘藉田令

二人俱爚子以父蔭授今由陳本堂集增

元

元初科制未備皇慶初始行會試定鄉試條目分爲三場命題以經義古賦表章詔誥試策中選者給解移咨都省送禮部會試蒙古色目人與漢人各一榜

進士	鄉料	拾遺
馬剌丹至順元年王文煒榜回回人侍父哈下任本縣主薄因用本縣貫	梁貞泰定三年有傳	呂模薦仕建德長史行御史臺知事
王志才元監生廬州知府	章廷端一名廷瑞至正二十二年有傳	張觀佑薦仕興化州同知
袁宋府志作宣	王文榮原志稱監生仕樂清縣迪功郎	潘元甫舉學行仕義烏縣教諭　以上年分無考
	袁應午以上二人評本入宋志稿入元	丁若水有傳
		俞揚志稿增
		黃元森丹徒尉志稿增

按志稿言皇慶二年八月詔天下州縣察舉孝廉賢良方正又詔年二十五以上鄉黨結狀保舉嵊志所言元此後始行科舉江浙行省凡統三十路而三載解額

文祇取蒙古五人色目五人南人二十八人士無可進之路多俯首椽吏矣

武仕

章廷珪有傳

章廷璋廷珪從弟授萬户

董彦光有傳

俞道廷以義勇聞仕義兵萬户

明

進士

續文獻通考洪武三年詔開科舉使內外文臣皆由科目而選正統二年令開科不拘額數

舉人

原志洪武三年詔開科以今年八月爲始四年詔各行省連試三年自後三年一舉永爲定式六年詔停科舉專行薦辟十七年詔復開科

歲貢

原志洪武十六年奏准天下府州縣學自明年始歲貢各一人二十一年詔天下府學一年縣學三年貢一人二十五年詔天下府學一年二人縣學一人

乾隆府志永樂二年詔天下歲貢用洪武二十五年例十九年詔天下歲貢用洪武二十一年例宣德七年詔天下歲貢用洪武二十五年例

原志正統六年令府學一年貢一人縣學二年貢一人天順六年令

洪武

五年壬子

吳佐詳進士

廩膳生員四十五歲以上廩者俱貢弘治九年奏准是年起貢二十三年止每年府學貢二人縣學貢一人乾隆府志隆慶元年詔天下府州縣學考廩膳三生員內貢一人萬歷十年奏准歲貢年六十一以下考優者充貢三十一年立皇太子恩詔府貢二人州縣貢一人天啓元年詔天下府貢二人縣貢一人崇禎元年詔天下府縣廩選優貢一人

吳佐見舉人

石紛

六年癸丑
七年甲寅
九年丙辰
十一年戊午
十五年壬戌
十六年癸亥
十七年甲子

吳佐金鑄榜刑科給事中

董薛詳進士
潘宗岳詳進士
盛暘竹山教諭
蔡用強應天中式詳進士

楊容字宗理刑部尚書
徐瓃太平教授
張甯四川按察司副使
丁正叔豐川知縣
唐方山東按察司僉事
葉宏刑部主事
蔡用強見舉人

年			
十八年乙丑	潘岳丁顯榜原名宗岳以廟諱去宗字寶慶府推官 蔡用强御史 董薛御史		王助刑部主事
十九年丙寅			王同通政司通政
二十年丁卯		石叔宜	楊亨刑部主事
二十一年戊辰	王達觀任亨泰榜禮部主事	王達觀詳進士	楊世清
二十二年己巳			朱泚
二十三年庚午		章衡民教授	張德規一名世友刑科都給事中

二十四年辛未
二十五年壬申
二十六年癸酉
二十七年甲戌
二十八年乙亥
二十九年丙子
三十年丁丑
三十一年戊寅

建文

元年己卯
二年庚辰

黃澤 崑山主薄
王新民 廬州同知
吳希哲 國子監丞
丁湘
何泰 刑科都給事中
黃宗由 恭城知縣
楊宗哲
王伯壽 通政司參議
盧文初 新淦知縣
梁得全 按察司僉事

永樂

三年辛巳　元年癸未　二年甲申　三年乙酉　四年丙戌　五年丁亥　六年戊子

章以善惠州知府有傳
章士渤常州同知以上均曾棨榜
盛霈林環榜莒州判官

章以善詳進士
章士渤詳進士
盛霈詳進士
梁灌按司檢校

張定禮部知事
丁彥信同知有傳
王溥建寧知府
呂童有傳
盧文杲太平通判
張崇岳新城縣丞
王叔光

七年己丑

八年庚寅

九年辛卯

十年壬辰

十一年癸巳

十二年甲午

十三年乙未

十四年丙申

十五年丁酉

呂迪有傳

呂九疇奉命使閩廣荊蜀奏疏累百未仕卒

張世容肇慶教授

石思宜

吳宙布政司檢校

求琰有傳

章良民有傳

周同池州判官

張友邦

石文詡

十六年戊戌
十七年己亥
十八年庚子
十九年辛丑

甄完曾鶴齡榜布政使有傳

呂彧
董廉教諭
翁玭教諭
楊宗器
陳孝軻尤溪知縣有傳
甄完詳進士
楊信民左僉都御史有傳

張琦知縣有傳
吳經
安盤主簿
俞尙純有傳

宣德　正統

二十一年癸卯　元年丙午　三年戊申　五年庚戌　七年壬子　九年甲寅　元年丙辰

梁沂監山教諭時土木之變保護邑民有功

周綜文祥縣彭山訓導

丁孟達盧江訓導

李思爵龍溪訓導

章敏有傳

朱叔端見薦辟

章以衡

吳尚清

吳永軻福州衛經歷

王鍾敔泉州知府

呂鵬知縣有傳

三年戊午　四年己未　五年庚申　六年辛酉　七年壬戌　九年甲子　十一年丙寅　十二年丁卯

俞鐸施槃榜雲南布政使有傳

呂昌劉儼榜按察使有傳

俞鐸詳進士

劉文輝紀善有傳

呂昌詳進士

章以占順天解元岷府長史

俞逵廬州同知

章以占衡民子見舉人

黃堯麻城知縣

楊巨清邵武府經歷

蔡構國子監助教

黃鈿鄱陽知縣

呂景融梧州府推官

十三年戊辰	景泰元年庚午	二年辛未	三年壬申	四年癸酉	七年丙子	天順元年丁丑	二年戊寅	三年己卯
		俞欽柯潛榜兵部左侍郎有傳				李慶黎淳榜刑部主事		
	俞欽詳進士			俞適	李慶順天中式			呂鳳 丁川詳進士
王康高唐州判	黃宗禮	章端進賢縣丞	黃玲永豐縣丞	翁諒邳州州判	吳方昆陽訓導		丁航泉州訓導	

四年庚辰

六年壬午

呂鳳 王一夔榜工部員外郎勤勵官守以介直忤時恬然而退

呂鳴 通判有傳

徐志文 詳進士

王環 永定知縣祀名宦

蔡承 德化教諭有傳

黃藻 宣城教諭

楊春 靖安訓導

王溢 昌邑教諭

俞瑄 星子縣丞

呂璡 麗澤典史

俞積 惠安縣丞

陳哲 興國主簿

王孟文 南康縣丞

梁華

呂初 見舉人

求瓚 永城知縣

錢鎰 泰和教諭

八年申申

丁川 彭教榜左僉都御史有傳

徐志文 彭教榜工科給事中有傳

成化

元年乙酉

陳堯

二年丙戌

石熺 贛州訓導

四年戊子	五年己丑	六年庚寅	七年辛卯	八年壬辰	十年甲午
	何鑑兵部尚書有傳 劉忠器知府有傳以上均張昇榜				
劉忠器詳進士 何鑑詳進士			呂淀同知 呂初順天中式鎮江通判		呂獻經魁詳進士
劉暹漢陽訓導		章鵬		章棨徐州訓導有省庵集	梁僑南昌教授

十一年乙未
十二年丙申
十三年丁酉

俞振才副使有傳
俞深工部侍郎有傳以上均謝遷榜

俞振才詳進士
俞深詳進士
俞振英詳進士
梁華順天中式兵部員外郎
潘溫經魁邵武同知
石輝政和教諭

梁伋袁州通判

	十四年戊戌	十六年庚子	十八年壬寅	十九年癸卯	二十年甲辰
					呂大川 知府有傳 俞振英 尚寶卿有傳 呂獻 南京兵部右侍郎有傳
何錫 襄陽同知 張琰		呂大川 進士詳 陳獻 知縣有傳		呂信	
	王琡 泰州教授	楊洪 清河教諭	張儀廷 南康教授		翁申 溧水訓導

	弘治			
二十二年丙午	元年戊申	二年己酉	三年庚戌	五年壬子
以上均李旻榜				
呂鼐通判有傳 張居仁金壇教諭		梁寵 胡鉽 張居敬溧陽教諭 潘溥國子助教		
張泰夫泉州訓導	俞巽		王瓚	俞秈潛山訓導

六年 癸丑 七年 甲寅 八年 乙卯 十年 丁巳 十一年 戊午 十二年 己未 十三年 庚申 十四年 辛酉 十六年 癸亥

呂廷簡淮府長史

劉芳兩淮運判有傳

潘沐僉事有傳

吳燧周府紀善

章苓惠州訓導

呂爨長寧教諭

董廩興化訓導

俞振昌

呂訥衛輝訓導

何宇通判有傳

貝恢教昌訓導

石廩平度州判

正德

十七年甲子		兪集詳進士
十八年乙丑		
二年丁卯		
四年己巳		
六年辛未	俞集楊慎榜有傳	
八年癸酉		俞振强經魁詳進士
十年乙亥		
十一年丙子		胡洒詳進士
十二年丁丑	胡洒舒芬榜	

呂謀寧都訓導

呂卿蒲城教諭

俞朝文崇安教諭能詩文與修武夷志

呂宗信有傳

丁鐵建平訓導

俞準有傳

劉完績溪訓導

嘉靖

十四年己卯
十五年庚辰
十六年辛巳
二年癸未
四年乙酉
六年丁亥
八年己丑
十年辛卯

兪振强 姚淶榜大理寺副有傳
俞朝妥 姚淶榜都給事有傳

俞朝妥 詳進士
呂光洵 詳進士

俞律 永新訓導
呂華 上猶訓導
俞振翰 犍爲教諭
陳瑄 歸善教諭
呂良顯 合浦知縣
呂廷越
潘沖 順昌訓導
何宙 武定學正

十一年壬辰
呂光洵林大欽榜庶吉士南京工部尚書有傳舊志是科有呂本係餘姚人

十二年癸巳

十三年甲午
俞則全詳進士
俞柔順天中式福州府推官

十四年乙未
俞則全韓應龍榜參議有傳

十六年丁酉
俞時歆詳進士

十八年己亥

十九年庚子
潘晟詳進士

曹宏膠州學正
潘日章
何絅江陰縣丞
俞柔見舉人
潘日升教諭有傳
俞休固始訓導
董茂醇泰和訓導有傳

二十年辛丑 二十一年壬寅 二十二年癸卯 二十三年甲辰 二十四年乙巳 二十五年丙午 二十六年丁未 二十八年己酉 三十年辛亥 三十二年癸丑

潘晟沈坤榜榜眼有傳

俞時歆秦鳴雷榜主事有傳

俞時及李春芳榜同知有傳

俞時及詳進士

黃祐林縣訓導

張涓河陰訓導

章守忠濟陽訓導

何純

陳大昌銅仁推官

陳一賢淮安訓導

俞振逵教諭有傳

呂雲江有傳

呂光遠濟寧訓導

年	進士	舉人
三十五年丙辰		
三十六年丁巳		
三十八年己未		
四十年辛酉		呂若愚 順天中式詳進士
四十二年癸亥		
四十三年甲子		俞應星 六合知縣有傳
四十四年乙丑	呂若愚 范應期榜郎中有傳	
隆慶元年丁卯		
隆慶二年戊辰		

呂光化 知縣有傳
俞從禮 和平教諭
呂光渭
呂光升 通判有傳
王世相 棗陽教諭
何裳 邵武教諭
呂光演 訓導
呂伯溫 石埭訓導
章國舜 恩貢知縣有傳

萬曆

三年己巳 五年辛未 六年壬申 元年癸酉 四年丙子 十三年乙酉 二十二年甲午 二十五年丁酉

俞應肅 有傳

俞相廷 有傳

呂繼楩 有傳

俞斗方 有傳

潘復化 海鹽教諭

陳九級 遂溪知縣

陳九韶 長寧教諭

呂明哲 崇寧教諭

俞時爚 金溪訓導

章志良 太平訓導

以下十五人均萬曆朝年分無攷 志稿

甄應奎 訓導

呂繼儒 教授有傳

何九功 學正有傳

俞不平

紀元	年	進士	舉人
	三十一年癸卯		呂奇策 詳進士
	三十四年丙午		呂新周 大理寺副有傳
	三十七年己酉		章泰亨 武緣知縣有傳
	四十年壬子		潘復敏 蘇州同知有傳
	四十七年己未	呂奇策 莊際昌榜 南雄知府 有傳	
天啓	四年甲子		俞志虞 詳進士 陳宏藻 有傳
崇禎	七年甲戌	俞志虞 劉理順榜 御史有傳	

呂曾見 教諭有傳
王三畏
潘紹科 贛州府教授
呂繼橋 湖州府教授
章國善 由府志補
章應周 海寧訓導
張延壽 安吉訓導
俞學憲
呂初泰 縣丞有傳
王如極

十五年
壬午

章爾宏有傳

呂天章府經歷有傳
以下五人均天啟朝年分無考 志稿
張立朝惠州經歷
王應試
王應乾南昌府教授
潘復祈寧波府教授
俞正言
以下十五人均崇禎朝年分無考 志稿

章士榮溫州府教授

章宗愚四川灌縣知縣

呂同尹河曲縣知縣

俞國猷績溪縣教諭

呂曾蟠訓導有傳

王茂齡烏程訓導博學工文詞

韓承南恩貢寧海教諭

潘大成金華訓導有傳

陳昌鼎有傳

呂之和

俞策名

潘志邃

王昌邦

呂希邈

呂穀

崇禎十三年庚辰

呂爾韡 京衛武舉

貢舉補遺

章時 萬歷七年己卯科副元有傳

俞應哲 年分失載江油知縣有傳

呂瑞桂 係萬歷間

俞邦韶 萬歷七年己卯科

俞夢盛 寧國教授有傳

陳宏中 任雲南師宗州知州舊志作恩

潘復初 年分失載長沙通判

張思齊 萬歷三年乙亥科興山知縣

呂光品 萬歷五年丁丑科

呂曾模 崇禎元年有傳

按明有選貢無副車拔貢以上均由志稿入

貢今據家譜改正天啟中

陳心銘 年分無考

薦辟

續文獻通考洪武初詔各府州縣薦舉賢良方正及山林巖穴隱逸之士明會典洪武六年詔罷科舉專用薦辟其目有五十三年有詔舉聰明正直孝弟力田文學術數之士　續考又十三年十一月詔徵天下明經老儒達於治體可備顧問十七年令各省布政司直隸府州縣舉秀才人才必由鄉舉里選知府州縣等官會同境內耆宿長者訪才德聲名著於鄉里之人先從鄰里保舉有司再驗言貌書判方許進呈十九年七月詔舉經明行修練達時務之士永樂九年勅內外諸司文職官員各舉所知或堪重任而沉滯下僚或可剸繁而優游散地或抱德懷才隱居田里無問遠近並舉以聞洪熙元年詔民間有行已廉正才堪撫字者許見任官具實舉薦宣德七年詔各省有文學才行出衆之士自二十五歲以上令所在有司保舉景泰三年詔各省果有才行卓越文學優長者許在內四品以上官員在外巡撫巡按方面指陳實蹟薦舉赴京天順元年詔處士中有學貫天人才堪經濟隱居高蹈不求
聞達者所司具實奏聞

章廷瓛洪武初獻詩於金華授祥符縣丞
蔡思賢五年舉人才本學訓導蒼溪知縣有惠政
黃潮洪武初辟授善化縣迪功郎
俞鎔明初辟授安塞知縣調平樂府經歷
丁義十三年薦任刑部主事
呂九思舉聰明正直科有傳
周彝辟本學教諭有傳

呂諒洪武初舉明經授常州府教授遂家焉
陳仲初洪武初辟爲本學教諭
章廷瑞元舉人明初就辟有傳
張觀讓洪武初以人才辟仕山東按察使
吳總舉人才仕惠安知縣有惠政民爲立祠
俞壽辟榮道縣丞有傳
石如璋舉聰明正直科廣信通判有傳

薛正言洪武初舉任應天府尹
呂升洪武初舉孝弟有傳
陳文中洪武初辟爲本學訓導
呂不用洪武初辟本學訓導有傳
呂文玿十五年以經術薦授山西按察司僉事
章廷璦舉明經授行人有傳
章廷琳舉經明行修仕南安知縣
張世賢洪武初辟授御史
潘熹洪武初薦授新塗訓導

何用常 舉人才授成縣丞

俞文燧 洪武初舉任確山縣知縣有詩集

何友諒 博通經史避元聘隱居甯海洪武初辟授本學教諭立條教課生徒

章士汪 舉楷書科中書舍人

何廷玉 舉賢良方正科考城知縣

甄圭 舉經明行修科以親老辭有傳

呂總 舉人才科仕胙城知縣

楊仲才 洪武間辟仕廬州知府

呂貴衡 舉人才科綏寧知縣

何德璋 舉賢良方正科饒州通判

朱叔端 宣德中由府志補

胡祺 天順中舉人才科安福縣丞遷居秀水

董荆 舉博學宏詞科有傳

以上均洪武年

石敬顏 舉經明行修科永新知縣

以上均永樂年

呂璠 景泰中舉經明行修科來陽教諭

梁觀文 以賢良仕來陽知縣

封贈

王德成 以子溥贈刑部郎中

楊文吉 以子信民贈給事中

章魯成 以子良民贈給事中

甄得禮以子完累贈參議
呂存政以子昌累贈僉事
丁孟達以子川贈順天府丞
俞廷獻以子欽封禮部侍郎
呂茂常以孫獻贈侍郎
何彥廣以孫鑑贈太子太保尚書
何崇文以子錫賜通判
俞溥以子集贈監察御史有傳
俞廷佐以子振强封文林郎
俞貴鎔以子俊封經歷

陳克讓以子孝科封知縣
俞叔晦以子鐸封主事
呂存酌以子鳳贈主事
徐景釗以子志文封主事
呂景明以子獻累贈侍郎
何崇美以子鑑贈太子太保尚書
俞叔安以子振才封御史
張觀僧以子德規贈刑科給事中有傳
俞振忠以子朝安封給事中
呂廷安以孫光洵贈尚書

章胥民以子敏封主事
潘確以子成贈經歷
俞用貞以孫欽封禮部侍郎有傳
何遵道以曾孫鑑贈太子太保尚書
劉永華以子忠器封御史
呂廷潤以子大川封知州
潘孔平以子沭封御史
俞鐸以子深封進階正治卿
潘淮以曾孫晟贈太子太保禮部尚書有傳

呂廷圭以姪孫光洵贈尚書與子世良同傳

潘日升以子晟贈尚書有傳

呂苗以子仲梟贈通判

呂明稷以孫奇策封行人

呂明忠以子奇策封郎中

呂應鼎以子承麟贈奉政大夫

俞斗復以子相廷贈雲陽縣知縣

呂世良以子光洵贈尚書有傳

呂益宗以子若愚贈行人司左司副有傳

呂曾見以子新周贈徐州知州奉直大夫有傳

潘皐以子復敏贈曲江縣知縣

張時春以子思齊贈興山縣知縣

潘憲朝以孫晟贈尚書有傳

俞朝寰以子則全封文林郎有傳

呂仲易以子繼楩贈文林郎有傳

俞時舉以子志虞贈推官有傳

恩蔭

楊琉以父信民蔭

俞沆以父欽蔭

呂仲梟以祖獻蔭有傳

何容以父鑑蔭錦衣衛百戶

潘復泰以父晟蔭

呂承麟以祖光洵蔭有傳

何嗣階以曾祖鑑蔭世襲錦衣衛百戶

呂應峕以伯父光洵蔭

潘志省以祖晟蔭有傳

何士閶以祖鑑蔭世襲錦衣衛百戶

何九皐以祖鑑世襲錦衣斧鉞司百戶

何士儋以祖鑑蔭世襲錦衣衛百戶

武仕

俞桂珍元以勇畧神識授衛指揮不就明初任汴梁大使

俞安道安定弟授萬戶

石彥信樸之弟襲本衛指揮同知

趙可蘭有傳

石樸燕山前衛正千戶

石玉燕山前衛指揮使

俞安定與弟安道皆有義勇同趙可蘭西遊俱授萬戶安定權安遠大將軍

石友玉之弟襲本衛指揮使

呂調元薊遼左營守備征關白有功陞

黃可玉授江南金山衛遊擊

本鎮遊擊

例仕

張定洪武中禮部主事

潘城廣洋衛經歷

俞浪常熟縣主簿

呂光晉潯州照磨

張時和新淦縣主簿

呂仲春蒙自縣丞有傳

何纖招遠縣知縣

陳子恒東鄉縣主簿

呂金蘭中書科中書陞大理左寺副

王時實澄邁縣主簿

何繼鎮平知縣有傳

王晦興化縣丞

王世儀四川按察司知事

何九皋定州判官襲錦衣衛百戶

呂光迎增廣生入太學仕常熟主簿

呂玉河武平經歷有傳

呂中器瑞州知事有傳

陳鐕廩生益府典膳

俞振鳴光祿寺署丞

何緒古思知縣有傳

張良輝興州衛經歷

呂光泌光祿寺署丞有傳

何九華光祿寺監丞

俞時照完縣主簿

呂克寬京山縣丞

陳子誠鴻臚寺序班奉旨册封周府

俞夢禧汀州經歷有傳

呂承孚楚府紀善

袁茂端廬田縣丞

吳捨榮河南鞏縣丞

許會成新溪典史

竺釗福建萬安倉大使

胡堂福建知事

呂國禧廣東潮陽主簿調宜興主簿

以上例貢

吳思謹營膳所官

竺思孝陝西布政司都事

潘仕謙無爲州吏目

王歡莆田典史

袁孟璞呂梁洪閘官

丁兗崇武官倉

陳境豐城典史

石錦安福典史

陳子立福建松溪縣尹陞湖廣大尹

陳世彬北城兵馬司緝盜有功欽賞太僕寺銀

王宗慎新城縣主簿

章士沂倉官

石禮北京兵馬

王質中南京工部經歷司

石文美沙縣丞

吳祥廣實倉官

董仁福建倉官

章格 司獄官
王懷 泉州獄官
石丙津 銅陵典史
何鉽 澧州判官
王津 高仁典史
俞廷高 淸遠縣丞
陳鉽 安遠所官
狄思 江滸口巡檢
王源 宜興縣丞
吳永 富田巡檢

章祐 懷安典史
俞振聲 新喻縣丞
俞孟正 福建所官
翁謙 益府倉官
貝成 河泊所官
盛效 胥江驛丞
石流 雲南倉官
俞當 贛縣典史
王河 鳳陽典史
王濟 吉安所官

吳齡 算嶺驛丞
王楨 廣濟庫官
俞綾 徐州州同陞兗州府通判
張潛 永新縣倉官
胡坡 任平典史
竺昭 泉州巡檢
趙希遠 三山所官
俞守忠 福建南平縣大歷巡檢
梁浩 廣信倉官
章慈 建安典史

俞重 清遠倉官
許承吉 省祭
呂知民 拓陽巡檢
何寘 陵山典史
王香 淑浦主簿
梁本述 新會所吏目
梁玠 花橋巡檢
呂淵臣 大倉局
張茂德 拓溪巡檢
劉才 岳山巡檢

何宰 河泊所官
何綰 覃懷驛丞
呂訪 大輪驛丞
王最 南海衛經歷
俞則儉 織染局副使
劉淇 江都典史
俞加信 河度驛丞
潘紹榮 大理衛倉官
何纘 思隆鄉巡檢
周尚顯 潮陽主簿

俞洞 廣東場大使
何完 汶上典史
呂亮 曲靖倉官
呂經讓 鮀浦巡檢
董子順 軍儲南倉大使
呂宗臣 偏橋倉大使
許承志 湖廣會同縣若水巡檢
呂逸 永豐倉官
潘日鎮 趙化鎮巡檢
俞化 大敦巡檢

章世卿 大同巡檢
呂彪 無錫典史
俞西陽 福建井尾巡檢
王欽治 八尺寨巡檢
何孟賢 梅渚巡檢
呂調律 河南永城縣主簿
呂文宿 儀眞巡檢
何九寶 廣東羅定州吏目
石守剛 揚州倉官
呂相朝 廬州巡檢

呂光堯 昌平倉大使
潘視 長樂主簿
呂晉回 廣東肇慶吏目陞王府典膳
何九龍 陝西西鄉主簿署縣事陞山東大嵩衛經歷
何綱 閩請縣典史
唐汝聖 江西樟樹典史
章宗熹 福建沙縣主簿
吳尚文 揚州巡檢

梁時泰 虎溪口巡檢
劉惟賢 定海廣安倉大使
潘大恩 沿萬驛丞
王奈 桃源典史
俞夢宿 揚州巡檢
陳思源 日連驛丞
何獻芹 大勝關大使陞廉州府知事
潘復祥 廣西陀陵典史
何效先 廣東平圃驛丞
呂治 四川保甯府照磨有傳

陳乃思福建質饍驛丞

呂新政廣東藍口巡檢

王應選吏目嘉興府倉大使

清

會典順治三年春初行會試嗣後定子午卯酉年八月秋舉鄉試丑未辰戌年春三月舉會試

年號	年	進士	舉人
順治	三年丙戌		呂正笏南陽知縣
	十一年甲午		呂正音詳進士
	十二年乙未	呂正音史大成榜徽甯道有傳	
	十四年丁酉		呂秉
康熙	二年癸卯		呂爚詳進士
	五年丙午		陳捷詳進士
			呂夏音潛江知縣

年份	進士	舉人
八年己酉		呂廷雲山陰籍經魁
十二年癸丑	呂廷雲韓菼榜	
十七年戊午		呂起津長興教諭
十八年己未	陳捷歸允肅榜編修有傳 呂爚歸允肅榜兵科給事中有傳	
二十三年甲子		呂師時 呂岱內閣中書改鄞縣教諭
二十六年丁卯		章錫範淳安教諭
三十五年丙子		章錫疇
四十七年戊子		潘祖誨

年	進士	舉人
五十年辛卯		何世華詳進士
五十二年癸巳		潘機
雍正二年甲辰	何世華陳德華榜壽光知縣	
雍正七年己酉		
乾隆元年丙辰		章鐸
乾隆二十五年庚辰		呂兆鼉韓城知縣
乾隆三十年乙酉		楊墀詳進士
乾隆三十三年戊子		呂日永湖北穀城知縣襄陽分府
乾隆三十七年壬辰	楊墀金榜榜知縣	
乾隆三十九年甲午		潘汝瑛

嘉慶

四十八年癸卯
五十四年己酉
五十七年壬子
六十年乙卯
三年戊午
六年辛酉
十五年庚午
二十一年丙子

楊璲
何大烈 恩賜庚戌會試賜翰林院檢討
梁祖成 恩賜
俞培因
張月梯 恩賜己未會試賜翰林院檢討
余鴻翙 歷任湯溪雲和訓導縉雲教諭
甄藩
呂豫正 恩賜辛未會試賜國子監學正
陳晃
陳榮燓 詳進士

道光	進士	舉人
二十五年庚辰	陳榮燮 陳繼昌榜庶吉士戶部主事有傳	
二年壬午		孫鈺
八年戊子		呂晉 永嘉教諭
十一年辛卯		陳金鑑 詳進士
十二年壬辰		金祐 詳進士
十四年甲午		俞汝本 詳進士
十五年乙未	陳金鑑 劉繹榜任山西黎城曲沃知縣	俞貞 署寧鄉繁峙知縣有傳
十六年丙申	俞汝本 林鴻年榜任獨山黔西知州有傳	
十九年己亥		俞煥模 解元
		呂襄宸 順天中式

咸豐	同治
二十年庚子二十四年甲辰二十六年丙午九年己未恩科	四年乙丑補行辛酉壬戌科六年丁卯並補行甲子科

金祐 孫毓滙榜原名岵瞻任山西山陰知縣

陳于垣 補用知縣

呂璋 順天中式國史館議敘知縣

俞邦建 第二名

呂冠瀛 鎮海教諭

梁槐林

楊永清

呂錫時

呂鴻燾

梁國元 奉化訓導

光緒

九年庚午

十二年癸酉

元年乙亥

二年丙子

八年壬午

俞鴻逵 任貴州開泰縣知縣

梁華林

陳之唐 歷任麗水教諭昌化奉化訓導

俞觀旭 建德縣教諭

俞德祖 原名壎同知銜署直隸晉州知州

呂桂芬 歷任遂昌平陽教諭天台訓導

陳謳 歷任淳安教諭海甯分水訓導有傳

梁葆仁 詳進士

呂衷謙

楊廷燮 江西即補知縣

十一年乙酉
十二年丙戌
十四年戊子
十五年己丑
十七年辛卯
十九年癸巳
二十年甲午

梁葆仁 趙以炯榜任湖北天門知縣

陳謨 淳安縣教諭有傳

呂秉常

童學琦 第三名大挑二等任浙江都督府秘書浙江參議會參議省長公署政務參議會參議北京國史館編纂

梁葆章 第四名大挑一等

俞保鑑 揀選知縣

呂家騏

俞函三 署處州雲和訓導丁未考職二等

祝文修

		順治
	二十三年丁酉 二十八年壬寅 三十二年丙午	三年丙戌 四年丁亥 五年戊子 八年辛卯
副貢		
拔貢	梁葆成丁未考職三等 黃象義 呂陶丁未考職二等分發兩淮鹽大使	俞華 呂基德興化府通判
恩貢 歲貢		乾隆府志順治四年詔歲貢首名次名准貢康熙三年停八年復貢 蔡淳恩貢有傳 俞心聰歲貢平涼同知有傳 呂曾龍歲貢長沙縣尹

十年癸巳

十一年甲午 呂景參考選河南胙城知縣

十三年丙申 雲南嵩明州知州

十六年己亥

十七年庚子 呂爾訓

十八年辛丑

呂景參

俞璜

王性之恩貢吳橋知縣有傳

潘志麟歲貢太平訓導有傳

王愷之歲貢

潘照如歲貢

王恒之恩貢

呂鴻燦歲貢

陳宏勳二人由府志補

潘近聖年分無考

康熙

二年癸卯	九年庚戌	十一年壬子	十二年癸丑	十四年乙卯	十六年丁巳	十七年戊午	十八年己未
						俞士遴	
		陳錫紱					

呂晉柟歲貢

陳宏煥歲貢永康訓導

呂調歲貢

俞心孚歲貢

呂際發恩貢江山訓導

呂恂歲貢

陳錫組歲貢仁和訓導

俞士遴歲貢

石之慶歲貢

年份			
二十年辛酉			何世龍歲貢
二十二年癸亥			章于源歲貢
二十三年甲子		呂友朝	
二十四年乙丑			呂人鸞歲貢
二十六年丁卯			呂生奇歲貢採稿奇作音
二十八年己巳			俞牧歲貢
三十年辛未			陳撰歲貢
三十二年癸酉		袁廷璋	俞百揆歲貢
三十四年乙亥			張烱歲貢
三十六年丁丑			呂邦器歲貢

三十八年己卯
四十年辛巳
四十二年癸未
四十四年乙酉
四十六年丁亥

四十八年己丑
五十年辛卯
五十二年癸巳
五十四年乙未

俞拱歲貢浦江教諭
呂坦歲貢
俞珵歲貢
陳宏豸歲貢德清訓導
呂士驤恩貢壽昌訓導
陳其超歲貢義烏訓導
何眉歲貢
梁啟隆歲貢烏程訓導
章旻歲貢
楊翽歲貢

五十六年丁酉
五十八年己亥
六十年辛丑

雍正

元年癸卯
二年甲辰
四年丙午
六年戊申
八年庚戌

王億寬 採稿億作信

張景南 歲貢府學
呂宏裕 歲貢
何塤 歲貢
呂邦澍 恩貢瑞安訓導
呂梁 歲貢
張之苓 歲貢採稿苓作芹
呂永韜 歲貢
俞洵騶 歲貢
呂嗣尹 歲貢

年			
十年壬子			張肇修歲貢採稿修作清
十二年甲寅			張之星歲貢
十三年乙卯		俞鐙清和知縣採稿鐙作澄	
乾隆元年丙辰			唐亮公恩貢
			呂德周歲貢
三年戊午			呂啟歲貢
五年庚申			徐傑歲貢
六年辛酉		潘夢載	
七年壬戌			呂仁歲貢開化訓導
九年甲子			王兆基歲貢

十一年丙寅	十三年戊辰	十五年庚午	十七年壬申	十八年癸酉	十九年甲戌	二十一年丙子	二十三年戊寅
				呂沱			

呂勤 歲貢

呂運昌 歲貢

梁尚深 恩貢

張秉翰 歲貢

陳策 恩貢

章鴻圖 歲貢

陳溈光 恩貢

梁棟 歲貢

潘韜 歲貢

二十五年庚辰	二十七年壬午			二十九年甲申	三十年乙酉	三十一年丙戌	三十三年戊子	三十五年庚寅
							楊世植	
					俞鎬山西大同知縣調江蘇丹陽知縣			
俞燏歲貢武義訓導	俞登嶸恩貢	呂廷誌歲貢	陳思聰歲貢府學	俞呈彩恩貢		王縉歲貢	潘裘歲貢	呂瑞龍歲貢

三十七年壬辰

三十九年甲午

四十一年丙申

四十二年丁酉

四十三年戊戌

四十五年庚子

四十七年壬寅

四十八年癸卯

楊世植

呂偉 雲南維西通判

章泰理 恩貢

何大烈 歲貢

呂沆 歲貢

俞登嶢 歲貢

呂司壎 恩貢仁和訓導

王棟 恩貢

陳思孝 歲貢

呂麟 歲貢

四十九年甲辰　五十年乙巳　五十一年丙午　五十三年戊申　五十四年己酉　五十五年庚戌　五十七年癸丑　五十九年甲寅　六十年乙卯

余昌棫

余敦書歲貢　潘之榮恩貢　陳朝琰歲貢採稿琰作璣　余潤楷歲貢　余振甲恩貢　呂邵歲貢　王琦　梁珍歲貢採稿珍作玢　余天柱

嘉慶

元年丙辰
三年戊午
五年庚申
六年辛酉
八年壬戌
九年甲子

呂山臺

呂宏緒歲貢
呂燿歲貢
以上二人俱乾隆朝年分未詳
陳承然恩貢
王兆豐歲貢
潘皓
楊方泰歲貢
呂嘉謨歲貢雲和訓導
潘汝翼歲貢

年			
十一年丙寅			梁上治歲貢
十二年丁卯	呂宗方恩榜		
十三年戊辰	黃曾省恩榜		陳晃歲貢見舉人
十四年己巳			張正修恩貢
十五年庚午	徐師濂		俞樹蕘歲貢景寧訓導
十七年壬申			呂文昇恩貢
			胡忠諤歲貢
十八年癸酉	孫鈺詳舉人	陳金鑑見舉人	
十九年甲戌			呂正聲歲貢
二十一年丙子			楊壕歲貢

二十二年丁丑
二十三年戊寅
二十四年己卯
二十五年庚辰

道光

元年辛巳
二年壬午
四年甲申
五年乙酉
六年丙戌

俞紹輅

俞鴻猷 歲貢
俞思問 歲貢
劉欽 歲貢
楊靈和 歲貢
張雷 恩貢
俞平 恩貢
呂炳署 歲貢 歲貢
余省梧 歲貢 歲貢
呂序鏞 歲貢

八年戊子			潘梓歲貢
十年庚寅			呂樞歲貢
十二年壬辰			吳振甲歲貢
十四年甲午			徐師爚歲貢
十六年丙申			張雪恩貢
			呂慶中歲貢
十七年丁酉		呂基	
十八年戊戌			吳振江歲貢
二十年庚子			竺斐章歲貢
二十二年壬寅			陳宁燮歲貢

二十四年甲辰
二十六年丙午
二十八年戊申
二十九年己酉
三十年庚戌
咸豐
二年壬子
四年甲寅

盛贊堯署義烏景寧訓導

余文燦歲貢
呂金城恩貢
王省鑒歲貢
陳賽燮歲貢
俞應儀恩貢
俞應昌恩貢
梁器歲貢
俞金鼇
舒龍章歲貢

同治					
六年丙辰	八年戊午	十年庚申	十一年辛酉	元年壬戌	四年乙丑補辛酉壬戌科
	呂恭詔				俞爾鈞 陳謨
			梁槐林詳舉人		

梁鑑歲貢
俞蒼虬歲貢
呂鑑歲貢
石登庸年分無考
呂渭占年分無考
呂文梁年分無考
王之翰恩貢
呂珍誥歲貢

五年丙寅
七年戊辰
九年庚午
十一年壬申
十二年癸酉
十三年甲戌
光緒
元年乙亥

陳謨第一名副元

俞鍾儁署松陽縣教諭

呂墉歲貢
舒鳳章歲貢
俞觀瀾
梁友仁歲貢
徐炤恩貢
呂汝熙恩貢
呂錫師歲貢
呂乃烱年分無考
楊壽祺恩貢

二年丙子
四年戊寅
六年庚辰
七年壬午
九年癸未
十年甲申

俞聘三 歲貢
石以翰 歲貢
俞偉建 歲貢
呂欽典
陳于洛 歲貢
俞嘉言 恩貢
呂亭 歲貢
梁大容
呂廷繡 歲貢
呂漢宗 歲貢

年			
十一年乙酉	石虞磬	趙振甲	
十四年戊子			
十六年庚寅			
十七年辛卯	祝文修 梁毓芝代理安徽和州州判		
十八年壬辰			
二十二年丙申			

潘樹馨歲貢
陳錫周歲貢
王占瑞恩貢
呂濬歲貢
呂麟鑣恩貢
梁承暄歲貢
王室蕃歲貢
俞維則歲貢

二十三年丁酉		陳震	錢士青歲貢
二十六年庚子			俞俊恩貢
二十八年壬寅			俞鴻賓歲貢
三十年甲辰			朱孔陽歲貢
三十一年乙巳			呂鍾杰歲貢分發安徽直州判
三十二年丙午			陳廷球歲貢分發福建補用經歷
			俞壽民歲貢
三十四年戊申			呂秉鈞歲貢
			王森苑恩貢
			俞葆光歲貢

宣統

元年己酉

二年庚戌

俞恒

錢世昌松陽縣知事

楊瞪之年分無考

梁葆鎔年分無考

竺應韶歲貢

陳念祖恩貢

陳常歲貢

附考職

丙午科 呂壽松一等

己酉科 俞錫疇一等

楊鍾廷一等

楊貢廷二等

仕籍

呂奇籌順治朝任光祿寺署丞

呂作倫康熙朝由內篆事考授府經歷

呂傒姬吏目順天義順典史貴州清鎮典史

呂亨江西布政使經歷

俞鋐廪貢署遂安建德慶元訓導

梁觀瀾信陽州判

俞呈鐙清和知縣

陳宏綸生員隨平南王征廣東授增城縣教諭署海康龍門知縣

陳瓚廣東瓊州府經歷

陳樹龔廪貢署嚴州訓導泰順教諭祀鄉賢

陳宸爕附貢署嘉善教諭樂清訓導

梁夢崧附貢江寧候補縣丞

金培山西巡檢

梁潤璜署鳳陽府經歷

呂同尹康熙朝任山西河曲知縣

呂正已福建布政司庫大使

呂希聖署惠民縣丞授泰安主簿升惠民縣丞

梁敦懷由供事仕至雲南布政使內召太僕寺卿賞花戴翎

陳序烈河南禹州吏目

俞邦熹貴州候補布政司經歷賞戴花翎

梁輧廣州糧捕通判

梁軫候補兩淮鹽大使

呂鍾蕃直隸南樂典史

楊得懷廪貢署新城訓導

俞聯奎署通州吏目

梁景鴻安徽試用知縣辦太和水災賑務

王國瑛任山西平陽府巡檢

俞贊榮福建試用從九品曾委充興化府平海分縣縣丞兼管水利事務民國元

梁蔭南安徽候補巡檢

王應選任嘉興府倉吏護理平湖縣事

俞繩武江蘇試用縣丞委充籌議局稽查員兼保甲局委員

潘毓芬任安徽涇縣典史陞府經歷保舉知縣襄辦壽春榷政

俞伯旭署思南府經歷

何慶雲附貢署安徽開順巡檢

梁葆英江西候補典史

呂詩祺任安徽繁昌縣典史兼理知縣補祁門縣大洪巡檢

俞鍾靈福建試用縣丞保舉知縣歷辦建甯府稅釐總局礦務局提調委署按察司經歷

楊雨時廪貢署慶元縣訓導

年公立法政學校法律科畢業委署平南縣知事

俞文謨　安徽試用巡檢報捐知縣委署鳳台縣東流縣知縣

俞鍾喬　福建試用知縣委充全省讞局專審員辦松政稅釐總局

陳恭藻　附貢直隸候補州判署理霸永分司保獎知縣順天法政官班畢業

武進士

會典會試天下武舉定於辰戌丑未舉行第一場試馬箭第二場試步箭第三場試策論

王國珍康熙九年庚戌科任廟灣江陰城守

梁振源咸豐六年丙辰科提標補用守備

王際春光緒十二年丙戌科浙江提塘天台城守

徐廷彪光緒十二年丙戌科實授浙江駐京提塘兼理九省塘務

武舉人

會典順治二年題准子午卯酉舉行鄉試第一場試馬箭第二場試步箭再試開弓舞刀掇石以驗技勇第三場試策論

張玉炫康熙五年丙午科

王國珍康熙八年己酉科詳進士

何熀康熙八年己酉科

呂大鏞乾隆三十三年戊子科湖州白糧幫衛守備

陳一桂乾隆四十八年癸卯科署本邑把總蕭山千總

呂大鑣乾隆三十六年辛卯科

潘殿魁嘉慶六年辛酉科

楊金榜道光二年壬子科

楊國慶嘉慶十二年丁卯科

潘汝英道光十四年甲午科

陳占鼇　嘉慶二十四年己卯科
楊祖畸　道光二十六年丙午科
袁榮邦　道光二十九年己酉科
楊嘻之　咸豐元年辛亥科
石安康　咸豐五年己卯科
石炳榮　咸豐五年己卯科
何桂軒　同治四年補行己未科
陳鳳彪　同治九年庚午並補行壬戌科解元
呂煥章　同治九年庚午並補行壬

楊濟江　道光十七年丁酉科
黃選均　道光二十六年丙午科
楊祖唐　道光二十九年己酉科
陳省三　咸豐二年壬子科分發浙江撫標右營千總
潘玉標　咸豐八年戊午科
何起熊　同治六年丁卯並補行辛酉科
王鳳昌　同治九年庚午並補行壬戌科
黃金櫟　同治十二年癸酉並補行甲子科

梁榮昌　道光二十三年癸卯科
楊曜之　道光二十六年丙午科
梁振源　咸豐元年辛亥科詳進士
章錫三　咸豐五年己卯科
楊克勝　同治四年補行己未科
梁步雲　同治六年丁卯並補行辛酉科
梁夢彪　同治九年庚午並補行壬戌科
陳培鼇　同治十二年癸酉並補行甲子科
章釗　光緒元年乙亥恩科

戊科

梁振煜 同治十二年癸酉並補行甲子科

張國衞 光緒元年乙亥恩科

呂超 光緒二年丙子科

張葆英 光緒十一年乙酉科

梁錫麟 光緒十一年乙酉科

張球鎔 科分無考

許立功 光緒十九年癸巳科

章國祥 光緒二十年甲午科

楊仁彪 同治十二年癸酉並補行甲子科

呂熊飛 光緒元年乙亥恩科

王際春 光緒八年壬午科詳進士

梁國彪 光緒十五年己丑科

張雲龍 光緒十五年己丑科

陳鳳翔 光緒十九年癸巳科

章邦祥 光緒二年丙子科

徐廷彪 光緒八年壬午科詳進士

何維堯 光緒十七年辛卯科

陳桂方 光緒十五年己丑科

呂聞揚 光緒二十年甲午科

武職

呂彪 福建提督標下守備

呂律和 康熙朝禦寇有功任千總

周永昌 任杭州城守營把總遇缺即補副閫府

潘琢斐 嘉興府城守

陳戴清 署山陰汛城守

俞成 康熙朝封懷遠將軍有傳

胡雙麒 康熙朝封紹武將軍

呂作梅 康熙朝廣東潮州衛守備

胡八麒 廣東潮州府守備

封贈

呂兆虞 以子正音贈刑部郎中有傳

呂和鈎 以子夏音贈文林郎湖廣

呂曾柟 以子景參封文林郎河南胙城知縣

楊討孫 以子容誥封刑部尚書

呂曾枏 以子爚贈文林郎兵科掌印給事中

王新民 以子性之贈吳橋知縣

潛江知縣

呂愫以孫日永貤贈文林郎

梁棟以孫敦懷貤贈通奉大夫

呂慶新以孫保貤贈中憲大夫

呂崇惠以孫鼎元貤贈武德佐騎尉

呂是儼以子日永贈文林郎

梁鼇以子敦懷贈通奉大夫

呂周緒以子保贈中憲大夫

俞桂林以子汝本贈奉直大夫

陳克淳以孫榮燮貤贈庶吉大夫

梁玖以曾孫敦懷貤贈通奉大夫

俞長發以孫汝本貤贈奉直大夫

呂綗以子鼎元贈武德佐騎尉

陳樹鐉以子榮燮累封奉直大夫

民國選舉表

文職

薦任

吳星燦　民國元年任遂安縣知事

高雲階　巡警學堂畢業歷任山陰烏程縣正巡官光復後任上虞建德縣知事民國五年奉農商部調委僉事

錢世昌　清拔貢現任松陽縣知事

潘任　浙江第一中學畢業曾任松陽縣知事現任舊嚴屬清理官營產事務所所長

陳允　日本早稻田大學師範科畢業東京明治大學法科學士現官杭縣地方廳推事

委任

何秉國　浙江法政畢業任上虞縣承審員

金鎮康　紹興東湖法政學校畢業第五地方審判廳錄事

邱毓楨　浙江官立法政專門學校法律本科畢業任吳興縣審檢所專審員

楊乃珍　浙江私立法政法律別科畢業現任安吉縣管獄員

陳明　官立法政學校法律科畢業曾任泰順縣專審員

盛光宇　廩貢浙江法政專門學校畢業歷任諸暨吳興杭縣紹興處州龍遊松楊等縣專審員

陳斌　浙江官立法政別科畢業北京司法講習所畢業歷任浙江衢縣初級審判廳推事衢屬軍政執法處執法官安徽懷甯地方審判廳推事安徽第一高等審判分廳推事

陳毓鵬　北京法政學校政治科畢業現任金華縣高等分廳推事

楊廷秀　浙江官立法政別科畢業任營口地方審判廳推事

梁伯藩　浙江官立法政別科畢業任江西高等審判廳推事

楊士庸　浙江官立法政別科畢業任遼陽地方審判廳推事

潘蔭庭　法政專門學校畢業現任江甯地方檢察廳檢察官

陳華　浙江官立法政畢業前任嘉禾縣檢察廳推事

呂宣光　龍山法校畢業任遊縣承審員

上官惟賢　紹興法政講習所畢業任第八地方審判廳錄事

呂時璋　浙江官立法政學校畢業鄞縣地方審判廳推事

楊乃昌　浙江監獄學校畢業現任義烏縣管獄員

張翼鵬　浙江高等巡警學校正科畢業任遂安警官瑞安所員

陳濬　浙江高等巡警學校簡易科畢業任安吉警官

楊祖繩　浙江監獄學校畢業任孝豐監獄員

丁鹿萍　浙江高等巡警學校正科畢業任省會警察廳科員

薦仕

梁渡元　浙江初級師範畢業又浙江官立法政別科畢業任吳興縣初級檢察官

陳　炎　浙江巡警學校審判研究所畢業宣統庚戌考取法官署江蘇省城第三初級檢察廳監督檢察官

俞鑑涵　官立法政畢業曾任台州初級推事杭縣地方檢察官

汪伯鰲　附生浙江法政學校畢業曾充溫州地方審判廳學習檢察官

何贊襄　法政專門學校畢業分發湖北候補知事

呂衷和　民國五年都督府秘書存記縣知事

胡其偉　浙江高等巡警學校正科畢業任富陽警官

呂正律　浙江高等巡警學校正科畢業任於潛警官孝豐所員

俞　信　浙江監獄學校畢業曾充諄安縣監獄官

呂少巖　浙江監獄學校畢業曾任本縣監獄員

王　濤　浙江政事部交通科科員

徐宗浩　廩貢考入浙江高等巡警學校畢業歷任會稽桐鄉青鎮餘姚等縣警務光復歷任嵊縣平陽武義等縣警務

俞贊元　日本警監學校畢業歷任清理財政局編輯科科員暨惠安永福警務長

待遇

何鎮東　浙江鐵路學校畢業民國元年任錢塘義渡局局長

丁文衡　安徽巡警學校畢業現任松陽縣警佐

呂樂熙　監獄學校畢業歷任嘉善縣監獄員穿長塲鹽知事

呂之翰　警務學堂畢業歷任建德縣正巡官青田縣警務長民國四年補淳安縣警隊長

丁　時　警務學校畢業現任水上警察巡官

王時清　警務學校畢業桐鄉巡官

潘　燮　甯波警務學校畢業嘉興正巡官

梁　浩　警務學堂畢業歷任嵊縣諸暨石門正巡官

章　彬　巡警學堂畢業歷任臨海義烏金華西湖警佐松陽

縣參事現任浙江警務處視察員

黃　勉　官立法政別科畢業曾任太平南田二縣承審員

黃祖義　曾任玉環縣承審員

黃榮昌　曾任長興縣警佐

呂新城　浙江審判研究所畢業歷任高等廳錄事衢州地方廳及溫州高等檢察分廳典簿

章自振　公立法校三年畢業歷任紹興軍政分府司法科典獄官兼山會兩縣遷善所委員紹興南田等縣管獄員天台縣專審員

王文田　高等巡警學堂暨警務研究所畢業歷任諸暨嵊等縣正巡官錢塘縣水巡隊巡官民國成立任長興縣警察所長省城警察

廳督察員第三分署署員現任鎮海縣警佐

委任待遇

唐　華　任遂安縣民政科科員

石康民　浙江陸軍測量學校畢業任陸軍測量隊審查員

劉佐成　浙江測繪學校畢業現任陸軍測量局三等測量長

石鎮華　浙江同仁醫學校畢業又浙江軍醫養成所畢業現任陸軍醫官

張殿華　民國元年曾任遂安縣民政科科長

梁一槐　民國元年任南田縣參事

俞載清　法政專門畢業任松陽縣教育主任

呂時鳴　日本警監學校畢業前任福建永福縣正巡官

蔡　政　任紹縣財務科助理員

陳聲濤　浙江政務掾史

陳殿芬　浙江財政掾史

呂南華　浙江教育掾史

武職

將官

張載陽　浙江武備學堂正科最優等畢業歷任浙軍八十四標標統四十二協協統民國改任五十旅旅長調十一旅旅長兩任浙東禁烟督辦省城衛戍司令官台州鎮守使嘉湖鎮守使浙江陸軍第二師師長授陸軍中將勳五位二等寶光嘉禾章二等大綬嘉禾章二等文虎章

校官

馬玉成　浙江武備學堂正科畢業陸軍步兵中校

丁福田　浙江武備學堂正科畢業曾任八標二營管帶陸軍

尉官

俞贊鼎　北京軍官學堂畢業陸軍步兵上尉獎給六等文虎章

步兵少校

潘知來 浙江弁目學堂畢業陸軍步兵少校

俞斯馨 浙江武備學堂正科畢業陸軍步兵少校

吳浙秋 浙江講武堂騎兵科畢業陸軍騎兵少校

何旦 浙江砲工學堂畢業步兵少校游擊隊管帶獎給四等文虎章

楊恒 浙江砲工學堂畢業陸軍砲兵少校

陳毓麒 浙江講武堂畢業陸軍騎兵上尉獎給六等文虎章浙江第一師副官

呂閬江 浙江軍學補習所畢業陸軍步兵上尉

何天慶 浙江講武堂畢業陸軍步兵上尉

俞文俊 浙江陸軍第一師步兵上尉

梁仲崑 浙江講武堂畢業陸軍輜重兵中尉

張滎光 浙江講武堂畢業陸軍步兵中尉

羅星 浙江軍學補習所畢業陸軍步兵中尉

呂宗岱 浙江軍學補習所畢業陸軍步兵中尉

馬斯才 浙江陸軍小學畢業陸軍中尉

楊再興　陸軍講武堂畢業民國五年充第二團第八連少尉七年升中尉

潘　清　浙江陸軍步兵第九十八團一營軍需陸軍中尉

楊錦裳　浙江講武堂畢業陸軍工兵少尉

呂鳴陽　浙江講武堂畢業陸軍步兵少尉

張樹雄　保定軍官學校肄業陸軍步兵少尉

王瑞光　陸軍講武堂畢業現步兵少尉連附

楊敬恒　前清附生現步兵少尉

學校畢業

高等學校

陳慕華 由第五中學校畢業轉浙江高等學校正科畢業

徐誦明 日本九州帝國醫科大學畢業加位醫學博士

何晉昌 浙江高等學校正科畢業

法政學校

章允文 浙江公立法政法律科畢業

梁鼎詩 浙江私立法政政治經濟科畢業

華鴻盛 浙江法政學校畢業

吳維德 浙江私立法政學校法律科畢業

師範學校

翁岐山 浙江兩級師範初級完全科畢業

王賡唐

余祥熊

王文顯

呂聯元 以上均浙江兩級師範學校畢業

中學校

呂錦絢

周德新

童晏東

陳之江

俞文鈞

徐以保

趙守賢

石　瑛浙江法政法律科畢業
陳繼昌浙江公立法政法律科畢業
呂喜標浙江私立法政學校畢業
梁　箴浙江私立法政別科畢業
陳　剛法政學校畢業
盛宣恩浙江公立法政別科畢業
梁　雍浙江公立法政別科畢業
楊景時浙江私立法政別科畢業
俞文勳浙江公立法政別科畢業

張　維浙江高等師範豫科畢業
余夢祥
王紹全以上均浙江第一師範學校畢業
俞　簡
陳宗器以上均浙江第四師範學校畢業
俞宗杰
陳之霖
龔　珏

李　權
徐以盤以上均浙江第一中學校畢業
石植三
陳　傑
石鎮瀾湖北軍醫官
石峙山
石植彬
王日章
何有爲

黃以唐 浙江私立法政別科畢業
俞 亮 法政學校畢業
蔡飛夢 法政學校法律科畢業
呂振文 浙江私立法政學校政治經濟別科畢業
呂冕章 由虞貢浙江公立法政學校畢業
潘 鄗 浙江公立法政專門學校法律科畢業
陳 楨 私立法政學校政治科畢業

以上均浙江第五師範學校畢業

王述周
呂文敷
楊毓英
俞物恒
呂文浩
裘法良
祝其樂
石德風
俞 福
高德潤

業

呂岬　浙江法政專門學校法律別科畢業

呂家幹　私立法政別科畢業

潘源　私立法政專門學校畢業

梁士毅　浙江公立法政專門學校醫科畢業

呂錫禎

陳秀水

陳佩蘭

俞慶鎔

陳果

梁士棻

俞文紹

俞伯濤

張春陽

張鳴球

呂鳳蟾
陳鵬圖 以上均浙江第五中學校畢業
梁士恒
陳拜丹
陳汝霖
石　盤
周慶時
趙觀襄
俞峻明

章五成

孫　祺

呂安良

以上均浙江安定中學畢業

俞贊勳福建第一中學畢業

袁　彪上海復旦公學中學科畢業

張錫三宋文中學畢業

呂起鵬中國公學畢業

附各學校畢業

周德鑒浙江省立工業學校畢業

俞涵秋浙江醫學專門學校畢業

楊耀南浙江甲種工業學校畢業

陳鴻圖浙江甲種農業學校畢業

議員

諮議局議員

黄贊羲清宣統年間選

衆議員

丁儁宣民國二年選

省議員

章五成民國七年選

縣參議會議員民國元年選三年取銷

梁夢飛　陳南圖　趙朖

潘鍾傑

縣議會議員民國元年選三年取銷

黃贊義議長後辭職	吳綬章議長	陳念祖副議長
潘祖懷	呂鳴陽	何景虹
陳寶訓	石如璧	楊汝梅
王時清	王室輔	陳贊元
沈葆祺	陳仲階	張慶瀾
呂鍾杰	俞大霖	呂臣清

縣自治委員

呂覲光	汪　波	楊詠藻

石耀斗以上均民國元年委

俞往欽

陳念祖

石耀斗以上三年續委